日本型教育システムの誕生

德久恭子著

木鐸社

はじめに

一九八〇年代後半から現在に至るまで、日本は様々な改革を経験した。バブル経済の崩壊は高度経済成長を経て経済大国となった日本の政治経済社会システムそのものを動揺させ、改革を加速させた。小泉純一郎政権（当時）が推し進めた構造改革の過程で一層顕著となった経済的格差の拡大は、「一億総中流」と呼ばれた平等社会日本との訣別を国民に印象づけた。グローバル化という不可逆的な潮流の中でいかなる国家社会を築くか、我々の模索は続いている。教育もまたこうした変化から自由でなく、過去二〇年あまり、つねに改革の対象とされてきた。二〇〇六年以降の動きに限ってみても、文部科学大臣の諮問機関である中央教育審議会（以下、中教審）はもちろんのこと、安倍晋三政権が発足させた教育再生会議、福田康夫政権のもとで池坊保子文部科学副大臣が設置した私的懇談会「次世代の教育を考える懇談会」などで、戦後教育の危機と再生を求める議論は百家争鳴的になされている。しかし、そのいずれもが十分な解決策を見出せていないように思われる。

制度硬直が指摘されているにもかかわらず、それへの対応を打ち出せずにいるのはなぜか。この問いは、専門家のみならず国民の多くが抱くところのものであるが、戦後教育が機能不全に陥った理由の一つに、工業化から脱工業化へ、福祉国家からポスト福祉国家へといった、政治経済社会の変化があることは言を俟たないであろう。しかし、それとともに重要なのは、既存の教育政策に対する社会的な認識（価値体系）の変化ではなかろうか。アメリカにおける予算編成手法の選択の変化を、「各時期の文脈の下で議員が目的合理的に行動した結果であった」と説明した待鳥聡史は（待鳥、二〇〇三年、一三頁）（傍点は筆者による）、政策変化と社会認識の関係を「マクロ・トレンド」という概念を用いて説明する。待鳥によれば、マクロ・トレンドとは、「政府の役割についての一般的な評価や理念から導かれる、政府全体の改革が持つ基本的方向性」を指すという。具体的には、「ある政策課題に関する指導的なアイディア」と「その課題に関する有権者の態度」からなるものであり、それらは議員の選択に影響を与える文脈的要因と解される（同、三八－三九頁）。戦後日本教育の対立軸とされた保守－革新軸が、近年の教育政策が抱える問題を説明できない以上、待鳥の指摘するマクロ・トレンドは、これを説明する有効な概念となるかもしれない。そこで次に、日本の教育政策を基礎づけた改革の思潮を確認してみよう。

チャルマーズ・ジョンソンが戦後日本の経済復興を「発展志向型国家」という概念から説明したように（Johnson 1982）、後発先進国である日本は、政府が市場経済に適宜介入し、官民の協調を図りながら産業化を推進する役割を果した。産業政策における官僚の主導性は、戦後に限らず、近代国家建設を迫られた明治維新以降、長らく確認される特質であったが、そうした傾向は教育政策にも強くみられた。明治期においては、西洋近代型の国民国家を建設するための手段として「国民の育成」が、戦後においては、軍国主義的傾向を排除し、民主国家を再建するための手段として「民主化」が教育の主要課題とされ、国民の啓蒙が期待されたからである。その意味で、明治維新から講和独立の前後に至るまで、日本の教育政策は「国家主義」的な性質をもつものであった。

国家が計画的に政策に介入する傾向は、産業政策や教育政策に限らず、第二次世界大戦後、先進諸国で主流となったケインズ型の福祉国家に多かれ少なかれ確認される。日本を含む主要先進諸国では、一九七〇年代まで、安定と公正や社会的平等を広義の政治的制度に依存することで実現しようとするがゆえに、「大きな政府」を志向する「社会民主主義」が支配的な政策トレンドであった。義務教育における「ナショナル・スタンダード（ミニマム）の確保」という考えは、こうした理解に即するもので、戦後民主教育の象徴とされた（旧）教育基本法を頂点とする戦後の教育システムは、こうした思潮の中で築かれた。

ところが、そうしたシステムは、高度経済成長の終焉と脱工業化の進展により、ケインズ型福祉国家の財政基盤が蝕まれる中で台頭した、「新自由主義（経済的自由主義）」という新しい思潮から挑戦を受けている。新自由主義とは、市場競争原理への信服、経済における政府の役割の縮小（小さな政府）、政府部門への民間の経営手法の採用等を求めるもので、規制緩和、民営化、分権化が提唱される（大嶽、一九九四年）。具体的な改革指針を示す政策アイディアは、鈴木善幸・中曽根康弘政権の下に設置された第二次臨時行政調査会のイデオローグらにより唱えられたが、「自由化」や「多様化」という政策課題は、一九八〇年代半ばから一九九〇年代にかけて徐々に社会的な支持を得るようになった。一九九〇年代以降に本格化した学校選択制の導入や住民参加型の学校づくりなどは、その一例に挙げられる。社会的公正を保障するために、均質的なサービスの提供を主眼とした戦後の教育システムは、自由化や多様化を求める新自由主義的な改革を直接予定しないため、そうした傾向が強まれば強まるほどに、改変を余儀なくされる（徳久、二〇〇六年）。

だがその一方で、戦後教育システムは新保守主義（伝統的保守主義）の立場から強化されてもいる。伝統的保守主義は、現状維持的な態度と集団への忠誠、伝統的価値への情緒的な追従などを求めるため、価値の多様化や教育の私事化に対しては、否定的な見解を示す。というのも、「保守主義の前提には、社会秩序は壊れやすいものであるという感覚があり、秩序は、慣習、伝統やそれを体現する権威、さらには権力、あるいは集団やその構成員による相互監視によって、換言すれば、何らかの人為的制度によって支えられなければならず、各人の自由によって予定調和的には維持しえないという認識がある」からである（大嶽、一九九四年、四〇頁）。伝統的な価値を基底におきつつ、社会秩序を構築するという理解は、倫理や秩序を「上から」供与することを前提にする国家主義の立場に近しく、市場原理を重視する新自由主義と相容れないように思えるかもしれない。しかしながら、伝統的保守主義は市場を正常に機能させるうえで必要とされる社会秩序の安定を図る機能をもっており、二つの思潮は補完的な関係に立つ。

そうであるならば、教育政策に限っては、経済政策や財政政策において顕著な新自由主義的な改革、すなわち、「均衡ある発展」や「ナショナル・スタンダードの確保」を目指す発展指向型の国家主義的な政策指針から市場原理を基調とする新自由主義へと振れる、マクロ・トレンドの変化を単純に見出すことは難しいのではなかろうか。むろん、筆者は新自由主義という潮流が教育政策に与える影響を軽視するわけではない。むしろ、支配的なトレンドと思われる新自由主義の影響が限定的であるのはなぜか、という点に関心を払っている。マクロ・トレンドという概念をここで引照したのは、「ある政策課題に関する指導的なアイディア」と「その課題に関する有権者の態度」という類型にその鍵を見出したからである。すなわち、戦後の教育政策を基礎づける政策アイディアと新自由主義という思潮から引き出される政策アイディアに対立があり、後者が圧倒的な優位を築いていないこと、また、そのことについて、有権者の態度も両義的であり、そのことが、いくぶんの変化を許しながらも、総体としての戦後教育システムを機能させ続けているという仮説を導き出したのである。

近年の議論は、改革や変化を強調しすぎるあまり、変わらなさを過小評価しすぎる嫌いがあるが、教育システムの本質はそれほど変化したのであろうか。否、変化しなければならないのであろうか。この問いに対して、擁護派は戦後民主教育の意義を唱えるであろうし、義務教育における平等や公正を強調するだろう。他方、改革派は現行のシステムでは政治経済社会の転換に順応できないため、抜本的な改革が不可欠と述べるであろう。しかし、そのいずれもが、かつての保革対立論を、新自由主義的改革の推進と戦後民主教育の堅持という新たな対立に焼き直して、議論を戦わせているように思われなくもない。おそらくそれは、一九五〇年代の教育政策が保革イデオロギー対立という視座に囚われるあまり、占領期に構築された諸制度を事後的に民主的と評価し、その修正を改悪とみる理解が一般的になったからだと考えられる。

だが、そうした見解の多くは、実証を伴っておらず、印象論の域を出ない。つまり、戦後教育システムの本質を見誤ってきた可能性を残しているのである。戦後教育の基礎を築いた占領期の改革を再検討し、諸法令はいかなる理念のもとに制度化され、総体としてどのようなシステムを築いたかを個別具体的な政策形成過程に着目しながら検討すること、これが本書の課題である。

このように、本書は教育政策を政治学の立場から分析するものであるが、この試みは教育学と政治学に別々の貢献をなすものと考える。教育学については、実証分析を通じて、占領期の教育改革は超党派的合意を基調に推進されたことを示すことで、保革イデオロギー対立という支配的な見方に修正を迫りたい。政治学については、制度改革におけるアイディアの役割を示すことで理論的な貢献をなしたい。ただし、こうした議論は、政治学を専攻しない方には、なじみが薄いかもしれない。そこで、筆者は、第一章第二節を読み飛ばして頂いても差し障りのない構成になるよう心がけた。

教育学と政治学とでは、方法論に違いがあるといえるが、戦後に築かれた諸制度が機能不全に陥っている理由を探り、処方箋を求める点で共通している。戦後教育の原点を探る本書の試みは、そうした関心に応えるものと考える。

日本型教育システムの誕生

序章　問題の所在

1　教育改革の時代

　教育が国家社会の担い手である国民を育成する行為である限り、教育に期待される課題は時代とともに変化する。敗戦直後には「民主化」が、高度経済成長期には「マンパワーの育成」が、近年はポスト工業化やグローバル化時代に対処できる「創造性」や「柔軟性」の育成が主眼とされた。期待される人間像はいずれもその時々の政治経済社会に規定されるため、「はじめに」で触れた思潮と不可分な関係にある。図序－1は、政府全体の政策指針を支えるマクロ・トレンドを示したものであるが、一九八〇年代以降に顕著となったマクロ・トレンドの変化は教育政策にいかなる変化を与えたのか、もしくは与えなかったのかを、教育基本法の改正に至るまでの政治過程を例に検討してみよう。

図序ー1　戦後日本の思潮

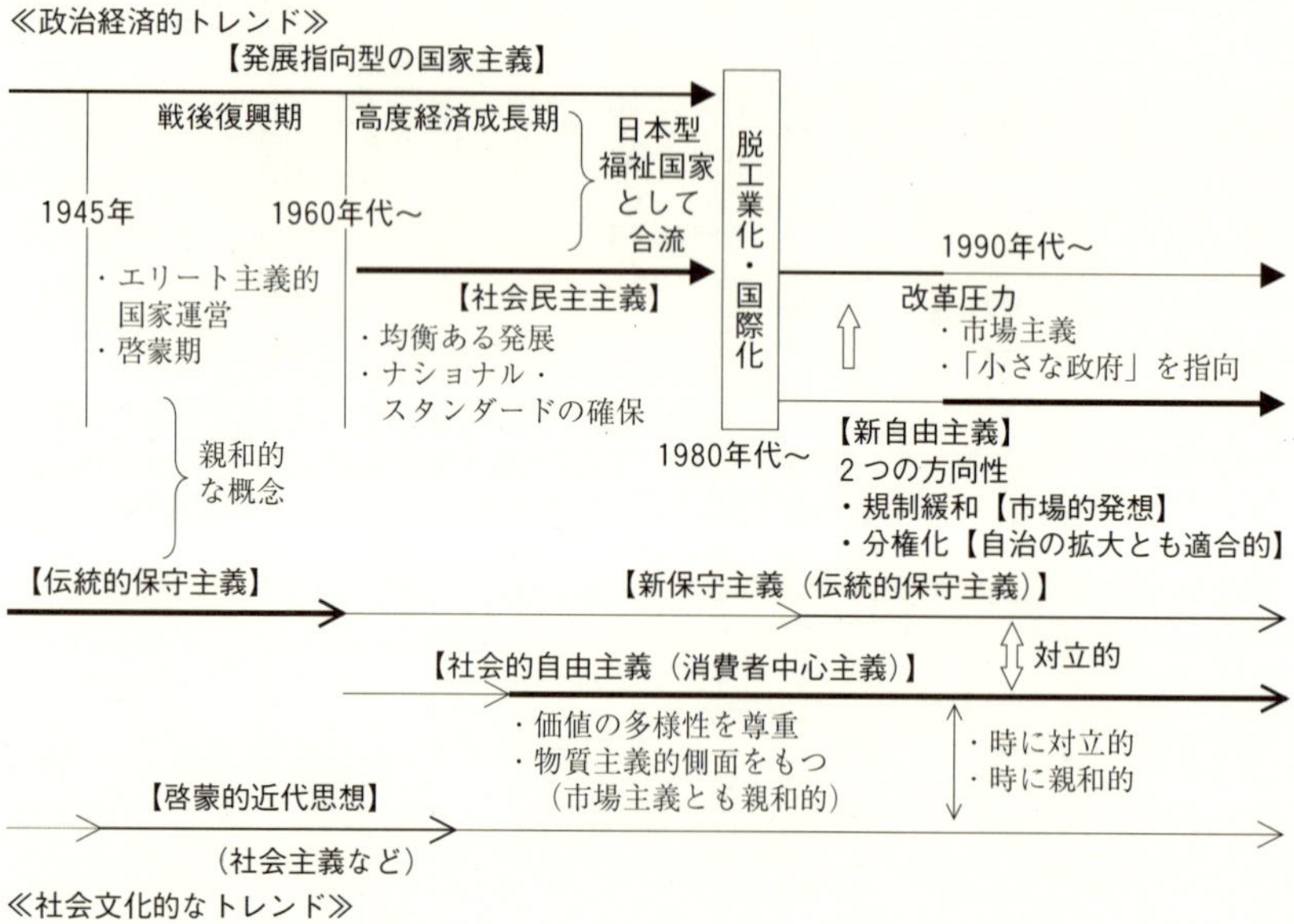

二つの教育基本法

戦後レジームからの新たな船出を政権公約に掲げ、総裁選挙を戦った安倍晋三が二〇〇六年九月二〇日に第二一代自由民主党（以下、自民党）総裁に選出され、二六日の第一六五回臨時国会において第九〇代内閣総理大臣に就任した。首相就任以前の二〇〇四年に「占領下で教育基本法と憲法が成立し、戦後体制が整った。いまだに続いているのは占領時代の残滓だ」と語ったように、安倍政権の力点は戦後日本の骨子といわれた憲法や教育基本法の改正を通じて「戦後レジームからの脱却」を図ることにおかれた[1]。それを象徴するかのように、二〇〇六年一二月一五日には、一九四七年三月三一日に公布施行された教育基本法の全てを改正する、新しい教育基本法を成立させ、二二日に公布施行させた[2]。施行から六〇年近く改正されなかった旧教育基本法の改正は自民党の悲願であり、過去二〇年あまりを振り返っても、中曽根康弘首相が発足させた臨時教育審議会（以下、臨教審）、小渕恵三ー森喜朗首相の諮問機関として設置された教育改革国民会議、小泉政権下の中教審などで、それは繰り返し論じられた。

なかでも教育改革国民会議の意義は大きく、二〇〇〇年一二月に提出された、教育基本法の見直しと教育振興基本計画の策定を求める報告書は、改正に慎重な姿勢をみせた文部科学省の態度を一変させた。二〇〇一年一一月には、遠山敦子文部科学大臣が中教審に「新しい時代にふさわしい教育基本法の在り方について」を諮問し、二〇〇三年三月二〇日に、社会状況の変化に対応するために教育基本法の改正を要するとの答申を受けた。一連の答申は、教育基本法の改正が政争の具となるのを嫌い、審議を先送りにしてきた自民党を突き動かした。五月一二日には、与党教育基本法に関する協議会[3]を発足させ、六月一二日に設置された与党教育基本法に関する検討会（座長　保利耕輔）で慎重な審議を重ねた後、二〇〇六年四月一三日に最終報告を提出した。政府はこれをもとに改正案をまとめ、第一六五回国会において成立をみた。このように、新教育基本法の原型は教育改革国民会議に求められるわけであるが、そこではどのような議論が展開されたのであろうか。

二〇〇〇年三月二四日の内閣総理大臣決裁で開催が決められた教育改革国民会議[4]の目的は、中教審が一九七一年に提出した答申（通称四六答申）以降、課題にされ続けた戦後教育の総決算と明治・占領期につぐ「第三の教育改革」の実現にあった。改革気運の高まりは、社会環境の変化やモラルの低下に起因するといわれる、いじめ、不登校、学級崩壊など教育現場の混乱とそれへの対応が社会的に要請されたことに求められる。だが、それと併せて、平成不況の只中にあった当時、ポスト工業社会における国際政治経済の舵をとる人材の育成が急務とされ、それを阻害しかねない学校教育の動揺に歯止めを掛けることを各方面から期待されたことも大きかった。三月二七日の第一回会議で挨拶に立った小渕首相も、これからの教育は創造性の高い人材の育成を目標とする必要があり、それを実現するためにも戦後教育の総点検を行い、社会のあり方まで含めた抜本的な教育改革について議論することを希望すると述べた。会議関係者たちは、こうした要請に応えるために、教育基本法の改正を含む抜本的な改革を拒まないという態度で議事に臨んだ。

四月二五日の第三回会議では、問題の所在を知るために、第二回会議に引き続き、戦後教育の総括が行われた。「戦後教育改革の理念と評価」という議題にもとづく審議は、終戦直後から臨教審以降の改革にまで及ぶ広範なものであったが、梶田叡一の「敗戦直後の教育改革を問い直す」という報告では、占領期の教育改革の意義とその問題が指摘された。梶田は、今日の教育政策を支える制度の多くが占領という特殊な権力関係の下で作られたことを前提に、GHQ[5]が主導した戦後教育の改革理念を「軍国主義から平和主義へ」「全体主義から個人主義へ」「日本主義から国際主義へ」「国家神道体制から社会の非宗教化へ」の四つに整理した。そのうえで、四つの理念は戦後教育の基礎を築き、今なお評価できるものの、それらは、伝統や愛国心という観念をそぎ落としたことで、責任を伴わない利己的な個人主義の横行や根無し草的な人格の形成を許したと述べた。そして、事態を改善するには、教育基本法を見直す視点として、占領期にタブー視された「国」「伝統」「祖国」「愛国心」を組み込むこと、個人の人格的完成のみならず共生・連帯・協働の精神を強調すること、人格的完成への基本視点として日本の伝統的価値観にもとづく表現の工夫を施す必要があることを強調した。

伝統的価値を尊重し、愛国心を育む態度を除外した占領初期の教育改革が道徳的頽廃をもたらしたとする意見は、梶田に限らず[6]、戦後ことあるごとに指摘された。戦後レジームからの脱却と「美しい国、日本」の実現を目指した安倍首相も立場をこれと同じくする。伝統的保守主義の立場から教育基本法の改正を求める動きは、一九五〇年代以降、一つの論調を築いたが、価値の多様性や物質主義的傾向を容認する社会的自由主義的な風潮が強まりをみせた一九八〇年代以降は、それに対抗するものとして、伝統的価値の復権がより強く叫ばれるようになった。

ただし、そうした理解は、教育基本法を立案した当時の知識人の意向に反するものではなかった。戦前の超国家主義的・軍国主義的傾向を排し、民主化を進める使命を担った知識人たちは、敗戦により道徳的基準を失った国民に、あるべき国家像や道義を示す目的で教育基本法を立案しており、伝統や愛国心に関する記述も検討されたからである。軍国主義的な風潮が色濃く残る状況を考慮して、明文化は避けられたが、立法過程を見る限り、伝統的保守主義の立場が教育基本法に通底している点は否めない。したがって、二〇〇六年の改正は、占領期に法制化されなかった理念を制度化したものといえよう。

もちろん、この改正の意義はそればかりでない。教育改革国民会議や中教審で繰り返し述べられたように、近年の教育改革は、旧来的な教育制度が経済社会の変化に対応できないという理由から推進されている。教育基本法の改正に論議が及んだのは、教育基本法が学校教育、社会教育、教育行財政など教育全般にわたる事項を網羅的に扱っており、諸条項は法令を通じて具現化されることを予定し（旧：第十一条、新：第十八条）、総体としての教育システムを築いているからである。教育基本法改正の推進力となった教育改革国民会議は、家庭教育や道徳教育を重視する姿勢を打ち出したことで保守主義的な改革の潮流と評価されがちであるが、「教育を変える一七の提案」（最終報告書）の「新しい時代の新しい学校づくりを」という項目には、教員の免許更新制や多様な雇用形態の導入、コミュニティスクール・外部評価制度・学校や教育委員会における組織マネジメント等の導入、少人数教育の実施、習熟度別学習の推進、中高一貫制の導入等が求められており、それらはいずれも今日の改革の基礎を築いている。すなわち、ここでは、新自由主義の立場から改革案が示されたわけであるが、それは新教育基本法にも反映されている。そこで次に、新旧二つの教育基本法を対照させながら（巻末資料参照）、新教育基本法の特徴を明らかにしてみよう。

まず新たに挿入された事項についてであるが、これには二つの傾向が確認される。一つは、伝統的保守主義の立場を反映させた改正で、前文や第二条（教育の目的）に掲げられた「公共の精神」「伝統」「道徳心」「我が国と郷土を愛する」心、第十条の家庭教育などが挙げられる。もう一つは、経済社会の変化に対応した改正で、第二条に掲げられた「創造性」や「環境の保全」という新たな目標や第三条の生涯学習の理念、第十一条の幼児期の教育、第十三条の学校、家庭及び地域住民等の相互の連携協力などが挙げられる。教育基本法そのものに新自由主義的な傾向を直接見出すことはできないが、第十三条は分権化に即するものであり、新自由主義的改革の一端が窺える。すなわち、ガバメント（政府）からガバナンスへという傾向が教育政策においても確認できるのである。教育の自治につながる分権化は、地域ごとの政策の多様性を容認するところから、なかには市場原理を基調とする政策を採用する自治体が現れるかもしれない。法令レベルでは、そうした試みが進んでおり、教育政策における規制緩和や分権化は不可逆的な流れとなっている。第十三条は、そうした傾向が教育基本法に反映されたものといえよう。

次に旧法に対する修正であるが、ここにも二つの傾向が確認される。一つは時代に即応するための修正であり、もう一つは旧法では不十分にしか法制化されなかった制度をより完全な形に近づけるための修正であり、ここには国家主義的な特徴が確認される。具体的には、教育行政に関する事項を指す。今回の改正では、教育行政に関する規定は、旧法第十条の「教育は、不当な支配に服することなく、国民全体に対し直接に責任を負って行われるべきものである」という条文の後半を削り、「教育は、不当な支配に服することなく、この法律及び他の法律の定めるところにより行われるべきもの」（第十六条）と改められた。この改正は国民の教育権の侵害であり、教育内容に対する国家の介入を容易にするとの批判もあるが、旧教育基本法の立法過程をみていくと、異なった様相があらわれる。GHQによる修正が施される以前の草案に国民の教育権に関する言辞はなく、今次改正は日本側政策担当者のみによって起草された原案に近い。換言すれば、（旧）教育基本法は、当初の段階において、「国民の教育権」という今日広く受け入れられている理念を想定しておらず、むしろ別の理念を体現するものであったことがわかる。

すでに述べたように、教育基本法は、国民にあるべき教育の指針を示すという啓蒙的な目的から起草されたものであり、伝統的保守主義と親和的な国家主義的傾向を本来的に帯びたものであった。ただし、それは戦前の超国家主義的な国家像ではなく、「文化国家」（Kulturstaat）という知識人に共有された国家像にもとづくものであった。文化国家とは、真善美を知る人格の集成からなるものであり、人格の完成が教育に期待された。しかし、それは、真理を知る教師の指導なしに実現されないものであったことから、教育行政については、真善美を知る師表としての教師の教育権を意味する、「教権」[7]の確立が求められた。そして、それが教育基本法の中核理念とされたのである。したがって、本書の結論を先に述べれば、戦後の教育システムとは、教育基本法を頂点に「教権の確立」という日本特有の理念（アイディア）を体現する諸法規からなる一連の教育基本法制を指し、それらは時に変容を迫られながらも、維持強化され、今日の教育制度の基幹を築いているのである。

しかし、これまでの研究は、教育基本法を「教権」という本来的な理念に即して理解してこなかったように思われる。周知のように、教育基本法の改正はその是非をめぐり、熾烈な保革イデオロギー対立を引き起こした争点であった。教育基本法を戦後民主教育の象徴とみる革新の側は制度堅持を求め、それを正統化するために、旧教育基本法の第十条から「国民の教育権」という理念を引き出し、抵抗の論理とした。「国民の教育権」は、一九六〇年代以降、教育社会運動を支える理念となることで、教育基本法を理解する支配的な言説として浸透するに至った。教育学や教育法学の分野で、第十条の改正が否定的に捉えられるのも、こうした事由による。しかし、そのことは、教育システムの本質を捉えにくくしているのではなかろうか。そこで次に、「教育権」という概念を手がかりに戦後教育の実態とその問題を概観してみよう。

教育権の所在

教育権とは、字義どおり教育に関する権利をさすが、その理解は多義的で論者によって異なっている。教育は、教育をする側と受ける側の相互作用からなる行為であるため、教育権は教育を行使する側の権利とされたり、受ける側の権利とされたりするからである。後者は「学習権」と表現されることも多いが、本書は教育権を前者の観点から論じることにする。しかし前者に限っても、権利主体をめぐる解釈に相違がある。これをおおまかに類別すると「国家の教育権」説と「国民の教育権」説に分けることができる（兼子、一九七一年、内野、一九九四年）。

国家の教育権は、国民の信託を受けた国家が教育内容について関与・決定する権限をもつことを想定する。(8) 他方、国民の教育権では、教育の諸条件の整備（外的事項）を国家に要請する一方で、教育内容（内的事項）への国家の介入を原則的に否認し、国民の側がそれを担うことを前提にする（内野、一九九四年、一〇—一一頁）。したがって、教育権は教育内容決定権と表現することもできるが、その主体は時代とともに変化してきた。

近代国民国家の形成期、教育は個別を普遍に同化する、統合の強力な原動力であり、国家を安定させる有効な手段とされた。教育を通じて伝播される国民性や国民文化という共通の観念は、時に排他的なナショナリズムを生み出しもしたが、その有効性は高く、また経済発展を果す基盤としても教育制度の維持発展が重視された（フーコー、一九七七年、グリーン、二〇〇〇年）。発展指向型の国家が教育に重きをおくのは、公民の育成と経済発展の双方を可能にする条件だからであり、そこでは国家の教育権がとりわけ重視される。教育に対する政府の関心は、発展指向型国家に限らず、広く確認されるが、先進諸国においては教育内容に対する国家の介入は無制限でなく、国家の教育権は自由権や社会権により制約される。国民の教育権説は、この点を積極的に捉え、「教育の自由」や「教育の統治」を自ら求めるものであるが、それは一九世紀から二〇世紀にかけて徐々に認められ、第二次世界大戦後に広く普及した権利といえる。(9)

ところが、公教育が法制化される以前の段階から地域住民による教育の自治が行われてきたアメリカでは、人民(the people；国民)の教育権が古くから根づいていた。アメリカ社会において、教会と学校がコミュニティの象徴とされたように、子どもたちはここで市民的徳と実践的態度を学び、民主主義社会の担い手となることが期待されていた。つまり、学校は民主主義を醸成する場とされたのである。このため、教育行政も市民が担うものと考えられ、地域住民の中から選出された素人の委員が教育行政を運営する教育委員会制度など独自の制度を発展させた。一九九〇年代以降、新しい学校のあり方として注目を集めているチャータースクールも、その担い手は保護者や教員、地域団体などであり、教育権の主体は市民の側にある。このように、アメリカでは、教育行政は人民（国民）の教育権という観点から理解されるわけであるが、そうした態度は占領期の教育改革にも貫徹された。旧教育基本法第十条の規定に、教育は「国民全体に対し直接に責任を負って行われる」という言辞が挿入されたのは、その証左である。

だが、当時の日本はこれと大きく異なっていた。改革の担い手となった知識人の多くは、戦後日本のあるべき姿として文化国家という国家像を描き、それを建設する原動力を教育に求めたことは、すでに述べたが、そこで重視されたのは、国民の教育権ではなく、教権を確立することであった。これは、戦前、思想・信条・学問の自由、ひいては教育の自由が著しく侵害されたことで軍国主義の台頭を許したという、彼ら自身の苦い経験や、地方の教育行政が内務省統制に服したことで教育行政が歪められたという認識によるところが大きかった。そこで彼らは、教育を政治や一般行政から独立させることで、その中立性を確保し、教育は教育の専門家であり、かつ、真善美を知る国民の師表たる教育者自身によって担われることを強く要請し、それを「教権の独立」と表現したのである（田中、一九四八年、一〇一－一〇四頁）。

教育権の主体を教師とする日本側の理解は、国民の教育権を徹底させたいアメリカ側の意向と合致しない点をもったことから、時に不協和をもたらした。旧教育基本法第十条の教育行政に関する項は、その最たる例といえるが、その立法過程は、教育の人民統制を実現したいＧＨＱと教育行政を一般行政から独立させることで教権を確立させたい日本側政策担当者との対立に特徴づけられた。ＧＨＱは教育の民主化を図るために、教育委員会制度の導入を予定しており、教育行政の地方分権の徹底を眼目とした。ＧＨＱの主張は日本側も支持するところであったが、地方分権については慎重な構えをみせた。彼らにとっての課題は、戦前内務省統制に服した地方教育行政において、教権を確立することにあり、教育行政の中立性の確保が第一義とされたからである。このため、即時的かつ無条件の地方分権には消極的で、一般行政からの独立を保障するためにも、文部省に積極的な役割を期待し、中央地方の系統性のとれた教育行政制度の確立を望んだ。そして、それが旧教育基本法第十条の「教育は、不当な支配に服することなく」の意義であった。文部省を教権の擁護者として積極的に位置づけ、系統性のとれた教育行政制度を確立するという意見は、知識人や文部官僚、党人の国家運営観を反映したが、そこには地方政治に対する不信が少なからず存在した。しかし、それはこれらの国家エリートに限ったことではない。地方の教育行政が温情主義的で強権的なものに陥らぬよう、さらには民主的なものになるよう、教育行政の最終責任は文部省がとるべきだとする意見は保革の別を問わず、社会から広く聞かれた。教権という日本特有の理念の制度化は、超党派的になされることを常態としたのである。

だが、そうした理解は、住民による教育の自治の拡大をめざすＧＨＱの意向と相容れず、文部省の権限は著しく制限された。その意味で、占領期の教育改革は、アメリカの支持する「国民の教育権」と日本の支持する「教権」という理念をめぐる対立と妥協の中で実施され、教育基本法を頂点とする日本型教育システムを築いたといえる。留意したいのは、当時の日本側政策担当者の間には、国民の教育権が教権に上位するという考えになじみがなく、国民の教育権に対する無理解が時にＧＨＱとの対立を深めたという点である。教育行政は国民の教育権を体現するものでなければならないという解釈が事後的に加えられたのは、文部省と教職員組合の対立が顕在化し深刻化した一九五〇年代の半ばを過ぎてからのことであった。

一九五三年の池田・ロバートソン会談における愛国心教育推進の確認、五四年のいわゆる教育二法による教員の政治的中立性の確認、五五年の民主党による教科書検定強化を求める内容を含む小冊子『うれうべき教科書の問題』の発表、第三次鳩山一郎内閣の文相清瀬一郎による教育基本法に対する不満発言など、講和独立以降、教育内容に対して政府が介入を強めようとする意図が明確に感じられるようになった。教職員組合や進歩的な文化人、教育学者などはこれに異を唱え、対決姿勢を顕わにした。一九六〇年代に入ってからは、教員の勤務評定や学力テスト、教科書検定の是非をめぐる訴訟が複数なされ、教育権の所在とその根拠が法廷で争われるようになった。全国的な広がりを見せた教育裁判が社会的な関心を引く中で、教育は保革イデオロギー対立的な側面から意識されるようになり、それが戦後の教育史観を特徴づけた。くわえて、そうした理解は直接的間接的に紛争の当事者となった知識人が認識枠組みを与えることで一層強化された。

当時、教育学のオピニオン・リーダーであった宗像誠也は、「反動的な教育政策・教育行政を批判し、それに抵抗し、それと理論闘争する」ための「アンチ教育行政学」、「カウンター教育行政学」の創造を唱え、対立の前線に立ったが（宗像、一九六九年、三三五頁）、その中心に教育基本法が据えられたことはよく知られている。ただし、当時の教育基本法の位置づけは、現在のそれと同じではなかった。後に民主教育の支柱と呼ばれる教育基本法は、施行当初、文言の抽象性や総花的な内容から進歩的な知識人や教育学者によって酷評され、改正の必要まで主張されていた。宗像もそうした論客の一人であったが（市川昭、二〇〇二年）、保守政党の側が改正を意図してから態度を一変させ、教育基本法制は内的事項に対する国家権力の統制を無条件に許した旧体制との断絶をもたらし、教育権を国民の手に移したとして、制度堅持を強く求めた（宗像、一九六一年、九一―九三頁）。

つまり、宗像は、「国民の教育権」という概念を新たに示すことで、教育内容への統制を強めようとする政府与党に対抗しようとしたわけであるが、そのことは「国民の教育権」を多義的なものにした。国民には、子ども（児童・生徒・学生などの学習権の主体）、保護者、教師など時に利害を違える主体が含まれたからである。宗像はこの点に自覚的で、親の教育権と教師の教育権の関係について、次のように考察している。彼によれば、親の教育権は自然的権利と考えられるが、教師の教育権は「教師が真理の代理者たることにもとづく」権利であるという（同、九四頁）。ゆえに、教師は公権力からも、時に親からも自由を享受するとされる。教師を縛るのは真理のみであり、不断の自由な研究によりその習得に務めることが期待された（同、九六—九八頁、高野、一九九九年、一八四頁）。親と教師の教育権の対立を予定しながらも「真理の代理者」である教師の教育権を優越させ、両者の対立もまた真理により予定調和的に収束するという理解は、宗像に限らず、教育基本法制定の立役者となった田中耕太郎をはじめ当時の知識人に広く共有された。敗戦による虚脱感や道徳的喪失の状態にある国民をいかに指導し、民主化に導くかという課題は、講和独立の前後まで、知識人の主要な関心であり、文化国家の建設に向けて児童生徒を教授することが喫緊の課題とされたからである。

このように、占領期から一九五〇年代にかけて、知識人が想定した教育政策とは、文化国家建設に向けた国民の啓蒙であり、教権の確立はその前提とされた。「国民の教育権」説を唱える論者たちの力点が教師の教育権の保障に置かれ、住民による教育の自治をあまり重視しなかったのは、その証左といえる。憲法学者の樋口陽一が、日本で用いられる「『国民の教育権』＝親や教師の教育の自由は、国家からの自由を本気で主張するというよりは、『国家の教育権』の内実を国民によって充填しようという論理構造をもつ」がゆえに、「戦後公教育の理念から離れてゆく国にかわって、親や教師がそれに代位」する権利とされたという指摘は（樋口、一九九一年、一五一—一六頁）、戦後教育の本質をよく捉えている。すなわち、教育政策における保革の対立は、教権という理念が予定する制度についての解釈をめぐる争いであり、それらは制度を強化しこそすれ、動揺させるものではなかったのである。安全保障政策と並んで保革イデオロギー対立が最も激しい政策分野とされた教育政策が、その実、安定的であったのは、教権という制度理念に対する支持が保革双方の側から得られていたからである。文部科学省（以下、文科省）、教職員組合、文教族らが近年の新自由主義的な改革に消極的で、時に強い抵抗を示すのは好例といえる。国家の教育権と親和的な「国民の教育権」が住民による「教育の自治」や保護者の「教育の自由」と排他的な関係に立ちうることは、それが日本特有の理解であることを示しているが、これまでの研究は、そうした問題を正面から取り上げてこなかった。

おそらく、それは、「国民の教育権」が革新の側の運動を正当化する論理として用いられたからであり、教師と国民の利益を調和的にみたからであろう。しかし、そこで重視されたのは、教師の教育権であった。教育基本法を立案した知識人たちとの相違は、国民の教育権説では、教師の教育権の保障原理とされた教育基本法第十条を憲法第二十六条「教育を受ける権利」の保障の一環として、すなわち、憲法原理の具体的確認規定として位置づけた点にある[10]（兼子、一九七八年、二九〇頁）。このため、教師の教育権は、理論上、国民の教育権から引き出された権利とされ、それに対する国家の不当な支配は当然に排除されるという論理が導かれた。そして、それが反体制教育運動の根幹的な理念とされたのである。

戦後教育改革の分析視角

ところが、そうした理解は一つの禍根を残した。戦後教育に関する分析視角が運動の論理に引きずられ、「国民の教育権」vs.「国家の教育権」もしくは「日教組・革新政党」vs.「文部省・保守政党」という二項対立に矮小化されてしまったからである[11]。もちろん、こうした状況が実際にあったことは否定しない。教科書検定問題や愛国心問題、勤務評定問題など教育内容に対する政府の介入の是非が問われ、「国民の教育権」説が学問としても社会運動としても時流を築いたことは、よく知られている。とはいえ、あらゆる政策をこの観点から説明することは難しいように思われる。保革対立の一極とされる「保守」の側を一枚岩的に理解することの妥当性がまず疑われるからである。

確かに、文部省と文教関係議員[12]は政策形成をともにすることが多く、選好が近しいことも多い。しかし、そのことは、政党と文部省が一枚岩であることを必要条件とするものではない。むしろ、両者は時に対立的な存在にもなりうる。行政府が省庁間のセクショナリズムに特徴づけられるように、政党内も所属する委員会ごとに縦割りがみられるからである。戦後の教育政策は、省庁間のセクショナリズムに起因する対立と不可分の関係にあり、文部省と自由党（後の自由民主党）執行部の対立もまま見られた。義務教育費国庫負担法をめぐる政治過程は、その最たる例といえる。

地方教育行政制度を構築する際に、文部省は一般行政からの独立と財源的裏づけを得ることを何よりも望んでいた。それは、教育政策の大黒柱ともいえる義務教育の実施には莫大な費用を要すること、また、その実施主体は地方自治体とされたためであった。文部省は戦後一貫して、大蔵省や内務省およびその後続機関と利害調整を余儀なくされたのである。教育行政を省庁間関係から理解した場合、教育学において保守反動的と評される一九五六年の「地方教育行政の組織及び運営に関する法律」（地教行法）は別様に解釈しうる。革新的な立場をとる教育学者がいうように、公選制の教育委員会が任命制に改められたことは、教育の人民統制を後退させるものであり、国民の教育権の侵害であるという評価は（堀尾、二〇〇二年、一八九―一九一頁）、教育の自治を住民自ら直接治めることと定義するのであれば、理に適っている。しかし、立法者の意図は違っていた。教育委員会制度の導入にあたり、日本側政策担当者は一般行政からの独立を保障する制度設計を企図したが、ＧＨＱの意向からそれは適わず、さらなる修正を必要とする法制化がなされた。ゆえに、地教行法は未完に終わった改革を完成させる目的で立案されたものであり、当初の制度構想は概ね実を結んだのである（本多編、二〇〇三年）。

ところが、これまでの研究は、そうした側面をあまり描いてこなかった。教育学の中で教育行政学の発達が遅れたことや領域学問という性質から省庁間関係を踏まえた分析がさほど重視されなかったことが、その一因と考えられる（青木栄、二〇〇七年）。とはいえ、戦前に、義務教育の運営が市町村に委ねられ、費用の全額負担を求められたことに市町村が耐えきれず、国庫負担金制度が導入されたこと、またその制度が補助金政策の基礎を築いたことなどもあって、義務教育の問題は戦前戦後を問わず、複数の省庁が関与する政策分野であった。なかでも財政を司る大蔵省、地方行政を統括する内務省、政策官庁である文部省の間には、潜在的な対立があり、その調整が政策の帰結を決定する主要因であった（市川喜（一）、一九九一年）。小泉政権が実施した三位一体改革において、義務教育費国庫負担金制度の見直しが求められた際に顕著となった、財務省、総務省、文科省の三つ巴の争いは、占領期以降、形を変えてみられた図式を端的に示したものであり、省庁間関係を検討することなしに、教育政策の実態を理解することは難しい。では、教育政策はどのように分析されるべきであろうか。

政策過程における省庁間の関係を理解する鍵は、諸アクターの「利益」（interest）、アクターの行為を制約もしくは促進し、諸アクターの関係を特徴づける「制度」（institution）、そして、アクターの認識的要因という三つの要素にある。アクターの認識的要因への注目は、一九八〇年代半ば以降、アメリカ政治学を中心に高まりをみせ、「アイディアの政治」（politics of ideas）に関心が向けられるようになった。ただし、ここでいうアイディアとは、非常に広義な概念で、世界観やイデオロギー、価値観、正義感といったものから、より具体的な内容をもつ政策案や問題解決方法まで含まれる。そのため、アイディアの定義は論者によって異なる。本書は、アイディアの政治をいち早く採用し、アメリカにおける環境保護をめぐる政治過程を分析した久保文明にならって、アイディアを①世界観あるいは価値観のレベルと、②より具体的な政策案や問題解決のレベルに分けて用い（久保文、一九九七年、七一八頁）、後者を「政策アイディア」と表現したい。世界観や価値観は、政治的アクターの認識枠組みを構成するため、いずれの政策アイディアを採用するかという選択を左右する。価値観や正義感は、いずれの政策を「正しい」と認識するかという、有権者の政策選択や政策評価に多大な影響を与える。複数の政策選択肢が競合し、拮抗する状況では、有権者の選択が政策決定に甚大な影響を与えることも少なくなく、アイディアは独立変数として機能しうる。

教育政策においても、これら三つの要素は重要であるが、本書が検討の対象とする占領期は新たな制度設計を試みた時代であり、教育政策も例外ではなかった。したがって、制度は従属変数となる。問われるべきことは、制度はいかに創られたかであるが、本書はこれをアイディアから説明したいと考える。軍国主義から民主主義へという体制転換を伴う戦後改革において、日本側政策担当者は新たな国家社会像を提示し、それを実現するために、様々な施策を展開した。換言すれば、日本側の政策担当者は「文化国家」という国家像を示し、それを実現するために「教権の確立」を求めたのであり、教権を保障するために「教育の中立性の確保（一般行政からの独立）」や「教育財政権の確立」という政策アイディアの実現を目指したのである。だがその過程は容易でなかった。教権の確立を支持しない勢力、すなわち、「均衡財政」を求める大蔵省や「総合行政」を志向する内務省といった、異なるアイディアを支持するアクターとの対立を迫られたからである。

このように、個別具体的な政治過程に着目した場合、教育政策を分析する視座は、保守―革新というイデオロギー軸のみでは、不十分であることがわかる。政党の抱くイデオロギーは総体としての政策選好を示すことから、個々の政策に合致しないことは当然予想される。だが、そのことは政党の役割を否定するものではない。三位一体改革の政治過程にみられたように、危機的な財政状況のもとで行われる改革では、総合的な見地から省庁横断的に改革を試みようとする制度官庁（財務省や総務省）が、個別専門的な政策を扱う政策官庁（文部科学省）の権益の改変を試みることも多い（金井、二〇〇七年）。こうした状況で、政策官庁が権益を保持するには、自省に対する支持を広く集め、主張を正当化する必要がある。そこで政策官庁は、理念を共有する議員や社会団体に働きかけることになる。三位一体改革で、自民党や公明党の文教族（与党）のみならず、民主党や共産党、社会民主党、日本教職員組合（以下、日教組）なども国庫負担制を支持したように、支持連合の相手は保革の別を問わない。同様のパターンは、国庫負担制の縮減が始まった一九八〇年以降、確認されることから、保革対立を所与とする説明には限界があることが理解されよう（徳久、二〇〇六年）。

戦後の日本政治が保革対立に特徴づけられる反面、個別具体的な政策形成過程においては協調もみられたように、教育政策もまた対立的な側面と協調的な側面をもった。日本の高等教育政策を分析したペンペルが教育政策を「陣営対立モデル」「圧力団体モデル」「漸増主義モデル」の三つに分類し、政策分野ごとに利害関係者の多様性や対立の性質、闘争の強度が異なるとしたことは、この点をよく捉えている（Pempel 1978）。教育政策におけるパターンの多様性は、中央地方関係についても妥当する。一般に戦後の教育行政は集権的で画一的と評されることが多いが、地方の側に自律性がなかったわけではない。高等学校の設置や社会教育、小中学校の学校施設建設に関する基準の上乗せ・横出しなど地方自治体は比較的柔軟に独自の政策を展開する分野を有しており、地方主導の改革の蓄積が文部省の政策を変化させることもあった（Reed 1986；青木栄、二〇〇四年）。

このように、実証研究を重ねれば、保革対立を所与とする従来の見方に問題があることがわかる。管見のかぎり教育学においてこうした実証研究の蓄積が乏しい理由は先に述べたが、これと併せて考えられるもう一つの理由もすでに言及した。大胆な表現をすれば、その理由は、一九五〇年代半ば以降、教育学が社会科学の立場よりも民主教育の擁護者であることに重きを置くことで[13]、教育政策の本質を客観視することを難しくしたためと推察される。戦争の記憶が色濃く残り、冷戦を間近に感じた時代においては、平和教育や民主教育を擁護する重要性は高く、そうした運動の蓄積の上に今日の教育があることに鑑みれば、彼・彼女らの担った役割は大きかったといえよう。

とはいえ、こうした見方は戦後の教育政策の一局面しか説明できず、適用可能性の低い枠組みといえる。そこで本書では、「教権」という日本特有の理念に着目して、占領期の教育改革を再検討することを第一の目的とする。教権という理念に着目して、占領期の教育改革を論じる手法は目新しいものではない。教育基本法を論じる際には、田中耕太郎が持論とした「教権の独立」について少なからず言及される（堀尾・山住、一九七六年、杉原、二〇〇三年）。にもかかわらず、それらの研究では、教権の制度化はGHQにより阻まれたと結論づけられる。確かに、日本側が予定した諸法令は時に修正を余儀なくされたが、田中耕太郎が描いた制度構想は概ね実を結び、戦後教育の基幹となった。こうした点が軽視されたのは、教育基本法が予定する教育法制に関する実証研究が十分になされなかったためだと考えられる。したがって、これらの点を踏まえた戦後教育システムの再検討が喫緊の課題となるであろう。なぜなら、改革圧力に曝されている教育システムの本質を捉えることなしに、適切な処方箋を示しえないからである。

同様のことは、宗像や兼子仁らによって示された「国民の教育権」が今日的な問題を十分に捉えきれない点にも表れている。再三指摘したように、日本で語られた「国民の教育権」とは、児童生徒や保護者と教師の教育権を予定調和的に捉える概念であるがゆえに、教権と親和的であり、戦後の教育システムを維持強化した。しかし、それは、市場競争原理に信服をおき、選択の自由や自己決定権を重視する新自由主義的な思潮が強まるなかで、揺さぶりをかけられている。新自由主義が予定する国民の教育権とは、教師と国民の教育権が調和することを前提とせず、かつては教師が権利主体となることを予定した「教育の自由」や「教育の自治」を、国民の自己決定権と解することで、教師と国民の教育権を時に対立的なものにしてしまうからである。したがって、教育政策においても、新自由主義というマクロ・トレンドが強まれば強まるほど、従来の教育システムは制度硬直を強めると予想される。もちろん、それは一様でない。一度構築された制度は慣性を示すことで制度刷新のコストを高める傾向があり、現行の教育システムは教育改革に対する制度的制約となることで、変化の範囲を限定するかもしれない。のみならず、新自由主義が予定する施策を公教育に適用させることの妥当性、すなわち、新たな思潮に対する政治的アクターや有権者の判断（価値観）が制度刷新の幅を規定することも十分に考えられ、場合によっては、旧来の教育システムを強化するかもしれない。

　こうした指摘はいずれも推論の域を出ない。そこで、占領期に構築された日本型教育システムの本質を検討したうえで、終章において、この問題を再び考えたい。次に始まる議論についての理解を促すために、ここで簡単に本書の構成を述べておこう。

2　本書の構成

　第一章では、制度改革という事象を捉える分析枠組みとして新制度論とアイディア・アプローチを紹介し、本書が拠って立つ枠組みを提示する。多様な利益をもつアクターからなる社会が秩序を保つのは、アクターの認識や行為の選択肢が制度により制約されるからであるが、制度変革期にはそうした行為基準が失われる。したがって、新たな行為基準となるアイディアの発見が喫緊の課題となる。では、そうしたアイディアはどのように発見されるのであろうか。本書はこの問いに答えるために、制度改革の政治過程を「アイディアの発見と解釈の過程」と「アイディアの制度化」という二つの段階にわけて論じている。アイディアの解釈という過程を踏まえたのは、同一のアイディアを採用しても、異なる制度が設計される理由を明らかにするためである。制度のヴァリエーションを説明するものとして、制度や利益があることは言を俟たないが、本書はそれと併せて、意味の付与や喪失といった解釈の過程を重視する。

　言説分析に関する研究の蓄積は、社会学の分野で多くみられることから、本書では、文化論や社会学的制度論などの知見を援用しながら、アクターの認識枠組みを構成し、行為を方向づける文化的要因がアクターの選択や解釈をいかに制約するか、またそうした制約の中でアクターはいかに主体的な選択を行うかについて検討している。筆者が構造的・制度的制約とアクターの主体性を踏まえた分析を行っているのは、占領期の改革が日米の協同作業である限り、日米の政策担当者の抱く教育理念の一致と差異が制度化に少なからず影響を与えたと考えているからである。因果関係を特定する認知的次元のみならず、規範的次元を踏まえた分析は、近年の福祉国家研究でも注目されるところであり、比較研究の有意義な理論枠組みとなりつつある。これらの理論検討を踏まえたうえで、それらは占領期の教育改革をどのように説明するかについての仮説を第三節に示した。

第二章では、教育改革の目的とされた「民主主義」に対する日米それぞれの理解を明らかにし、民主主義観の相違が改革に与えた影響を検討することを課題にした。教育制度を知るうえで、この作業は一見迂遠に思われるかもしれない。しかし、アメリカは民主化の要を教育に求めており、主体的な改革を求めたことを念頭に置けば、この作業は不可欠といえる。改革の担い手として認められた知識人たちは、大正デモクラシー期に思想的基盤を築いたこともあり、西洋思想に精通したが、そのことは改革指針の一致を必ずしも保障しなかった。彼らが受容した民主主義とは、日本的に再解釈された概念であり、アメリカにおける民主主義と異なる点をもったからである。民主主義に対する理解の相違は、それにもとづく教育制度を違えさせる要因となり、なにがどのように異なったかを知ることが重要になる。そこで、「国家－社会」という軸を用いて、日米の民主主義観の一致と差異を明らかにすることを試みた。

第三章では、民主主義観の相違に起因する問題を、教育権に着目して論じている。教育を社会的行為と見るアメリカにおいて、教育権の所在は国民にあった。他方、教育を国家的行為とする日本では、その所在は国家におかれた。しかし、ここでいう国家とは、理想形態としての「文化国家」を意味しており、文化国家建設を第一義的に担う師表としての教師の教育権、すなわち、「教権」の確立が教育改革の第一義的な目的とされた。教育権の所在をめぐる日米の理解の不一致は、教育基本法の制定過程で明らかになった。教育基本法は「教権の独立」という理念の制度化を目指して起草されたが、ＧＨＱ部内で教育政策を統轄するＣＩＥ（Civil Information and Education Section：

民間情報教育局）は、教権は国民の教育権からも自由であるとする日本側の主張を認めず、国民の教育権を優先させるよう再三指示した。教権の独立を持論とする田中耕太郎文相主導下の文部省は、これに激しく抵抗したものの、ＣＩＥの意向に背くことはできず、教育基本法は「教権」と「国民の教育権」という二つの理念を並存させる結果となった。教育基本法は戦後教育システムの根幹となることを予定し、個別法はそれに準じて制度化されることを企図したため、理念の並存は関連法規を制定する段階で混乱や対立を生じさせた。最たる例は、教育委員会制度と義務教育費国庫負担制であるが、これを詳しく論じることが第五章と第六章の課題となる。

第四章では、「教権」という理念に孕まれた問題について論じる。教育改革の目的を教権の確立とすることは、政策関係者の間で広く支持された。だが、国内には、教師を「師表」とするか、「教育労働者」とするかという、教師像をめぐる対立もみられた。教権の権利主体たる教師像の違いは、身分保障のあり方に影響を与えることから、教師像をめぐる対立は教育改革の行方を左右しかねなかった。そこで第一節では、教師の身分に関する法律案の起草過程を検討しながら、教師像をめぐる対立に迫ることを課題とした。留意したいのは、教師像をめぐる対立が保革の間でみられたにもかかわらず、法制化の段階では、超党派的合意が占領期全般にわたり概ね遵守されたという事実である。それでは、超党派的合意は誰により、どのように調達されたのであろうか。この課題に応えるために、第二節では、国内諸アクターの思想的配置を整理し、教育政策固有の対立軸と合意形成のパターンを示している。

第五章では、教育委員会法と教育公務員特例法に注目しながら「教権」の制度化について論じている。第一節では、教育委員会法をめぐる立法過程を扱うが、その過程は二つの対立に特徴づけられた。一つは、教育権をめぐる日米の対立であり、もう一つは、教育行政と一般行政のあり方をめぐる対立であった。戦前に地方の教育行政が内務省統制に服した経験をもつ日本側政策担当者からすれば、教権の確立には財政的に裏打ちされた一般行政からの独立が不可欠であった。ところが、それは地方行政を統括する内務省系統機関やＧＨＱ部内の担当機関たるＧＳ

(Government Section；民政局)の許すところではなかった。彼らは教権ではなく、「総合行政」という政策アイディアを支持したからである。したがって、第一節では、日本側政策担当者は二つの対立をいかに克服し、教権の制度化を果したかを論ずることを課題にした。

第二節では、教師の身分保障に関する問題を扱う。検討の対象は、教師の身分を直接的に規定する教員身分法案の作成から教育公務員特例法の制定に至るまでの過程と、国家公務員法の制定およびその改正過程となる。国家公務員法を取りあげるのは、国家公務員法という制度的な制約が教育関係者の理想とする、教権の純粋な制度化を阻んだからである。身分保障に関する諸法規を関連づけて検討することは、教権をより明示的にするのみならず、そこに残された問題を明らかにする。

第六章では、第三次吉田内閣において改正の対象とされた、教育公務員特例法、教育委員会法、義務教育費国庫負担法の三法を中心に引き続き教権の制度化を検討する。三法は教権の確立を目的に相互に連動する制度であることから、筆者は、三法を個別に論じるのではなく、教権というアイディアを制度化したものとして一括して論じた⑭。三法はいずれも占領初期に積み残した課題をもち、改正が企図されたが、実施は困難を極めた。占領後期に改革の力点が税財政改革や分権改革に移されたことで、それまで比較的高い自律性を有した教育政策が他の政策との連関を余儀なくされたからである。折衝の相手となる旧内務省系統機関は「総合行政」を、大蔵省は「均衡財政」を支持しており、教育政策は政策アイディアをめぐる三つ巴の争いに特徴づけられた。省庁間の力学からすれば、比較劣位にある文教関係者がこの状況を克服し、教権の制度化を果すには、支配連合を形成するか、フォーカル・ポイントとしてのアイディアを発見する必要があり、その成否が法制化の是非を決めた。第六章では、同程度に争点化した義務教育費国庫負担法案と改正教育委員会法案のうち、前者が制度化に成功し、後者が失敗した理由を検証しながら、この問題に答えたい。

終章では、これまでの分析を踏まえて、占領期の教育改革をアイディア・アプローチから論じることの有効性を確認するとともに、今後の課題として、そこに残された未解決の問題が後続の教育政策に与えた影響を検討する必要性を述べている。というのも、一九五〇年代の教育政策は、占領期に積み残した課題に応えるという側面が強くみられ、改革の連続性が確認されるからである。こうした知見は、保革イデオロギー対立を所与とする先行研究からは引き出せない。そうした研究は、戦後のある特定の時期の特定の政策を説明できても、通時的な説明を難しくする。他方、本書が提示する「教権」というアイディアに注目すれば、戦後の教育政策を一貫して説明することができる。そこで、終章では、本書の分析枠組みは、講和独立以降の教育政策をどのように説明できるかについて概観しておきたい。そのうえで、本書のむすびにかえて、「はじめに」で検討した、今日の教育改革が抱える問題についても若干の考察を加えておきたい。

（1）『朝日新聞』二〇〇六年九月八日。
（2）本書では、二〇〇六年一二月二二日に施行された教育基本法を「新教育基本法」と表記する。したがって、本書で「教育基本法」と表記されたものは、原則として一九四七年三月三一日に公布・施行された教育基本法をさす。ただし、新旧の教育基本法を併記する場合には、「旧教育基本法」と表記することもある。
（3）与党教育基本法に関する協議会は、二〇〇四年一月九日に名称を「与党教育基本法改正に関する協議会」に変更した。なお、この協議会は自民党の安倍晋三、額賀福志郎、中川秀直、保利耕輔、鈴木恒夫、塩谷立、中曽根弘文、公明党の冬柴鐵三、北側一雄、東順治、太田昭宏、斉藤鉄夫、浜四津敏子により構成された（二〇〇四年一月二一日現在）。なお、横線部分は検討会のメンバーをさす。
（4）教育改革国民会議の議事録や資料については、首相官邸ＨＰを参照した（http://www.kantei.go.jp/jp/kyouiku/）最終アクセス日二〇〇八年四月一五日。教育改革国民会議が提出した報告書「教育を変える一七の提案」は、今日の教育改革の礎となっているものの、この会議に関する研究はいまだ十分になされていない。今後の研究が俟たれる。

（5） 正式名称は、“General Headquarters/ Supreme Commander for the Allied Powers”であり、本来、ＧＨＱ／ＳＣＡＰと略されるべきであるが、日本ではＧＨＱと略すことが一般的であることから、本書でも特段の事由がない限りＧＨＱと表記する。なお、日本語では「連合国軍最高司令官総司令部」と訳されることが多い。

（6） ただし、梶田は道徳的な問題を占領期の改革にのみ求めているわけではない。彼は、一九六〇年代後半から強まった物質主義に代替する価値が築けなかったことや過度に個が重視されることで悪い意味でのレッセフェールが生じていることなども指摘している。

（7） 戦前および占領期においては、師表としての教師の教育権を「教権」と呼ぶことが一般的であった。そこで、本書では、引用など特段の事由がない限り「教権」と表記する。

（8） 国家の教育権といっても、それは戦前の日本のように国家権力が無条件に内的事項に関与する教育権力を指すこともあれば、議会制民主主義の下で認められた権利として捉えることもある。具体的には、主権者である国民の教育意思が「議会制民主主義の手続によって国家機関に代表され、国会および教育行政機関は法律およびそれにもとづく権限によって学校教育の内容をも決定」できるというものである（兼子、一九七八年、一一三頁）。文部科学省（旧文部省）はこの立場をとっている。

（9） もっともこの表現は正確でないかもしれない。「国民の教育権」は、教育にかかわる自由やその権利（たとえば思想の自由、信教の自由）、教育を受ける権利、学習権などを包括する権利を指すが、本書では議論をわかりやすくするために、このような表現を用いた。

（10） 兼子の議論については、憲法学から様々な応答がなされ、発展的な批判も加えられている。ただし、本書は教育法学を直接論じないため、当時の思想的状況を描くに止まっている。実際、「国民の教育権」説は、憲法学者の星野安三郎や奥平康弘、永井憲一や行政法学者の兼子仁、教育学の宗像誠也、堀尾輝久など複数の学者が「国家の教育権」に対抗するために構築した様々な学説からなる一つのアンチテーゼであり、個々の学説は同じでない（永井、一九七四年、六二一－六四頁）。憲法学における議論については、内野（一九九四年）等を参照されたい。

（11） 黒崎勲は、教育政策の手段である教育行政のミニマム化を目指し、抑制のための理論武装としての教育法学・法解釈論が教育行政学の重要な構成要素となったことを指摘している（黒崎、一九九九年、三頁）。戦後教育の問題を簡潔にまとめたものとして、金井（二〇〇五年）が挙げられる。

(12) 特定の政策分野においては、行政官庁と議員（族議員）が利益を媒介に協同して政策形成にあたることは知られているが、「族議員」という用語は自民党による一党優位体制が確立して以降の政治状況に対して使われるものであり、本書が対象とする占領期はこれに当たらない。このため「族議員」という概念を特段用いない。

(13) 筆者は教育学が社会科学であることを否定しない。教育学の分野でも科学的アプローチをとることの重要性は清水義弘らによって一九六〇年代以降さかんに述べられており、教育社会学の分野では実証分析の蓄積が多数ある。また、教育行政学の分野でも近年実証研究が徐々に蓄積されている。

(14) 本書は、三法案のなかでもとりわけ紛糾した教育委員会法の改正に一応の決着がついた一九五二年一一月一日までを検討の対象とするため、占領期という厳密な区分を超える。

第1章　分析枠組み

戦後日本を支える制度の多くが占領期に構築されたこともあり、占領期の改革については分野を問わず、多くの研究がなされている。だが殊、教育分野に関しては、その蓄積が教育学に限られ、政治学の領域ではあまり検討の対象とされてこなかった。そこで本章では、教育学を中心に先行研究を概観したうえで、本書が拠って立つ分析の枠組みを示したい。

第1節　占領期の教育改革をめぐる諸見解

敗戦後、日本がまれにみる大転換を遂げ、民主国家として国際舞台に復帰できたのは、GHQが主導した改革によるところが大きかった。しかし、それは一方的な改革ではなかった。GHQの意図を汲み取り、あるいは、それ以上の速さで積極的な改革を行った国内諸アクターの努力によるところも大きく、占領期の改革はＧＨＱと日本側政策担当者の相互作用の産物であった。相互作用という観点から占領改革を論じる手法は、占領史研究において概ね共有されている（竹前・天川、一九七七年、中村編、一九九四年、油井・中村・豊下、一九九四年）。しかし、改革の中心的な担い手やその影響については、論を分かつ状態にある。これは、対象とする時期や政策内容によりイニシアティブの所在が異なるためであるが[1]、同様のことは、政策分野を限った場合にも当てはまる。

一九八〇年代までになされた教育改革研究の動向を整理した大橋基博は、「戦後教育改革は占領期に限定してもその理念の形成、法制化過程、実施・修正過程という時期を経ている」としたうえで、占領初期に研究が集中する傾向にあることを指摘する（大橋、一九九一年、八九頁）。主要な改革が占領前期に集中した点を考慮すれば、時期的な偏りは理解できる。ところが、法制化された制度の多くは、占領中期以降、たび重なる修正を受けた。施行されて間もない時点での修正は、それを促すだけの要因が当初の段階から含まれていたことを意味する。ゆえに、実施・修正過程の検討は、初期の改革が抱えた問題とその帰結を明らかにする。だが残念なことに、大橋の指摘がなされて以降も、先行研究の多くはこの点をあまり論じてこなかったように思われる（羽田、一九九七年）。そこで本書は、占領期の改革を通時的に検証することで、占領期の改革にみられる変化と持続を確認し、戦後教育システムの本質に迫りたい。

むろん、この指摘は先行研究の意義を損なうものではない。個々の研究はわれわれに鳥瞰図を与えてくれるものである。本節では、先行研究の整理を通じて、本書で問うべき課題を明らかにしたい。その際、どういった政策アクターに焦点を当てた研究であるかに注目して、先行研究を類別するという方法を採っている。こうした方法は、教育の政策過程を包括的に論じることで戦後教育システムの本質を解明しようとする本書の立場にとっては、有効であると考える。

1　対日占領政策研究

アメリカは、開戦直後の段階から国務省を中心に日本の戦後処理構想に着手し、数々の占領マニュアルを作成した。軍国主義の排除と民主主義的傾向の復活強化はすべての施策に共通した目的であり、教育改革はその要とされた。戦時期に作成された指針は占領改革の基礎を築いたことから、対日占領政策研究は内外の研究者によってさかんになされている。ここでは、対日占領教育政策の第一人者と呼ばれる、鈴木英一と久保義三の研究を取り上げたい。

鈴木と久保は、教育改革の実施主体を日本の自由主義者に委ねるという態度をアメリカが戦時期から示したことに注目する（鈴木、一九八三年、一九頁、久保義、一九八四年、四一頁）。というのも、これが占領統治の場で遵守されたとすれば、日本の主体的な改革が可能であったことを意味するからである。そこで彼らは、対日占領政策の検討を通じて、アメリカが日本の政策担当者に一定の自律性を与えたことを確認し、占領期の教育改革を「アメリカを中心とする連合国の主導的側面と日本側の自主改革的側面の複合的産物であり、共同の歴史的事業であった」（鈴木、一九八三年、四頁）と結論づける[2]。

しかし、自律性の程度について、両者は幾分異なる立場をとった。鈴木は、アメリカが日本側の政策担当者を選任する際に、自由主義的思想を有する者という条件をつけたことで、両国の政策担当者の抱く教育理念や思想が近しくなったことや、彼らの政策能力の高さがGHQ部内の教育担当部局であったCIEと円滑な協同関係を築き、改革をともに推進したとして、自律性の高さに注目する（鈴木、一九七〇年、三四頁、一九七九年、六五―六六頁）。他方、久保は自律性に限界があった点を重視する。日本の自律性はアメリカの理念に適う限りで許されたものにすぎず、過大評価すれば、本質を見誤るとしたからである（久保義、一九八四年、四二三頁）。日本の自主改革は「許された自由」にすぎないという指摘は、CIE教育課で辣腕をふるったトレーナーの証言からも支持されるが（勝岡、一九九九年、三一八頁）、彼らに共通する認識は、戦後改革はいずれもアメリカの民主主義を裏づける自由主義思想を反映したものであり、日本側がその枠内で改革を進める限りにおいて、自主性が認められたというものであった。

このように、鈴木は日米の政策担当者の思想的親近性が日本の自主改革を可能にしたとするのに対し、久保は日本の自主性はアメリカの戦略的目的の範囲内で許容されたものにすぎず、自律性を過大評価できないとするわけであるが、見解の不一致は同一の問題を別の角度から見たことに起因する。すなわち、彼らは、自律性の程度はアメリカの示す改革理念との親近性に規定されたとしながらも、その距離に対する解釈に違いがあるために、日本側の自律性についての評価が分かれたのだといえるだろう。この点を明らかにするには、個別具体的な政治過程を検討する必要がある。そこで次に政策過程を扱った研究をみていこう。

2　知識人主導論

教育改革は敗戦直後の段階から意欲的に進められたが、翼賛体制が敷かれたことで、活動の凍結を余儀なくされていた政党や社会団体は組織の建て直しに専念したこともあり、初期の教育改革はCIE、文部省、教育刷新委員会を中心に進められた。このため、教育学では、改革の主たる担い手となった知識人に注目した研究が数多くある。本書は、そうした研究を「知識人主導論」と呼ぶことにする。

知識人主導論では、アメリカ側が尊重した自主改革を現実のものとしたのは、西洋思想に造詣が深く、政策手腕を備えた知識人の存在によるところが大きかったとする見方が一般的である。しかし、そのことは、日米の政策担当者の思想的一致を意味するわけではない。むしろ、両者は思想的親近性をもちながらも、本質的な違いを有したのである。杉原誠四郎と古野博明は、この問題を教育基本法の立役者となった田中耕太郎に注目しながら検討している。彼らの議論を手がかりに、さらなる理解を得てみよう。

杉原と古野は、田中文相期の文部省において独自に起草された教育基本法案が、ＣＩＥの介入を受けた後、どのように変質したかを検討し、法案の修正過程で顕著になった日米の理解の不一致は、両国の民主主義観の相違にもとづくことを明らかにした（古野、一九八六年、一九八七頁、杉原、二〇〇二年）。田中をはじめ西洋思想に精通したといわれる知識人たちは戦前に思想的基盤を培ったが、彼らは外来の思想をありのままに受容したのではなく、伝来的な儒教徳目に調和させながら咀嚼することで、本来的な意味にゆがみを生じさせつつ内面化した（杉原、一九九九年、四二－四六頁）。杉原はこの点を知識人に広く共有されたカント哲学の解釈を例に説明しているが、知識人の有した西洋思想は移入の過程で日本的な再解釈が加えられ、新たな意味の創出や本来的意義の喪失を伴ったという。このため、自由主義や民主主義の実現が改革の目的として共有されても、それを実現するための制度設計は日米で異なる可能性をもったのである(3)。

彼らの議論を踏まえれば、教育改革の過程で特定の政策に限り、日本の自律性が低下し、強制的な修正を迫られたのは、日本の政策担当者が抱く教育理念の解釈がアメリカの定義から大きく逸れたためであったことが理解される。ゆえに、自律性の程度は、日米の政策担当者が有した教育理念およびその解釈の一致と差異から検討される必要があるといえよう。ここからは、占領改革について、鈴木と久保の評価が異なったのは、鈴木が一致の局面を重視したのに対し、久保は差異に注目し、それがＣＩＥの権力的関与をもたらしたことを強調したからであることがわかる。

このように、占領期の教育政策を検討する際には、日米双方の政策担当者が抱いた民主主義観の一致と差異を確認することが第一に求められることが理解されよう。しかしながら、先行研究の多くは、田中耕太郎や天野貞祐など特定の人物に着目した研究を除いては、この点を十分に踏まえていない。占領期に活躍した知識人の多くが思想的基盤を大正デモクラシーの開放的な雰囲気のなかで築いた点に着目すれば、彼らが得た「知」が戦後の教育制度にどのように埋め込まれたか、また、日本型に解釈された「知」は制度設計の段階でＧＨＱとどのような対立を引き起こしたか等の検討が求められる。

くわえて、知識人主導論は分析の対象や評価についても、いくつかの問題を抱えているように思われる。知識人主導論では、占領中期までの制度設計に焦点を据えた研究が多くなされているが、占領中期以降になされた法令の修正過程に関する研究はあまりみられない。知識人主導論で注目される知識人の多くは、占領期全般にわたり教育政策に関与したことを念頭に置けば、占領中期までに実施された法令の多くが修正された理由を「保守反動」という紋切型の説明で終わらせるのは、不十分ではなかろうか。事実、知識人の多くは、教育刷新委員会や文部省、緑風会をはじめとする諸党派に属しており、政策決定に実質的な影響を与えられる地位にあった。一九五五年に保守合同が行われる以前の国会は各党派が拮抗しており、国会審議の場で政府案が修正されることも多かった（川人、一九九九年）。この点を考慮せず、実証研究を伴わないままに、「保守反動」と片付けることは、印象論の域を出ず、批判を免れえない。この課題に対して、国内の政治過程に着目した研究はどのように応えているのであろうか。以下に検討しておこう。

3　国内政治過程論

国内の政治過程に注目しながら教育政策を論じる手法は、イシュー・アプローチ(4)に基づく立法過程研究で採用されてきた。ここでは、政策は、異なる利益をもつ諸アクターの交渉や取引などに象徴される動態的な過程において形成されると考えられている。教育政策についても、政党や行政官庁、知識人、日教組をはじめとする社会団体との相互関係を立体的に描く試みがなされてきた。序章で紹介したペンペルやリードらの研究は、その好例といえる。また、一九七〇年代から一九八〇年代の教育政策過程を研究したショッパは、自民党による一党優位制が長期化するなかで、教育政策は文部省と自民党文教族を中心とする下位政府によって実質的に決定されたがゆえに、そこから締め出された教育関係の利益団体は自己利益の実現に向け、野党を軸に政策要求を集約せざるを得ず、結果として、保革対立を内包したことを指摘する（Schoppa 1993）。このように、国外の研究者からは、保革対立という特徴は教育政策の一側面にすぎないことが指摘されているが、日本では、保革イデオロギー対立を所与として分析を進める傾向が強い[5]。詳細は序章で指摘したので割愛するが、戦後民主教育論の旗手とされた宗像誠也、五十嵐顕、持田栄一らが教育政策の見直しに対する反対運動の先陣を切り、第三次吉田茂内閣以降の施策を反動的としたことで改革の断絶性を強調する見方が主流となり（宗像・五十嵐・持田、一九五三年、五十嵐・伊ヶ崎編、一九七〇年、大田編、一九七八年）、そのことが保革対立を教育政策の全体的相貌とみなす傾向を一般化させた。

同様の見方は、保守勢力の分析を進める側からも示された。戦後「保守」体制の原点および戦後の政治経済の大枠を決定した政治指導者の手腕とイデオロギーを明らかにすることを試みた大嶽秀夫は（大嶽、一九八六年、i－ii頁）、教育政策を吉田茂の有したイデオロギーから説明した。「臣茂」という吉田の言にあるように、彼は皇室に深い憧憬を抱く伝統的保守主義者であった。伝統や愛国心に関する発言が物議を醸したのも、皇室に対する愛着が戦後の民主主義に反するとされたからであった。ただし、彼自身が教育政策に直接関与することはまれであった。吉田は自ら選任した民間の知識人を文相に据え、政策を一任することを好んだからである。そこで大嶽は、文化人文相の思想的背景やイデオロギーを分析し、そこから一つの結論を得ている。それは、戦後の教育改革は吉田と思想的親近性の高い教育イデオローグによって実施されたがゆえに、占領方針の緩和がなされて以降、復古的・伝統的な教育観が台頭し（大嶽、一九八六年、二七八－二八四頁、一九八八年、六五－六九頁）、革新勢力との対立を一層深めさせたとするものである。

革新の側からの決裂を描く宗像らの主張にしろ、保守の側の復古を述べる大嶽にしろ、占領政策の転換を契機に保革対立が生じたとする点は一致する。だがこの指摘は、自主改革の可能性を述べる対日占領政策研究や知識人主導論の主張と矛盾する。改革の自律性を日本が得ていたとすれば、占領政策の是正が容認されても即時的な転換は起こらないからである。大嶽が保守的イデオロギーの代弁者とした田中耕太郎や天野貞祐は占領期全般にわたり教育改革を主導した人物であり、知識人主導論では、彼らの進歩的な思想が自主改革を可能にしたと評される。この矛盾はどのように説明されるべきであろうか。

対日占領政策研究や知識人主導論と国内政治過程論の不一致を解く鍵は、後者が運動の論理に過度に引きずられた点に求められる。CIE教育課の週間報告書を丹念に検討した明神勲によれば、レッド・パージ等の反共政策はCIEの周辺的な問題にすぎず、「逆コース」と呼ばれた時期においてもCIEの主要任務は改革路線の継承と具現化にあったという（明神、一九九三年、六五―六六頁）。反共政策の強化や教育運動の弾圧などは日教組や社会党、共産党などの革新勢力に「逆コース」という印象を与えたが、文部省や自由党を含む諸党派の文部委員は改革路線の継承を重視しており（同、七六頁）、「保守反動」という評価があてはまる事例は多くない。にもかかわらず、保革対立という理解が教育政策分析の趨勢となったのは、再軍備問題や諸法規の改正が国論を二分する中で、占領後期の政策を「反動的」と事後評価したためであった。したがって、占領後期の政治過程を再検討する必要がここでも求められる。

4　これまでの議論の特徴とその問題

さてここで、占領期の教育改革に関する先行研究の理解を整理してみると、二つの特徴が引き出される。一つは、占領期の教育改革を日米の相互作用の結果として捉える見方であり、日本側の政策担当者は改革に際して、思想的親近性から一定の自律性を得ていたとするものである。もう一つは、占領後期の政策を「断絶」の側面から捉えるものである。対日占領政策研究を行った久保は断絶をアメリカ側の政策転換に起因すると述べているし、国内政治過程論では、占領政策の見直しが是認されたことを理由に、自由党が反動化して初期の改革路線を少なからず修正したとして、断絶を強調する。

だが既に述べたように、断絶を所与とする諸見解には、十分な実証上の根拠が与えられていない。これが第一の問題である。明神の指摘にあるように、占領後期においても、ＣＩＥの主要任務が改革路線の継続と具現化にあったとすれば、「継続」という側面がおのずと見えてくる可能性が高い。ＣＩＥの意向に日本側が背いたことで「断絶」が生じたという説明もありうるが、いずれにせよ実証が必要とされる。ここからは、保守反動や保革イデオロギー対立という戦後日本政治のある局面を特徴づけた見解が、占領期の教育政策を分析する上においても果して有効たりうるのかという問いが生じるのである。これが第二の問題となる。

たしかに、「保守―革新」というイデオロギー軸は教職員レッド・パージ、再軍備問題や平和教育問題などを説明するうえで、有効性の高い分析枠組みといえる。しかし、占領期の教育政策の主眼は民主化にあり、新学制の発足、教育委員会制度の導入、教育公務員特例法や義務教育費国庫負担法などの教職員の身分保障に関する施策等を、そうした枠組みから理解することの妥当性は疑わしい。とりわけ、占領期の教育政策においては、知識人や中道勢力が主要な役割を担っており、彼・彼女らの役割を組み込んだ積極的な説明が求められる。しかし、そうした研究は管見の限り、あまり見られない。おそらく、それは教育政策を担った個々のアクターが抱く理念を十分に検討して来なかったためだと思われる。もちろん、そうした研究が皆無だったわけではない。対日占領政策研究や知識人主導論において、個別に言及されている。しかし、彼らが立てた、日米の政策担当者の思想的親近性が日本の自主改革を可能にしたという仮説の実証には、日米双方の政策担当者が抱いた教育改革像（価値観）や具体的な施策（政策アイディア）を明示し、それらを比較検討することが第一に求められるのである。

だが残念なことに、先行研究の多くは、こうした作業を体系的に行っていない。筆者はその理由を直接知ることはできないが、一九五〇年代に平和教育運動が台頭する中で、教育改革の雛形となったアメリカの民主教育を理想型にして、それに近しければ近しいほど「民主的」で、そこから離れれば離れるほど「反動的」と事後的に評価されたためだと思われる。しかし、その理解は正確ではない。杉原らが指摘したように、知識人の有した西洋思想は移入の過程で日本的な再解釈が加えられ、新たな意味の創出や本来的意義の喪失を伴ったのであれば、教育改革に対する基本理念や原理は、日米で、さらには、国内の諸アクターの間においてもヴァリエーションがみられたはずである。それらを改めて整理し、アクター間の関係を明らかにすることが求められよう。

ここで第三の問題が登場する。それは、先行研究の多くは立法過程における政党の役割を軽視しすぎている、ということである。法案を起草する段階で、知識人や文部官僚、ＣＩＥが中心的な役割を果したことは事実であるが、法案は国会に上程され、その審議を経て決定されたのであり、この過程を検討することなしに、保革対立の有無を説明できない。そこで次に、これら先行研究の問題を踏まえ、占領期の教育政策はいかに説明されるべきであるかを検討してみよう。

第2節　分析の基礎概念

占領期の改革が政治経済社会全般にわたる制度を転換させたとすれば、教育政策も制度刷新という観点から検討される必要がある。そこで本節では、制度に関する理論を紹介した上で、制度を創出する際に重要な役割を果すアイディアについて理解を深めたい。

1 制度をめぐる理論

アクターの行為を規定し、政策形成に影響を与える要素として、利益、制度、アイディアの三つが挙げられる(Hall 1997；秋月、一九九二年、久米、二〇〇〇年)。利益やアイディアがアクターの行為目標を構成するとすれば(内山、一九九八年、四一-四二頁)、制度は、新制度論[6]で指摘されるように、アクターの行為基準といえる。すなわち、制度は、異なる利益や理念を有する諸アクターからなる社会において、アクターを方向づけることで秩序(安定性)を創出するのである。この点にいち早く着目した合理的選択制度論は、制度を、不完全情報の下で生じる取引費用や不確実性を低減させ、集合行為問題を克服させうる「ゲームのルール」と定義する(Ostrom 1986；Shepsle 1986)。

制度がアクターの行為戦略を規定するという合理的選択制度論の主張を支持しながらも、アクターの選好や利益、目標を所与とする見方[7]に異議を唱えたのは、歴史的制度論であった。すなわち、歴史的制度論は、合理的選択制度論が仮定するように、制度を「既存の政策における権力配分を決定する」ものとみなす一方で、認知過程を外生的なものとみる仮定を支持せず、制度を「政治的アクターの目的を決定する」ものとしたのである(Thelen and Steinmo 1992：6)。では、制度はどのようにアクターの選好や目的を規定するのであろうか。

ホールは、この問題を、イギリスにおけるマネタリズムの受容過程を例に次のように説明する。サッチャー元首相がマネタリズムというアイディアを採用したのは、単一政党が政権を担うことを常態とする二大政党制を採るイギリスにおいて、野党が与党を攻撃するには、理論的後ろ盾を得て対抗関係を築くことが有効な戦略となるからである。つまり、制度は政策アイディアの受容や普及のパターンを決定する。とはいえ、それがそのまま制度化されるわけではない。マネタリズムの採用が、首相に高い自律性を付与する議会制度の存在により可能になったように、制度化も政治制度に規定される。もちろん、アイディアを規定する要素は制度ばかりでない。利益によっても規定される。加えて、アイディアの採用は、外的環境という偶発的な要素によっても規定される。のみならず、制度はアイディアによって変化させられもする。このように、ホールは制度を重視しながらも、政治的帰結を説明する要因として利益やアイディアに注目し、それらの補完性を前提に、それぞれの説明可能性を追求する[8]（Hall 1989, 1992）。因果関係の説明に、複数の変数を組み込む歴史的制度論の手法は、他方で、理論的体系性を欠くと批判されることも多く、精緻化が求められている。

とはいえ、歴史的制度論が制度分析に「歴史性」を組み入れた意義は少なくない。合理的選択制度論は、局所的な因果関係を明瞭に説明する一方で、長期的な変化の説明を不得手とする。他方、歴史的制度論は、制度変化は歴史的な発展の経路（経路依存性：path-dependence）や過去の制度（政策遺産：policy legacies）に影響されながら生じるとして、持続性を説明する（Weir and Skocpol 1985；Pierson 1994, 2004）。つまり、歴史的制度論は、適応による制度の再生産や漸進的変化を説明するわけであるが、旧い制度の均衡化過程が断ち切られ、制度淘汰が生じる「均衡断絶」（punctuated equilibrium）の時期に、新しい制度が創出される過程を十分に説明できず、静態的な分析と批判された[9]。セレンとスタインモはこの点に自覚的で、歴史的制度論は「制度が政治を説明する」という立場をとるものの、制度が崩壊した瞬間に「政治が制度を説明する」という因果関係の逆転が生じることを率直に認めている（Thelen and Steinmo 1992：15）。

安定期に制度が独立変数として機能するのは、権力配分を決定し、諸アクターを関係づける能力にもとづいている。制度がアクターの権力配分を規定するのであれば、政治的劣位にあるアクターは自己利益の実現を目指して、政治的配置の転換を促す制度刷新を指向する。ところが、制度の変革は個別の政策過程で行われるため、政治的優位にあるアクターの支持を得るか、新たに多数派を形成しない限り、その実現は難しい。このため、政治的帰結は現状維持もしくは漸進的な修正に止まる。

他方、革命や戦争、恐慌等の歴史的事件により大変動が生ずる均衡断絶の時期には、制度は従属変数に転じる。もちろん、これは類型に過ぎず、制度が崩壊した時期にも旧い制度の影響が残ることは多く、経路依存性が確認される。しかし、それは別様に解釈できる。経路依存性が確認されるのは、制度設計を迫られたアクターが旧い制度を積極的に利用したという理解である。ここで、アクターの主体性に注目するのは、制度崩壊はアクターの行為制約を消去するため、自己利益を実現したいアクターは新しい制度の設計を目指して、政治闘争に従事するという歴史的制度論の仮定を踏まえているからである。したがって、旧い制度から利益を得たアクターは類似の制度を志向する。だがそれは、旧い制度から利益を得られなかったアクターからは支持されない。そこで彼らは自己利益に適う行為指針（レパートリー）を探索する。

その際、過去の政策が参照されることもあるから、政策遺産はレパートリーの一部を説明する。しかし、そこには、過去に制度化されなかったものは含まれない。制度がアクターの認識や行為の範囲を制約するのであれば、制度化される以前の段階には、別様の選択肢が複数あったことが推察される。ところが、それらは特定の選択肢が制度化されることで、潜在化し、行為のパターン化が促されたと考えられる（Laitin 1998：23）。逆にいえば、パターンの崩壊により、潜在化していたレパートリーは、政治闘争に従事するアクターにより再発見され利用される可能性が高まる。ヘクロは、こうした政策のレパートリーをアイディアと呼び、政治環境の変化に起因する政策刷新に対して、政策遺制（policy inheritance）のみならず、社会的学習によって蓄積されたアイディアが有効に機能することを指摘する。ただし、それは、再発見や選択というアクターの自覚的な行為を通じて政治の場に登場することで、因果関係を説明しうる（Heclo 1974：315-316）。

へクロの説明は、制度設計における非公式の制度的制約の役割を重視したノースの主張に近しいので、彼の議論を簡単に紹介しておこう。ノースは、成文化などアクターの自覚的な行為を通して規定された一連のルールを「公式の制度」と呼び、慣習、行為コード、規範などの文化的要素を「非公式の制度」とする。彼が文化的要素を非公式の制度とみるのは、それらは世代を超えて伝達される持続性と粘着性をもち、アクターの認識の範囲を規定することで公式の制度を制約すると考えるからである。だがそのことは、アクターの主体的な選択を排除しない。彼が重視するのは、公式の制度を創出する際にアクターが利用する知識や技術は、文化的要素の蓄積の中から選択される限り、非公式の制度がもたらす制度的制約から自由でないという点である（North 1990）。

実は、こうした理解は新制度論の呼び水となった国家論の旗手たるスコッチポルや社会学者のスウィドラーによっても示されている（Swidler 1986 ; Skocpol 1994）。彼女らに共通する特徴は、文化の概念を限定的に使用することで、文化構造還元論に陥ることを回避している点である。彼女らの定義に従えば、文化とは、シンボルや慣習、技能、スタイルなど社会的行為の雛形となりうるレパートリーを多数蓄積する道具箱（文化のイディオム）であり、問題解決に迫られたアクターはそこからレパートリーを選択し、利用するという。留意したいのは、アクターはレパートリーをありのままに使用するのではなく、意味づけの付与や削除という作業を通じて、新たな機能を生じさせもする点である（Skocpol 1994 : 204）。すなわち、レパートリーは固定的なものではなく、意図的に選択され、配置を換えて利用されるがゆえに、新たな制度構造を構築するのである（Swidler 1986 : 273）。ダグラスは、これを「ブリコラージュ（Bricolage）」と呼び、問題に直面したアクターは、既存の有用でかつ正当化された概念やスクリプト等に、他の文化的な産物を結びつけるという自覚的な作業を通じて、問題の解決に当たる点を強調している（Douglas 1986 : 66-67）。

文化的要素を、因果関係を説明する因子にまで絞り込んで利用する彼女らの議論は、比較研究を行ううえで、有効な視座を与えてくれる。すなわち、同一のアイディアを採用したはずの制度がその機能を違えるのはなぜか、という問いを検討するうえで、経路依存性という制度的要因のみならず、「解釈」というアクターの主体的な行為の重要性を示唆してくれるのである。とりわけ本書のように、外来の政治理念やそれに即する政治制度を移入したにもかかわらず、移入された制度が本来的な制度と異なる機能をもつことを説明しようとする場合には、解釈という過程に注目することが重要になる。

だがこうした指摘は、言語学や社会学、文化人類学、歴史学においては、目新しいものではない。文化を、社会的行為に秩序を与える「意味のパターーン（文化構造）」と捉え、文化的歴史的に作られた特異な意味の体系を解釈すること、すなわち、「厚い記述（thick description）」を通じて事象の理解に努めることを求めた、ギアツの議論に代表されるように（ギアーツ、一九八七年、一九九〇年）、解釈の重要性は古くから指摘されていた。文化的価値を表象する言語の翻訳の問題は、その一例といえる。母語や母国語という表現にあるように、言語は集団の有する文化や歴史に規定される。他方、言語には、他の文化領域から移入されたもの、すなわち、外来語も含まれる。外来のものは、言語を受容する側の社会的・文化的なフィルターに媒介されて移入されるため（ギアーツ、一九九一年）、原語が本来的にもつ意味が剥奪されたり、付与されたりする。外来語をもつ社会において、原語と翻訳語の差異は通常、明示的でない。翻訳に伴う解釈の問題は、原語を生み出した文化や社会と接触して、はじめて自覚される。そのため、相違を知るには、比較を通じた解釈が求められる。

近年、公共政策研究の分野で注目を集めている、「政策移転（policy transfer）」の研究において、移転のあり方を説明するものとして、政策学習（policy learning）が制度的制約と併せて注目されるのは（Dolowitz 2000；秋吉、二〇〇四年、二〇〇七年b）、ヘクロの指摘にあるように、政策移転の問題が本来的に解釈を伴う問題であるからだと筆者は考える。しかし、政治学の分野では、文化的要素や解釈についての注目は高くない[10]。おそらく、その理由は、アメリカ政治学において、一九六〇年代に行動主義や実証主義（集団理論や多元主義理論）が台頭するようになると、個人の行為を諸アクターに共有された価値や規範から一元的に説明する文化論やパーソンズに代表される機能主義の主張は抽象的で実証性が低いと批判され、「文化」や「構造」という概念が後景に退いたためと考えられる。日本においても、一九八〇年代に登場した、いわゆるレヴァイアサン・グループが文化的な要素に依拠した日本特殊論を一掃し、比較可能な分析枠組みを援用した実証研究のながれを確立して以降、文化的要素を組み込む研究はあまり見られなくなった。

しかし、そうした状況は過去二〇年あまりの間に徐々に変わりつつある。変化の直接的な要因は、ポスト工業化やグローバル化の進展によりケインズ的福祉国家の機能不全が明示的になり、それへの対応が要請されるという政治状況に求められる。制度刷新を伴う変化をどのように説明するか。こうした現実的な関心がアイディアへの注目を高めさせたことは、周知のことであろう。一九八〇年代半ばに「アイディアの政治」が概念化された契機が、一九七〇年代後半からアメリカの各種産業で広くなされた規制緩和にあり、業界団体の既得権益を失わせる施策を可能にした因子としてアイディアが登場したことは、これを象徴する（Derthick and Quirk 1985）。また近年、政治経済社会全般にわたる構造変化がもたらした「新しい社会的リスク」が噴出し、改革が不可避的であることが社会的に認識されるようになると、福祉国家をいかなる方向へ再編すべきかという、社会を理解するための言説的枠組み（言説）が政治を突き動かす要因であることが強く主張されるようになり、価値や規範に対する注目が別の角度から高まりをみせている（Dryzek 1996；Taylor-Gooby ed. 2005；近藤、二〇〇一年）。すなわち、アイディアは狭義には政策の処方箋（政策アイディア）として、広義には倫理や価値、規範など認識の枠組みを規定するものとして、再び脚光を浴びているのである。そこで次に、アイディアに関する研究を紹介しながら、政策過程におけるアイディアの影響を検討してみよう。

2　政策過程におけるアイディア

政策過程におけるアイディアの役割は、主に二つに分けられる。一つは、官僚や政治家、専門家などからなる狭義の政策形成過程で、法令など公式の制度を新たに創出するものであり、もう一つは、社会的な支持を調達し、正統化するために用いられるものである。一九九〇年代に台頭したアイディア・アプローチは主に前者に力点をおくものであったが、近年、福祉国家論を中心に後者を踏まえた分析枠組みが構築されつつある。日本においても、規制緩和、民営化、分権改革などの政策過程に注目した研究は前者のアプローチを採用し（大嶽、一九九四年、内山、一九九八年、二〇〇五年、木元、二〇〇五年、宗前、二〇〇五年、秋吉、二〇〇七年ａ）、環境政策（久保文、一九九七年、長谷川、二〇〇三年）や社会福祉政策（近藤、二〇〇一年、二〇〇六年、田村、二〇〇六年、宮本、二〇〇六年）などの分野では、後者を踏まえた分析がなされている。アプローチの違いは、専門性の高さ、直接的な利害関係者の多さなどに関連すると推察される。すなわち、前者は、高度な専門性が要請されるがゆえに、部外者の参入が少なく、ローズが政策共同体と呼ぶネットワークにおける意思決定に類別されるのに対し、後者は社会的な関心を引きやすく、専門性を備えた社会集団も多数存在するため、政策の硬直や変更は紛争の拡大を招きかねず、変化には広範な支持の調達が求められるためと考えられる。本書が対象とする占領期は、社会的支持の調達以上にＧＨＱの役割が重要であった局面を多くもつものの、教育政策の本質的な特徴は後者に位置づけられる。そこで次に、それぞれの局面で、アイディアはどのような機能を果すかを考察しておこう。

アイディアの定義

一九七〇年代後半から、新古典派経済学の発想にもとづく、規制緩和や民営化がアメリカやイギリスで次々に実施されるようになると、アイディアが政策変化を説明する要因となることが実感され、関心を引くようになった。しかし、アイディアは、制度のように、それ自体は因果関係を直接的、明示的に説明しない。特定のアクターに選択され、政治過程に入力されてはじめて影響力を行使する。ゆえに、アイディアはアクターの利益や権力と区分することが難しく、独立変数たりうるかどうか疑問をもたれることも多かった（Risse-Kappen 1994 ; Kohno 1995 ; Yee 1996 ; Blyth 1997 ; Hall 1997）。とりわけ初期の研究は、アイディアを利益に対抗する変数と位置づけたこともあり（Derthick and Quirk 1985）、変数の優位性が排他的に議論された。同様の対立は、文化的・認知的要素を重視する社会学的制度論と個人の選好を所与とし利益を重視する合理的選択制度論の間でもみられた。ところが、文化的要素（アイディア）がアクターの認識の雛形を提供し、各人はそこから自己利益を判断するという補完的な役割が重視されるべきだとする議論が多数現れるようになると、アイディアと利益、制度との関係が改めて問われるようになった（Lichbach and Zuckerman 1997 ; Katzenstein, Keohane, and Krasner 1998 ; Campbell and Pedersen 2001）。

しかし、こうした議論は目新しいものではない。社会運動論などの分野では、早くから指摘されていた（Oberschall 1993 ; McCarthy, Zald, and McAdam eds., 1996）。分析の対象とされる戦争、恐慌、社会革命などの歴史的事件は、アクターの行為基準となる制度を動揺させることで、利益を曖昧にし、不確実性を高めるからである。不確実性に曝されたアクターは、新しい行為目標を探索するが、社会運動論は、それをイデオロギー（アイディア）に求めている。なぜなら、イデオロギーは行為に対して強い統制力をもち、新たな行為形態を示すことで社会的行為に統一性と予測可能性をもたらすからである（Swidler 1986 : 278-279）。同様の指摘は、アイディア研究を主導するブライスによってもなされており（Blyth 2002 : 36-37）、制度変化を説明する要因として、アイディアの重要性が改めて確認される。では、アイディアは、どのように影響力を行使するのであろうか。この点を論じる前に、まずはアイディアという概念を定義しておこう。

アイディアという概念は包括的で、その定義も世界観や倫理的価値のレベルから科学的知識を源泉とするより具体的な政策案のレベルまで多岐にわたる。重層的なアイディアの整理は様々になされているが、政治学では、アイディアを「世界観（world views）」、「道義的信念（principled beliefs）」、「因果的信念（causal beliefs）」の三つに分類した、ゴールドスタインとコヘインの研究がよく知られている（Goldstein and Keohane 1993：7-10）。そこで、彼らの議論を参照しながら概念整理をしておきたい。ただし、彼らの関心は因果的信念に置かれたため、世界観や道義的信念の定義は必ずしも十分でなく、その関係も曖昧といえる。このため、筆者は、道義的信念および道義的信念と因果的信念（本書でいう「政策アイディア」）の関係について、補足的な説明を加えておきたい。

「世界観」とは、文化や宗教、科学的合理主義などアクターの思考や言説の形式に強い影響を与え、行為の基本原理を構成する象徴的意味の体系を指す。全般的な価値基準を示す世界観は、時に相対立する原理を含むほどに包括的で、析出は困難といえる。

次に、「道義的信念」とは、アクターが物事の善悪や正義と不正義などを判断する基準を提供する規範的な機能を果たす。ここに示される道徳や倫理は、アクターの行為を方向づけるもの、すなわち、社会的行為の制約（非公式の制度的制約）となるため、社会学では「文化構造」と理解されることが多い。非公式の制度的制約は、匿名性、集合性、長期性、安定性という特徴をもつため、独立変数として個別の政策過程を説明するには、あまりにも曖昧な概念といえる。しかしそれは、個別具体的な政策の処方箋となる「政策アイディア」の制度化を説明するうえで、有用な概念である。

第一に、道義的信念は、政策形成を担うアクターの行動の基本原理を構成することで、彼・彼女らが直面する問題をどのように捉えるかという、問題認識の枠組みに影響を与える。政策形成者は、認識した問題に対処しうる選択肢を模索し、採用することで解決を図る。このように、道義的信念は、政策形成者の問題認識の基礎を築き、政策アイディアはその範囲内で選択されるという点で、因果関係を間接的に説明する[11]。同様のことは、新しい政策が社会的に支持されるかどうかについても当てはまる。すなわち、匿名性、集合性という特徴をもつ道義的信念は、政策形成者のみならず、政策を受容する社会の側の認識枠組みにも影響を与えるのである。ゴールドスタインとコヘインの議論では、概念化されなかったものの、アイディアは「問題の認識枠組み」を提供することで、政策全体の方向性を規定するという理解は、複数の論者によって指摘されている（Hall 1993 ; McNamara 1998 ; Campbell 2001）。しかし、これまでの研究は、政策立案を担うアクターの次元に関心を止めるものが多かった。ところが、キャンベルやシュミットは、政策形成者は、選択した政策アイディアが大衆から支持され正統化されうるかどうかにも制約されるとして、政策形成者の問題認識（認知的次元）のみならず、規範的な次元に踏み込んだ分析が必要であるとする（Campbell 2001 : 166-167 ; Schmidt 2002a : 173）。すなわち、道義的信念は因果関係を特定する認知的次元の背景要因となるのみならず、因果関係に間接的な影響を与える規範的次元の背景要因としても影響を与えることを重視するのである。

このように、道義的信念は非公式の制度的制約として、政策形成に影響を与えるわけであるが、それが有効に機能する範囲には限りがある。道義的信念が集合性をもつ限り、集団を違えれば、異なる道義的信念が存在するからである。実は、これが因果関係を説明するうえで、道義的信念が有益な概念たりうる第二の点といえる。ＩＣＴ（情報通信技術）の発達などにより、かつてないほどに政策移転が容易になった現在、一国の成功経験は瞬く間に他国に伝播する。しかしながら、それによって実現した政策の内容は国により異なる。政策移転の研究では、同一のアイディアを採用しながらも異なる結果を得る理由を、政策決定の場、政策遺産、制度的拒否点などの制度的制約に求めている（内山、二〇〇五年、秋吉、二〇〇七年ｂ）。筆者もその指摘を支持するが、それと併せて、道義的信念が政策に対する認識や評価を違えさせる可能性を考慮する必要があると考える。文化的規範に注目して安全保障政策を論じたカッツェンスタインの業績（Katzenstein 1993; 1996）は、規範的な要素が政策に与える影響を検討した先駆的な研究といえる。しかし、政治学の分野では、この点を踏まえた分析枠組みの構築が遅れており、近年、言説的制度論（discursive institutionalism）において理論化が試みられている。これらの研究については、後段で取り上げたい。

さて、ここまで、道義的信念が問題の認識枠組みを基礎づけ、それに即する政策アイディアが模索される関係を示したわけであるが、では政策アイディアは因果関係をどのように説明するのであろうか。ゴールドスタインとコヘインが政策アイディアを「因果的信念」と表現したように、それは、個々のアクターに目標を達成するための方策を提供することで、行為を方向づける。具体的には、因果的信念は、①地図（road maps）、②焦点（focal point）、③制度化（institutionalization）として、政策形成に影響を与える[12]。

第一の地図としてのアイディアは、アクターの選好を決定し、目標とそれを達成するための処方箋（政策戦略）を明示することでアクターの行為を方向づける。地図としてのアイディアは、不確実性が高い場合にとりわけ有効に機能する。ただし、それは、科学的知識を源泉とする政策アイディア（認知次元）に限らない。道徳的、倫理的な動機を提供することで行為を強力に方向づけることも可能であり、規範に訴えることも有効である（Goldstein and Keohane 1993 : 16）。

第二の焦点としてのアイディアは、複数の均衡解が存在する状況で、人々を特定の解に収斂させ協調行動をとらせることで、集合行為問題を解決する（Garrett and Weingast 1993）。すなわち、アイディアは、人々の関心（Laitin 1988 : 590）や妥協点（Ikenberry 1993 : 59）を明示することで協調行動を促し、新しい連合を形成させる役割を果すのである（Blyth 2002 : 39）。ただし、合理的選択制度論で示された焦点という概念は、その生成や共有の過程が明らかでなく、アイディアの役割を十分に説明しないと批判されることも多い（Blyth 2002 : 26；河野、二〇〇二年

a)。

第三の制度化されたアイディアとは、特定のアイディアが制度に埋め込まれることで、後続の政策決定に影響を及ぼすというものである。歴史的制度論で示された政策遺産という概念は、この一例といえる。地図や焦点は変化を説明するが、アイディアは制度化により安定的かつ持続的な影響力を行使するようになる(Katzenstein 1996 : 30)。

このように、アイディアは利益を明示することで、不確実性を低減させ、かつ、協調行為を促すわけであるが、現実社会には複数のアイディアが存在し、いずれのアイディアが採用されるかは、アイディアのみならず、その時々の社会状況などの外生的要因や制度的制約を踏まえて論じられる必要がある。

制度と政策アイディア

制度変化を促す要因として、歴史的、政治的事件があることはすでに指摘したが、外生的要因として、近年「強制的圧力(coercive pressure)」の重要性が指摘されている。この強制的圧力とは、「ある組織が、従属している組織の公式、非公式の圧力によって引き起こされる圧力」と定義される(Lodge 2003 : 162)。具体的には、当該政策の上位に位置する政策や、上位機関、国際機関などからの外圧が想定される(秋吉、二〇〇七年b)。変化の圧力が政治経済社会の外的な状況のみならず、そうした状況を受けて、上位機関などが強制的に変化を迫るのは、政策移転が常態化した現代社会を説明するうえで、必要な概念といえるが、それは占領という特殊な状況にも妥当する。もちろん、変化は外生的な要因によってのみ促されるわけではない。政治システムを構築する諸制度は相互補完的な関係に立つため、特定の政策領域における制度変化が連鎖的な変化をもたらすこともある(Streek and Thelen 2005 : 8 ; 青木昌、二〇〇一年、二五〇頁)。

そこで次に問題になるのは、新しい政策アイディアを提唱するのは誰で、それを政治過程に入力するのは誰かである。すなわち、ここでは、参加およびそれに対する制約が問題となる（真渕、一九九四年）。ヘクロの社会的学習の概念に示されたように、政策アイディアの多くは政策アリーナに登場する以前の段階から専門家たちの間に知識として蓄積されていることが多い。しかし、恒常的に政治の表舞台に現れているわけではない。外的環境の変化による不確実性の高まりや既存の政策や制度の硬直などにより、政治的な対応を迫られたアクターが現状を理解し、処方箋を得る目的で、専門家への依存を高めることでようやく登場する（Haas 1992 : 14）。すなわち、政策アイディアはそれを政策形成過程に入力する経路もしくは媒介する人物（政策ブローカー）を必要とする。

より具体的には、政策アイディアの入力は、その提唱者や支持者の政治的地位、共有の程度などに左右される。特定の政策領域における専門知識を有する専門家からなるネットワーク（認識共同体：epistemic community）の影響力を検討したハースが、認識共同体が影響力を行使するには、政策決定者に政策アイディアを浸透させること、もしくは、政策決定に直接影響を及ぼすことのできる政治的地位を自ら得ることを通じて、アイディアの制度化を図る必要があるとしたのは（Ibid., 4）、その一例といえる。政策アイディアの浸透により、政治的主流が示されると、それに従って、新たな政策連合が組まれることになるが、提唱者の政治的地位が低ければ、影響力の後退は否めない。首相（大統領）や大臣など指導的地位にあるものが自ら政策アイディアの提唱者である場合、彼・彼女らは政策企業家（policy entrepreneur）として影響力を存分に発揮する（Derthick and Qurik 1985 : 247-252）。また、彼・彼女らが認識共同体に公式の地位を与えるならば、政策転換のトリガーが引かれる可能性は一層高まる。

このように、政策アイディアの採用は、提唱者や支持者の政治的地位によっても規定されることが理解されよう（Haas 1992 : 7 ; Ikenberry 1993 : 85 ; Finegold and Skocpol 1995 : 84-89）。くわえて、既存の制度を支持するアクターとの調整も迫られる。なぜなら、既存の制度は別のアイディアを制度化したものであり、それにより利益を得ているアクターは変化を望まないからである。ゆえに、アイディアの制度化は、現状から政策変更を行ううえで、合意を得ておく必要のあるアクター（拒否権プレイヤー）の数やイデオロギー距離からも説明される（Tsebelis 2002）。

だが、この説明では、ともすると、政策アイディアの役割以上に制度の重要性を主張しかねない。しかし、政策アイディアには、本来であれば、従わざるを得ない制度的制約を克服して、制度化されるものもある。環境問題、ジェンダーや性に関する問題などの分野では、政治的な地位を十分に得ていないアクターの提唱する政策アイディアが採用されることも少なくない。キングダンが「政策の窓」という概念を用いて説明したように、社会運動の高まりやマスメディアによる報道などを通じて、社会的な関心が高まると、それまで注目されなかった問題が争点化され、課題設定がなされる可能性が浮上する（Kingdon 1984）。換言すれば、政策アイディアの採用は、推進者の政治的地位のみならず、その時々の問題認識や政治的関心によるところが大きいことが確認されよう。

しかし、これまでの研究は、すでに述べたように、社会的な支持／不支持の動員を踏まえた広義の政治過程を射程に入れてこなかった。このため、政策アイディアがなぜ選択され、採用されたかの説明の多くを、制度的制約に頼らざるを得なかったように思われる。しかしながら、アイディアが影響力を発揮するそもそもの要件が「共有」されることにあるならば（近藤、二〇〇七年、四三頁）、事例によっては、分析の対象を広げる必要があるように思われる。

狭義の政治過程と同様に広義の政治過程においても、アクターの問題の認識枠組みに方向づけられながら選択された政策アイディアが、どのように支持を調達し、採用（制度化）されたかに注目する点は変わらない。相違は、政策形成を担う政治的アクターの認識枠組みの構成要素を社会の側にも求める点にある。国民からの圧倒的な支持や不支持が政策転換の契機となるように、社会の側から示される政治的関心や評価はアクターの選択を制約もしくは促進する。このため、政治的アクターは社会的正義や公正に適うと思われる範囲内で行動し、正統性を得ようとする。逆に、彼らの主張が社会的に認知されていない場合には、正統化を図るために、共通理解の構築を試みる。

このように、広義の政治過程に注目することで、政策アイディアの後景にある道義的信念はいかなるもので、それらは政策過程にどのような影響を与えるかを間接的に知ることができる。しかも、それらは固定的なものではない。構成されるものである。そこで次に、規範的要素が政策に与える影響を確認しておこう。

規範

日本の安全保障政策を文化的規範から説明したカッツェンスタインは、アクターの選好に不確実性が存在する場合、制度化された規範が政治的アクターの追求する利益を規定すると定義する。ただし、規範の機能は同じでないことから、彼は、アクターの利益を決定し、行為を協調させるための適切な行為基準を示す「規制的規範（regulatory norms）」とアクターのアイデンティティを形成する「構成的規範（constitutive norms）」の二つに注目して、検討を進める（Katzenstein 1996 : 18）。ここで「制度化された」規範という概念が用いられるのは、規範は個別に抱かれた選好、価値、理念にすぎず、それらは制度化されることで、社会的に共有され、安定性や統一性を得るとみるからである（Ibid., 21）。ゆえに、制度化された規範は、アクターの選択の範囲を制限もしくは可能にするわけであるが（Ibid., 30）、それは固定的なものではない。アクターは規範により行為基準を得る一方で、自らのアイデンティティを再解釈し、自己の利益や行為を再定義する存在でもあり、「規範は、政治を通して競合し、創出され、修正される」からである（Ibid., 38）。

このように、規範は制度化されることで、アクターの行為を制約する一方で、アクターの意図的な行為により、新たに創出され制度化され、作り直されもする。前者に着目すれば、政策の安定性と持続性を説明でき、後者に焦点を据えれば、変化を説明できるように、カッツェンスタインの定義は動態的な説明を可能にする。とはいえ、歴史と制度から重要性を認められ、耐久性を得た規範は容易に変化しない。だがそれを裏返せば、制度化された規範の変化は、アクターの認識枠組みを変化させることで、彼・彼女らが直面している問題の捉え方やそれに対する処方箋、すなわち、有効と認知される政策アイディアそのものを変えることで、抜本的な政策転換を可能にする。アメリカにおける環境保護運動を検討した久保文明が、「何が『根本的真理』であるかに関する国民の認識を変えることに成功すれば、それはそのまま政治権力の再配分をも意味するであろう」と指摘したことは、これを傍証する（久保文、一九九七年、五五頁）。

しかし、それが生じるかどうかは、偶発的要因に依存するところが大きい。個別具体的な政策アイディアとそれを正統化する規範（道義的信念）のマッチングを特定することは難しく、キングダンが示した「政策の窓」の開閉は、古くて新しい問題を捉えている。同様のことは、アイディアの復権に注目するリーバーマンによっても指摘されている。キングダンが、問題、政策（アイディア）、政治という三つの独立した流れが合流した際に特定の問題が課題として設定され、政策として実現される可能性が高まると説明したように、リーバーマンも政治秩序を構築する統治制度、組織環境、政治的言説という三つの要素が互いに衝突した際に、政治的機会構造が開かれるとみて、アイディアが有効に機能する可能性を示唆する（Lieberman 2002）。

キングダンの理論やリーバーマンの指摘にあるように、アイディアが有効に機能する局面を特定し、それを普遍化することは難しい。アイディアは叙述において説得的であったとしても、分析において印象論的であると批判されるのは（Blyth 1997 : 236）、帰納的な検討に頼らざるを得ないからだと思われる。しかしながら、アイディアは所与のものではない。非日常的な政治的対応を迫られたアクターにより意識的に発見され、解釈され、制度化される。制度化は、すでに制度化されたものも含めて、複数のアイディアが競合する過程で行われる。このため、諸アクターは支持を動員し、正統化しようとする。そしてそれが広く共有され、支配的な政策連合を築いたときに、アイディアの制度化と政策転換の可能性が浮上する。こうした特徴は、社会学の分野では早くから注目され、様々に理論化されて来たが、近年、政治学の分野においてもそうした動きがみられるようになった。

言説的制度論

政治過程におけるアイディアの役割を一般化する試みとして、近年、注目を集めているものに、言説的制度論が挙げられる。「アイディア」ではなく、「言説」という概念が用いられたのは、言説には、「政策アイディアや価値観」と「政策の形成とコミュニケーションに向けた、相互作用の過程」が含まれるからである（Schmidt 2002b : 210）。つまり、言説は政策アイディアのみならず、選択と正統化の過程を含む包括的な概念といえる。そこで以下に、言説的制度論の代表的な研究者であるシュミットの議論を中心に言説の役割を検討しておこう。

シュミットは、一九七〇年代後半からヨーロッパで顕在化した福祉国家の危機とそれへの対応が国ごとに異なる理由を、政策言説（policy discourse）と制度（制度的文脈）に求めている。政策アイディアではなく、政策言説という概念が用いられたのは、再分配政策に分類される社会福祉政策の刷新を上から行う場合、社会的な支持が得られるかどうか、すなわち、正統性を得ることが鍵となるとしたからである（Schmidt 2000 : 230-231）。そこで彼女は、言説の機能を認知機能と規範機能に区分する（Schmidt 2002b : 210）。認知機能は、直面する問題について因果関係を明示し、効果的な解決（政策プログラム）を提示する。すなわち、ここでは、「必要性（necessity）」の論理のもとに正当化が試みられ、政策アクターからの支持の調達が図られる。他方、規範的機能は、国内政治の核となる価値に訴えることで、政策プログラムの「適切さ（appropriateness）」を示し、市民から正統性を得ようとする（Ibid. 221）。

医学の領域において、倫理や人道上の問題が語られるように、実社会では、政策プログラムは適切であると判断された時に実を結ぶことが多い。では、どのような場合に適切と判断されるのであろうか。シュミットは、この問題を国内にあらかじめ存在している価値との関係から説明する。たとえば、サッチャーは新自由主義的な改革を実施する際に、「他に選択肢がない」という必要性を強調するのみならず、そうした改革はイギリスの伝統的な価値である経済的自由主義や個人主義の観念に適うと訴えることで正統性を得たように、規範的見地から正統性が得られるかどうかは、既存の価値との適合性から量られる。

だがそれは、固定的なものではない。カッツェンスタインが規範を「競合的で偶発的」なものと捉えたように（Katzenstein 1996：2-3）、価値は変化する。社会が有する価値体系に蓄積されたレパートリーは、アクターの意図的な行為により、生成したり消沈したりするものであり、社会慣行や倫理も徐々に変化する。政策言説は変化の起爆剤となる。すなわち、政策言説が政治の基幹的価値を再解釈しながら、それを強化したり、社会のレパートリーから引き出した別の価値に訴えることで基幹的価値に挑む場合に、変化は引き起こされるのである。このため、政策言説を分析する際には、制度化されたアイディアや価値とそれを変化させる政策言説の区分が求められる。換言すれば、政策形成者が何を語り、何をしたかまでの検討が求められるのである（Schmidt 2002b：216 & 221）。

このように、言説に内在する二つの機能は政策変化を説明する。ところが、二つの機能は理論上区分できても、経験上難しい（Ibid. 213）。そこでシュミットは、理論的にも経験的にも区分可能な分析の枠組みとして、「調整的言説（coordinative discourse）」と「伝達的言説（communicative discourse）」の二つを提示する[13]（Ibid. 230）。前者は、政策形成に携わるアクターの間で、政策アイディアが共有される過程を指す。後者は、主要な政策アクターが、「調整段階で作られた政策が（認知的議論を踏まえて）必要であり、（規範的議論を踏まえて）適切であることを大衆に向けて（議論と熟慮を踏まえて）説得する手段」を指す（Schmidt 2002a：171-172）。つまり、ここに示された二つの言説は、語られる場を違えながらも、価値を共有する過程において、認知的・規範的機能の双方が作用することを推測させるものである。

調整的言説と伝達的言説のバランスは一様でなく、国により異なる。いずれの言説がより重要になるかは、各国の福祉国家レジームや選挙制度により異なるため、シュミットは制度的制約を考慮した分析の枠組みを示している。彼女が自身の議論を、アイディアの政治と新制度論を接合させる「言説的制度論」と呼ぶように、その枠組みは、アイディアに関する説明の一般化を可能にする。だがそれは、政策アイディア（政策プログラム）を共有する制度的条件を示せても、アイディアや価値がアクターの認識をいかに変化させ、新たな政策連合を築くかを明示することはできず、この点については叙述に頼らざるを得ない。この限界を克服し、アイディアの役割を明示的なものにするには、シュミットが理論化を放棄した、認知機能と規範機能を組み込んだ枠組みの設定が求められる。この課題に答えたのは、社会学的制度論の立場からアイディアの役割を検討したキャンベルであった。

キャンベルは、歴史的制度論や社会学的制度論の議論を踏まえ、アイディアには、アクターの行為を制約する側面と促進する側面があることに注目する。そのうえで、「認知的次元─規範的次元」と「政策論議の中心となる概念や理論（行為を促進する要素）─政策論議の背景にある基本仮定（行為を制約する要素）」の二軸からなる2×2のマトリクスを描き、四つに類型化されたそれぞれのアイディアが政策形成過程に与える影響を指摘する。

成果を直接志向する「認知的次元」には、政策形成者に関する二つの理念型が示されている。一つは、政策形成者の処方箋となる政策アイディア（因果関係を説明する概念）を選択する。これが一つ目の理念型、「プログラム」である。他方、「規範的次元」には、政策の受け手に関する理念型、すなわち正統化の過程に係わる二つの理念型が示されている。規範的な制約とされる「大衆感情」は、政策形成者が企図する選択肢が社会的に支持されるかどうかという観点から政策アイディアを篩にかける役割を果す。つまり、大衆感情はパラダイムを間接的に制約するのであるが、包括的な概念であるため、多様な価値を並存させる。大衆感情が曖昧模糊だからといって、政策形成者は有権者の意向を無視できない。当面する政策課題について、複数のプログラムが採用可能である場合、いずれのプログラムが勝るかは、提唱者の政治的地位のみならず、正統性の獲得によっても決められるからである。正統性を得たい政策形成者は、有権者に主体的に働きかけるわけであるが、専門性の高い特殊なプログラムは有権者に理解されにくい。そこで彼らはプログラムを社会的に受容されやすい形に鋳直す。キャンベルはこれを「フレーム」と表現するが、それはシュミットの伝達的言説に相応するという（Campbell 2001, 2004）。

キャンベルとシュミットの相違は、キャンベルが「政策論議の中心となる概念や理論（行為を促進する要素）―政策論議の背景にある基本仮定（行為を制約する要素）」という軸を採用することで、因果関係を説明する政策アイディアの背景的要因を積極的に組み入れようとする点にある。国を違えれば、大衆感情やパラダイムも異なることから、日米の比較検討を試みる本書は、キャンベルの仮定を踏まえた分析を行いたい。とはいえ、アクターを、認知的・規範的な制約を受けながらも、政治問題の解決に向けた選択を積極的に行い、それを正統化するために、既存の有用な価値を発見し解釈しながら支持の動員を図る主体的な存在とみる点で、両者の議論は共通しており、そこに示された分析枠組みは、政治過程におけるアイディアの役割を知るうえで、有用なものといえる。

このように、アイディアは変化を説明する重要な要因となりうるわけであるが、間主観的な要素であるアイディアの析出には、解釈が不可欠であり、客観性が担保されないとの批判を免れない。政治学において、アイディアを独立変数とすることを躊躇するのも、操作性の問題が伴うからであろう。しかし、その点については、比較歴史学の理論化を進める際に、スコッチポルが強調した、ミルの「一致法」と「差異法」の手順を踏むことで、恣意性を制御することもでき、「パターン」の発見が俟たれる（Skocpol ed., 1984）。社会学や文化人類学、歴史社会学の知見を得ることや、合理的選択制度論や歴史的制度論などと対話を進めながら、さらなる理論構築を試みる必要があるといえよう（近藤、二〇〇七年、五五－五六頁）。

第3節　本書の仮説

以上、新制度論とアイディア・アプローチや言説的制度論から、制度変化におけるアイディアの役割について知見を得たわけであるが、ここから占領期の教育改革はどのように説明されるのであろうか。

戦後の教育改革は、占領という特殊な権力関係のもとで、すなわち、強制的圧力のもとで進められたことから、「民主化」という指針が強要された。しかし、それをどのように実施するかについては、裁量が与えられた。民主化は主体的な個人の実践を通してのみ達成されるとする、アメリカの民主主義観が自主改革を尊重する態度につながったからである。しかし、それも無条件ではなかった。対日占領政策研究や知識人主導論で示されたように、改革の自律性は、アメリカの民主主義観に適う限りにおいて認められた。ゆえに、占領期の教育改革を理解するには、日米双方の政策担当者が教育改革にどのような理念をもち込み、それをどのように制度化したかという観点に立つことが求められる。

アメリカにおいて「民主主義」とは、社会生活を基礎づける道義的信念であり、各種の制度は「民主主義」という規範的価値に制約されながら創出される。したがって、占領期の教育改革を知るには、アメリカにおける民主主義とはどのようなもので、そこから引き出される教育制度はどのようなものかを整理することが始めに求められる。

次に、日本において「民主主義」がどのように理解されたかについての解釈が求められる。外来の理念の移入は解釈を伴うものであり、「民主主義」という理念もまた、日本の伝来的な規範的価値の体系に媒介されながら、定着することで本来的な意義を変質させたからである。規範（道義的信念）は、問題の認識枠組みを、ひいては政策アイディアを間接的に規定することから、解釈された規範は、本来的な規範と同様の政策アイディアを引き出すこともあれば、異なるものを志向させることもある。こうした特性に照らしてみれば、第一の仮説が引き出される。教育改革における争点化の程度は、教育制度を直接に規定する政策アイディアおよびその解釈に対する日米の親近性に規定された、というものである。

具体的には、政策アイディアに対する日米の理解が近ければ、創出された制度が後に再争点化する可能性は低くなり、それが隔たれば、ことあるごとに争点化し、制度が刷新される可能性が高くなるというものである。留意したいのは、安定的な制度化には政策アイディアの合致が必ずしも必要でないということである。日米双方の政策アイディアに違いがあったとしても、そこに解釈の余地があり、具体的な機能について同様のものを双方が求めているという点で一致がみられれば、協調して制度設計をなしうる。

では、理解の不一致が著しい場合は、どうであろうか。GHQは強制的圧力をもつことから、日本側の理解がアメリカ側のそれから大きく逸れれば、後者が優先される。しかし、それは争点化の種を残す。占領後期に入り、初期の改革の見直しが許された際に、また講和独立以降にみられた制度改革の圧力は、潜在化を余儀なくされていた争点が顕在化した結果と考えられよう。教育基本法などを除けば、占領初期に創られた制度の多くはいずれも修正の対象とされていた。つまり、初期の改革で制度化されたものには、理解の不一致が少なからずあり、その修正が日本側政策担当者にとって課題であり続けたのである。ゆえに、先行研究では「保守反動」的と評され、あまり分析の対象とされなかった修正過程は、初期に導入された制度を日本型に再解釈し直す過程であったと推察される。次章以下の実証分析を通じて、この推論について裏づけを得たい。

このように、GHQによる改革を強制的圧力という観点から理解することは、先行研究で示された「協同作業」という側面を後退させる。教育政策に限らず、GHQが改革を強要した局面はいくつも見られる。しかし、それがすべてではない。自主改革を尊重するGHQは、GHQの許可を経て上程された法案を国会審議の場で修正することをかなりの程度認めていた。文部省や教育刷新委員会が法制化を断念した事項についても、国会審議の場で超党派的合意が形成されれば、制度化される可能性が残されていたのである。むろん、超党派的合意は自然に達成されるわけではない。占領期においても党派対立が存在したことから、合意にはアイディアの共有が迫られる。ゆえに、ここから第二の仮説が示される。

国会審議の場で、アイディアの共有にもとづく超党派的合意を形成できた場合には、改革理念や政策アイディアの不一致によりGHQが修正を強いた制度を日本型に再解釈し直すことが可能であり、それに失敗した場合には、アメリカ型の制度が構築される、というものである。

注意しなければならないのは、超党派的合意の範囲である。教育学の分野で蓄積された研究の多くは、占領期の教育改革をCIEや文部省を中心に検討しているが、教育行財政制度の構築に際して、財務を担当するESS（Economic and Scientific Section: 経済科学局）と大蔵省、地方自治を総轄するGSと内務省系統機関は欠かせない存在であった。このため、たとえ文教関係者の間で超党派的合意が形成されたとしても、他の機関から支持や妥協を引き出せなければ、彼らの望む制度化は難しい状況にあった。これらのことから、付随的な第三の仮説が引き出される。

政策連関を伴う事項について、文教関係者が支持する政策アイディアを制度化するためには、異なるアイディアを支持する勢力の選択を変更させる必要がある。換言すれば、文教関係者は複数均衡を打破し、協調行為を促す「焦点としてのアイディア」を発見するか、社会的支持を調達し、正統性を得ることが求められる。

以上、三つの仮説を示したわけであるが、これらは相互に連関する。そのうえで、筆者は、以下の三つの点に注目して、戦後の教育制度の構築を説明したいと考える。それは、①原語としての「民主主義」を有するアメリカと「文化国家」という道義的信念を頼りに「民主主義」を解釈し、それに即する制度設計を試みた日本側政策担当者の理解は同じでなく、見解の相違が開くほどに、日本側政策担当者が予定する制度改革、すなわち、「教権の確立」を難しくしたこと、②アメリカにおける民主主義を体現する「国民の教育権」という政策アイディアを保障する教育制度の構築を求められた日本側政策担当者は、国会審議の場で、「教権の確立」という理念を共有する各党派の議員に協力を求め、超党派的合意を得ることで、不十分ながらも法案を日本型に再解釈し直す修正を重ねたこと、③さらなる修正を目指す教育関係者にとっての課題は、教権を支持しない勢力を説得することにあり、そのために焦点としてのアイディアの発見や正統性の獲得を迫られたこと、である。次章以下の事例分析を通じて検証したい。

（1）五百旗頭真は、これらの点を考慮したうえで占領改革を（A）日本側先取り改革定着型、（B）典型−混合型、（C）GHQ指令型の三つに類型化している（五百旗頭、一九九〇年a、一〇六頁）。彼はまた、これらの類型はいずれも個々の実証のうえに再整理する必要があるとしている（五百旗頭、一九九〇年b、七八頁）。
（2）久保義三は、「戦後教育改革は、アメリカの対日占領政策の一環として、戦略的な観点も包含されているけれども、戦後日本民主化の大きな流れのなかの一つである」として、教育改革を民主化過程における日米の動態という観点から検討している。またそのことから、占領期の改革を「押しつけ論」や「自主的改革論」という二分論的な視座で論じることの限界を指摘している（久保義、一九九四年、一七一－一七三頁）。
（3）同様の見解をもつものに、高橋史朗の研究があげられる。彼は、日米の教育観をめぐる差異が戦後の教育思想に混乱を生じさせたと指摘する（高橋史、一九九五年、一四六－一五二頁）。
（4）イシュー・アプローチとは、「ケース・スタディのうち、特定のイシューの登場、展開、決着を、政策要求をめぐる対立と妥協の過程という観点から整理し、こうしたケース・スタディのもとに政策決定過程が示す何らかの構造を発見しようとする試み」をさす（大嶽、一九九〇年、一〇頁）。
（5）日本の教育学でも田村栄一郎・潮木守一編『現代社会の教育政策』（東京大学出版会、一九七六年）において「政治過程としての教育政策決定過程」に注目する必要が指摘されているが、実証研究の蓄積はいまだ不十分といえる。

（6）　新制度論については、すでに多くの紹介文献がある。代表的なものとして、Hall and Taylor（1996）、Lichbach and Zuckerman（1997）、Campbell and Pedersen（2001）、加藤（一九九四年）、真渕（一九八七、一九九四年）、建林（一九九九年）、河野（二〇〇二年b）などが挙げられるので、それらを参照されたい。なお、新制度論の類型は論者によって異なる。

（7）　かつて合理的選択論はアクターの選好や利益を所与としたが、近年は構成主義的アプローチを採用しながら、そうした側面を説明する試みを行っている。先駆的な研究として、Levi（1997）や Bates et al.（1998）などが挙げられる。邦語の紹介文献として、小野（二〇〇一年）、待鳥（二〇〇二年）が挙げられる。

（8）　ホールは、政策変化を説明する要因として利益、制度、アイディアの三つを挙げ、それぞれの補完性に着目しながらも、アイディア固有の役割を析出する試みを行っている。とりわけ彼が提示した「社会的学習」（social learning）の概念は後続の研究に多大な影響を与えている（Hall 1993, 1997）。社会的学習の概念を応用させた理論枠組みを提示した研究としては、秋吉（二〇〇七年a）が挙げられる。

（9）　かつて歴史的制度論では、均衡断絶による制度の崩壊と創出という局面と適用による再生産という局面が重視されていたが、近年、漸進的な変化が制度の断絶をもたらす「ゆるやかな転換」や突発的な変化にもかかわらず制度が持続する「残存と回帰」という問題に目を向けた分析が試みられている（Streek and Thelen 2005）。

（10）　文化と制度発展の関係を検討する試みは、社会学的制度論を中心に様々になされ、脚光を浴びている（March and Olsen 1989；Powell and DiMaggio 1991；Hall and Taylor 1996；Campbell 1997）。

（11）　サバティアはこの関係を、信念システム（belief system）という概念から説明する。つまり、彼は、個人の哲学を形成する「規範的核心（normative core）」が戦略的政策立場を示す「政策核心（policy core）」を築き、それを達成するための手段的決定（instrumental decision）や情報探索がなされるという、階層的な意思決定のあり方を示している（Sabatier 1988）。

（12）　ブライスは、アイディアの果す役割として、①不確実性の低減、②アクター間の連合の形成、③政治闘争の武器、④新しい制度の青写真、⑤制度化の五点を挙げている（Blyth 2002：35）。

（13）　この問題については、宮本（二〇〇六年）、近藤（二〇〇七年）に詳しい。

第2章　教育理念としての民主主義

占領期の教育改革は、軍国主義や超国家主義的性格の排除と「民主主義的傾向ノ復活強化」を求めるポツダム宣言の趣旨の貫徹を目的としていた。だが、教育改革の理念とされた「民主主義」は外来のものであったことから、日本側の政策担当者は日本の文化的文脈に即して解釈を加えつつ、それを制度化した。このため、民主主義に対する日本側の解釈から生み出された制度構想は、ＧＨＱが想定したものとは自ずから異なり、時に日米の対立を生じさせた。占領期の教育改革は、異なる民主主義観を有する日米の相互作用の過程で実現されたものであり、民主主義観の異同とそれに対する妥協が戦後教育を特徴づけたのである。

本章では、戦後日本の教育システムを基礎づけた「民主主義」という理念に関する日米の理解の一致と差異を明らかにし、それらが戦後教育をいかに方向づけたかを論じたい。具体的には、第一節で、原語としての民主主義を有するアメリカの民主主義観とそこから引き出される占領統治に対する基本態度を概観し、第二節で、翻訳語としての民主主義をもつ日本における民主主義観の系譜を整理する。そのうえで、第三節では、占領初期の教育改革で確認される日米の民主主義観の一致と差異を確認しておきたい。

第1節　アメリカの対日占領政策とその思想的基盤

1　アメリカの対日占領政策

アメリカの対日占領政策は国務省を中心に作成されたが、教育に関する条項が最初に挿入されたのは、一九四四年五月四日の「日本に関する合衆国の戦後目的」（CAC－一一六b）においてであった。しかし、ここでの記載は抽象的な文言の列挙にとどまったため、具体的な計画は、七月一五日の「軍政下の教育制度」（CAC－二三八）を待たなければならなかった。CAC－二三八は、国務省極東局日本担当のローリーが起草し、極東地域委員会(Inter-Divisional Area Committee on the Far East, State Department；以下、FEAC)で討議された。FEACは、占領教育政策の立役者となったドウマン、ボートン、ボールスをはじめとする知日派や穏健派を中心に構成された。滞日経験や調査研究経歴をもつ委員たちは、日本の教育制度に民主主義的要素が混在することを認める一方で、教育制度の運営の仕方が民主主義と矛盾していた点に問題があるとした（久保義、一九八四年、三三頁）。そこで彼らは、制度の正常な運用を妨げる障害の除去を軍政の基本課題にした。すなわち、ここでは、旧来的な制度を全面的に刷新し、全く新しい制度を導入するという徹底処理という観点ではなく、既存の制度を「修正」するという立場から改革案が起草されたことがわかる。こうした態度は、教育改革を一方的に行うのではなく、日本における自由主義者の主体的な参加を前提に実施すべきだという彼らの基本認識にもとづくものであった（鈴木、一九八三年、一九頁、久保義、一九八四年、三七頁)。

ＦＥＡＣの討議は時間的な制約から文書化に至らず、審議は戦後計画委員会(Post-War Programs Committee, State Department：以下、ＰＷＣ)に引き継がれた。ＰＷＣの審議を主導したドゥマンは、軍政による徹底処理を行う人材の不足という国内事情と、軍政による押しつけ改革では、宗教的、政治的、社会的問題に対する日本人の精神的態度を変容させることは難しいとの判断から、軍政による徹底処理を拒否した。審議過程で示されたドゥマンやバランタインの案文を継承して作成されたボートン草案でも「軍政は、国家主義や軍国主義的精神の排除を計画した教育改革を実施するのに、充分責任をとり得る、自由主義的観念の支持者であり、協力的な多くの日本人の出現を待つべきである」とされた。そして、「この文書は、日本教育制度から、若干の反動的で非自由主義的勢力を除去することを目的とする一定の勧告を、また実際的な観点から、軍政が実施可能である一定の勧告を作成するものとする」と述べられたように、この草案はＰＷＣ−二八七(ＣＡＣ−二三八)に挿入される運びとなった(久保義、一九八四年、三八−三九頁)。

国務省の審議は、アメリカ政府の統合的政策形成を目的とする国務・陸軍・海軍三省調整委員会(State-War-Navy Coordinating Committee：以下、ＳＷＮＣＣ)に継承され、様々な対日占領政策が示された。なかでも一九四五年四月一八日に承認された「極東における政治的・軍事的諸問題、降伏後の日本帝国の軍政、教育制度」(ＳＷＮＣＣ−一〇八)の意義は大きく、これをもとに具体的な改革案がボールスを中心に検討され、七月三〇日には草案が提出された。三部からなるボールス草案の第一部では、日本の教育制度は、義務教育の無償制などに注目すれば、「原則において基本的に平等主義に立」つものの、「その構造は、官憲主義的であって、自由主義的あるいは民主主義的ではない」こと、また、「個人主義は、政府目的および命令の範囲内に限定されている」ことを問題にした(同、五七頁)。第二部では、日本人による自主改革を保障するという軍政の基本的な立場が述べられた。ＣＡＣ−二三八などを踏襲した第一部と第二部につづく第三部では、「日本におけるすべての教育改革の究極的な目標は、学問の自由を奨励すること、自由主義的教育を可能にすること、そして、日本人に、連合国にとって容認し得る民主主義的な政府形態を高く評価し、そして、達成することを教えることにあるべきである」ことが強調された（同、六六頁）。さらに、その手段として、個人主義と批判的な態度の発展、あらゆる者に対する教育機会の均等（女子教育の機会増大を含む）、国民的な教育改革運動の創出、中等学校および高等教育機関の増設、私立学校の拡大と政府統制の地方分権化、教員養成の方法の改善、新しい教材や教育方法の効果を増大させることの七点が挙げられた（同、六七－六八頁）。

具体的な改革案を示したボールス草案の審議は、日本占領が開始されて以降に行われたものの、それは資料という形でSCAPやCIEに手交され、占領統治の基幹方針となった[1]。第一章で述べたように、対日占領政策研究が、教育改革の主導権を日本側が握ったとしているのは、CIEがボールス草案の指針を遵守したからであった。だが、ここにはアメリカが日本の自主改革をどの程度許容したかという問いが残されている。これを解く鍵は、次の二つである。一つは、ドウマンが指摘し、PWC－二八七に掲げられた、改革の実行可能性という点である。これは、精神態度の変容を求める改革は日本が自ら行わなければ、効果が上がらないという判断によるものであった。くわえて、アメリカ側のリソース不足も日本側の自主改革を容認する根拠となった。もう一つは、ボールス草案で述べられた「連合国にとって容認し得る民主主義的な」という表現である（傍点は筆者が挿入）。

「容認」という言辞から、アメリカ側には民主主義的であるかどうかについての判断基準があったと推察される。ボールス草案が具体的な施策に言及しているのは、まさに、こうした考えを裏づけるものである。つまり、そこに掲げられた政策こそ、アメリカの支持する民主主義を体現する教育政策のレパートリーといえるのである。しかし、アメリカ側の基準は「容認し得る」との表現にあるように、一定の許容範囲を含んだものであった。民主主義を構成する諸要素は、それぞれの社会で異なる状態にある、いわば相対的なものであると捉えられており、社会の状況に応じた多様性をもつものだと想定されていた。こうした考え方は、ボールス草案にも反映されていた。ＣＡＣ－二三八以降、日本の教育制度に内在する民主主義的要素とその評価が主要争点となったのも、こうした前提に拠るものであり、ＰＷＣ－二八七においてアメリカの民主主義を日本に強制できないとしたのも、アメリカ固有の民主主義観に拠るものであったといえよう[2]。

これらの点からは、上述の問いに対して、占領期の教育改革において、日本はアメリカの支持する民主主義観が予定する範囲で改革を進める限り自主性をもち得た、という仮説が浮上する。では、アメリカにおいては、民主主義はどのようなものとして理解されてきたのだろうか。次に、この点を取り上げてみよう。

２　アメリカにおける民主主義

「アメリカ人は平等になったのではなく、生まれながらにして平等である」と述べたトクヴィルと同様の立場からアメリカ社会の特徴を論じたハーツは、封建制に起因する社会構成上の階級的差異の欠落がアメリカ社会に画一的かつ均質的な特質をもたらした点に着目して、アメリカの政治思想を論じている。ハーツによれば、アメリカ社会の均質性は、広大な未開の大地によって保障されたものであり、人々は西部開拓を通じて自らの生活圏となるコミュニティを創りあげたという。コミュニティの構築は、個々人の参加を欠いては果しえない。人々は多数の結社を作り、コミュニティへの参加を通じた自己実現を図りながら総体としての社会を運営した。実生活に裏づけられた実践は、彼らに自負を与え、「自由主義」という概念を絶対化する一種の「アメリカニズム」を生み出し、それがアメリカ政治思想の特徴になったという。このように、ハーツは、自由主義こそ、万人の行動を判断する道徳基準となったことを強調する（ハーツ、一九九四年）。

ハーツの指摘した、アメリカ社会における平等や価値の均質性を積極的に評価し、それを教育という観点から捉え直したのは、デューイであった。アメリカの代表的なプラグマティストとして、民主的な実践教育の第一人者として知られるデューイの思想は、戦前戦後を問わず日本に多大な影響を与えた。のみならず、占領期の教育改革に決定的な影響を与えたとされる米国教育使節団に参加した教育家にも少なからず影響を及ぼした[3]。ここでは、デューイの教育論を通して、アメリカの民主主義観や教育改革の指針を理解しておきたい。

デューイによれば、「社会とは、共通の線に沿い、共通の精神において、また共通の目的に関連してはたらきつつあるが故に結合されている、一定数の人々」からなるものであるという（デューイ、一九五七年、一二五頁）。換言すれば、構成員は、共同生活を営むうえで欠かすことのできない社会的意味を有する存在といえる。だが、人々は生来的にそのような存在であるわけではない。学習や教育を通じて後天的に陶冶されるものである。そのことから、デューイは社会的連続の手段、もしくは、共同生活を可能にする共通理解を育成する過程としての教育に着目する。つまり、デューイは教育を社会との関係で論じているのであるが、ここで彼が留意したのは、個人が属する集団の単位であった。社会的意味を構成する日常的な行為や習慣は、第一次集団と呼ばれる家庭や共同体生活のなかで徐々に習得される。他方で、個人は第一次集団を包摂する社会にも属する。すなわち、諸個人は、自集団と異なる共通目的をもつ複数の集団からなる社会の一員としても存在する。一般的に、近代社会は集団関係の拡張を伴う。それは社会が多くの集団を含み込むことによって、多様な価値にさらされるということである。この点に着目して、デューイは、価値の多様性を受容できるかどうかという基準から近代社会の類型化を試みている。

それによれば、価値の多様性を否定し、価値を一元化することで他者を排除する態度は、専制的な政治体制をもたらすという。というのも、特定の社会的意味を絶対化することで維持される体制のもとでは、変化や改良の機会が奪われ、社会における意味の多様性や相互性が排除されるからである。逆に、価値の多様性を理解し、相互性を前提に自己の行為を相対化し、調和を保持するために行為を修正しうる柔軟な態度は、民主社会をもたらすという（デューイ、一九七五年、一三六－一三七頁）。民主社会を理想の社会形態とみるデューイは、それを実現させるために教育に期待する。というのも、諸個人は、教育を通じて、「自分の生まれた社会集団の限界から脱出して、いっそう広い環境と活発に接触するようになる機会」を得ることで（同、四二頁）、価値の多様性を知り、民主社会の実践を学ぶことで民主社会を内的に発展させる主体的な存在となると考えたからである。

しかしながら、価値の多様性を許容する民主社会は、絶対的な価値の信奉と権威による強制的な支配の実施を是とする軍国主義、ファシズム、国家主義など民主主義を阻害しかねない要素を併存させており、それらが教育目標とされれば、民主社会の特性はただちに否定されてしまうという矛盾を同時に抱えている。こうした事態を回避するには、教育者による環境的要素の選択と、望ましい価値の実現に向けて社会を方向づけることが求められる。デューイはこれを「現実に存在する社会生活の諸形態の望ましい諸特徴を抽出して、それらを使って望ましくない諸特徴を批判し、改善を提案すること」と表現し、それを教育者の主務とした[4]（同、一三五頁）。

教育を取り巻く環境的要素の選択という行為は、ボールス草案に至る一連の占領マニュアルに示されたアメリカ側の態度と一致する。つまり、アメリカは、日本社会に存在する否定的な要素を強制的に除去することで、民主主義にとって望ましい要素を内的に発展させることを目的としたのである。四大指令に象徴される否定的措置を強権的に断行したのちに、改革の主導権を日本側に握らせたのは、まさにそうした態度の表れであった。

内的発展というアメリカ特有の民主主義観は、ドイツのアメリカ占領区の教育政策を論じたブンゲンシュタープによっても指摘されている。彼は、アメリカの「再教育（Re-education）」には、ドイツ語の“Umerziehung”にない含意、すなわち、国家社会主義から文化的社会市民国家への回復（Recovery）や、民主主義への再志向（Re-orientation）という意味が含まれることに注目する[5]。そして、占領政策で用いられた「教育（education）」という概念は、民主主義と等価であり、「再（re）」には、失ったものや悪しき状態から民主主義を「回復」もしくは「復活」させるという意味が込められていたと結論づけている（Bungenstab 1970）。この指摘は、「ドイツ人の再教育に関する長期的政策ステートメント」第六項に示された「ドイツ再教育のプログラムを効果的に行うためには、新しい理念や慣習の平和的発展を約束する、ドイツ固有の文化遺産を最大限に活用しなければならない」という言辞からも支持される。[⑥] 同様のことは、ＧＨＱの施策に影響を与えた「日本人の再方向づけのための積極政策」（ＳＷＮＣＣ－一六二―二）にも示されている。

このように、占領改革の指針は、多様性と相互性を許容する主体的な個人の実践を通じて、民主社会は不断に発展するというアメリカの民主主義観に決定づけられたといえる。[⑦] またそのことは、アメリカの絶対的な価値基準を日本に押しつけるのではなく、民主化に一定の幅を許すことで自主改革を期待するという態度にもつながったのである。

第２節　戦前の教育遺産

デューイの教育論に示されたように、アメリカの民主教育は民主主義の精神を知る個人の不断の実践により民主社会が形成されるという考えを基礎にした。その意味で、アメリカにおける民主教育を「社会的行為」と定義づけることができる。他方、戦前の日本やドイツでは、教育は「国家的行為」という特徴を帯びた。これは両国が後発の発展指向型の近代国家であり、国民の育成には「上から」の教育が必要であったという事情にもとづいている。もちろん、国家的行為としての教育が相互性や多様性を排除するとは一概にいえない。しかし、デューイが述べているように、教育が国家によって運用される場合、「教育過程の完全な社会的諸目的が、制限もされず、拘束も受けず、堕落もしないでいる」ことは難しいのも事実である（デューイ、一九七五年、一五八頁）。

このように、教育が国家的行為となる場合、統制という問題を生じさせ、その程度いかんによっては、民主教育の特性を抑圧しかねないわけであるが、そうした特性は、日本の教育制度を論じるうえで有効な視座を与えてくれる。対日占領政策を策定する過程で、アメリカが日本の教育を国家主義的要素と民主主義的要素が混在したものと捉えたことの意味もまた、こうした観点から理解することができる。本節では、戦前の日本教育の特徴を「国家的行為としての教育」という観点から論じ直すことで、そこに内在する特徴と民主教育の系譜を確認しておきたい。

1　近代国家建設と「国家的行為」としての教育

西洋列強諸国による開国要求に端を発する国内動乱を経て発足した明治政府は、西洋型の近代国家の建設を喫緊の課題とした。ところが、国内は旧態依然とした状況にあり、人々のアイデンティティは共同体や藩の域を出なかった。人々に「国民」という認識をもたせることなしに体制転換を図ることはできないと判断した明治政府は、公教育の実施を主要政策の一つに掲げ、一八七二年の学制を端緒として中央集権的な教育制度を矢継早に創出した。なかでも森有礼文相によってなされた一連の改革は重要な意味をもった。西洋通として知られた森文相は、教育が国家興隆を決定づけることを熟知しており、小学校の義務制や教科書検定制度の導入、教員養成制度の整備などを通じて、教育を統制型の国家的行為とする道筋を築いたからである。信条の自由を理解していた森文相は道徳教育を対象にしなかったが、時流はそれを許さず、政治体制としての天皇制国家は精神的支柱を得ることで完成するとした第二次山縣有朋内閣によって教育勅語が作成された。一九二〇年代後半に台頭した軍国主義が国家主義を補完し正当化する目的で教育勅語を利用したことは、それが思想面における国家統制の手段として機能したことを意味する（堀尾、一九八七年、一九九一年、尾崎、一九九九年）。

こうした経緯を念頭におけば、戦前の教育制度は、国家主義や軍国主義を強化したという点で負の機能を果たしたといえる。ただし、そこには、教育の機会均等を保障する義務教育制の実施という正の側面もあった。これがCAC―二三八などで指摘された民主主義的要素の一端である。しかし、それも国民育成という国家目的から導入されており、教育内容が国家主義的な観点から方向づけられる限り、民主主義と相容れないものであった。総じていえば、戦前の教育制度は、近代国家建設という国家目的に即した国家的行為を可能にする手段であったといえよう（佐藤秀、一九八七年）。

だが、これのみで戦前の教育を理解することはできない。明治政府に課せられた本質的な課題は、「西洋型」の近代国家の建設であり、そのメルクマールの一つは立憲制の構築であった。ところが、その導入には、「民主主義」や「自由主義」等の西洋近代的な理念に対する理解が必要であった。これらの西洋的な価値の習得が教育の場に求められたのである。

2　自由教育の系譜と制度遺産

西洋思想の移入は明治政府が派遣した留学生を通じてなされ、様々な思想が国内に紹介された。新しい時代の到来を肌で感じた教師たちは、「自由教育」と呼ばれる欧米の教育思想に親しむのみならず、その実践を精力的に行った。一八八〇年代に旺盛になったペスタロッチ主義にもとづく開発教育はその一例であるが、そこでは日本独自の実践教育が生み出された（金子、一九五五年、一三―一七頁）。

政府による教育政策とは別に、独自の発展を遂げる自由教育運動は、あらゆる統制を排し、自主的精神に満ちた個人格の育成を教育の本旨とするルソーやペスタロッチの思想を基礎とすることで、個人の尊重をなによりも重視するものであった。つまり、自由教育は、統制型の教育を基調とする明治政府の施策の対極に位置した[8]わけであるが、明治政府はさほど抑圧しなかった。近代国家建設という国家目的を果すうえで、西洋思想を排除することはできず、自由教育の行きすぎを是正することで共存を図ったからである。こうした態度は、一部の知識人や進歩的な教師による試行錯誤の域を出ない自由教育は、政府の施策を直接左右しないという判断に拠るものでもあった。自由教育が独自の影響力を得るには、大正自由教育の登場を待たねばならなかった。

大正自由教育

大正自由教育とは、「臣民教育」による画一主義的な注入教授や権力的な取締りを前提とする国家的行為としての教育を批判し、子どもの自発性や個性を尊重する自由主義的な教育のあり方を指す（中野、一九六八年、一〇頁）。それまでの自由教育との違いは、大正自由教育がドイツ教育学のみならず、デューイに代表されるアメリカのプラグマティズムなど幅広い思想を摂取した点に求められる。大正期に新しい思想が貪欲に吸収されたのは、日清・日露戦争の勝利から日本が帝国主義諸国の仲間入りを果した時代にあって、「国家」が無視できないほどの存在となり、個人と国家、個人と社会、社会と国家の関係をどのように捉え、それをどのように制度化するべきかという問題が人々に投げかけられたからであった。新たな時代に即する新しい国家社会像を示すことは、知識人の主要な関心となり、それに応えるために様々な思想が西洋から移入され、実践が試みられた。

なかでも知識人に多大な影響を与えたのは、「一般民衆の利益幸福並びにその意向に重きを置く」政権の運用を示す民本主義を唱えた吉野作造の思想であった。吉野は、日本が立憲政治を行うことは時期尚早であることを認めながらも、世界の趨勢をみれば、それは避けられないとしたうえで、「世の先覚者たる者は、須らく一方には憲政の創設確立に尽力すると共に、他方には進んで国民教導の任に当って、一日も早く一般国民をして憲政の運用に堪うるものたらしめんことを努むべきである」とした。憲政の運用はひとえに「国民一般に対する智徳の教養」に帰着するという吉野の主張は多くの支持を集め、教育の使命は憲政を保障する公民の育成にあるとの認識が広まった。[9]

民本主義の立場から教育を改善しようとする動きは、官民を問わず一大潮流となって現れ、[10]憲政を担う個人格の育成を目指す様々な試みが大正自由教育を築いたといえる。これを思想的に支えたのは、ナトルプをはじめとする新カント学派の批判的教育学であり、その思潮は人格教育としてもてはやされた。人格とは、実践理性の根幹にある道徳法則を知る個人をさす。[11]そのことから、教育の目的は、「共同の公的意思」という普遍的な価値を知らしめること、すなわち、人格陶冶とされた（尾崎、一九九九年、一一二頁）。人格陶冶の蓄積は理想の国家建設を可能にすることから、憲政の常道も達成されると考えられたからである。人格陶冶による理想の国家建設を目指す教育の実践は、のちに大正自由教育を主導することになった成城小学校の創設と、その機関紙『教育問題研究』発刊以降、全国的な広がりをみせた。[12]時代的雰囲気とも相俟って、自由教育にかける教師たちの熱意は目を見張るものがあり、教育実践を通じて独自の手法を練り上げ、自由教育を豊かにした。

数ある実践を先導する役割を担ったのは、千葉師範付属小学校の手塚岸衛であった。カントを思想的基盤とした手塚は、教育を「自然の理性化」と定義した。具体的には、「『ある』状態から『あるべき』『あらざるべからず』状態に導く作業」を指す（手塚、一九八二年、七五頁）。発達過程にある児童は「あるべき」ものを理解しがたい。児童が「あるべき」状態、すなわち、自由を獲得するには、理性をもつ教師により真の価値が教授される必要がある。ここで手塚が教師を理性をもつ教師に限ったのは、教師による不当な価値の干渉を避けるためであり（同、九二－九三頁）、教育を実践する教師の使命は、児童の内心にある真我の声を聴き、真善美を創造する人格を発展させることにあるとした。なぜなら、真善美とは「自然の真理」であり、文化的なものであるがゆえに、真善美を追求し、文化を創造する行為は「自然の真理」を知る人格の育成を保障し、「社会的には文化的国家」の建設を可能にするからである（同、一二七頁）。では、手塚のいう真善美とは何を指したのであろうか。

結論を述べれば、それは天皇制国家の道徳精神であった。人格教育を通じて体現される「文化国家」は「国史」を源流にするという指摘は（同、一二〇－一二一頁）、その証左といえる。しかし、それは人格教育の本来的な趣旨に反するものであった。人格教育で重視される「共同の公的意思」とは、理想国家を根拠づける純粋理性の理念であるように、そこで想定される共同体は実体的なものではない。ところが、手塚の示した理念は、天皇制国家から引き出される実体的なものであった。大正自由教育が立憲君主制を前提とする憲政の担い手たる個人格の育成を目指す限り、天皇制と不可分の関係にあったからである。ゆえに、手塚は、人格の発展と文化国家のあくなき循環を繰り返すことで、憲政は体現され、天皇制国家はさらなる発展を遂げるとしたのである[13]。

個人と国家の相互開発という理解は、手塚特有のものではなかった。西日本における自由教育の巨峰とされた奈良女子高等師範学校付属小学校の主事を務めた木下竹次も同様の認識をもっており（木下、一九二三年、一九二七年）、憲政時代の自由教育の精神は、国家を至上とし、国家的精神を育成しながら人格を発展させることにあるとしている。こうした理解は、体制の目的にも合致していた。大正自由教育は、教育による国家の体制内変革を志向したものと捉えることができる。しかし実際には、大正自由教育は、権力と自由、個人と国家という政治的な関係を「理性の王国」という道徳的な次元に昇華させることで、実体としての政治と距離をおくものであった（石田、一九五四年、一九八九年b）。大正自由教育は、「政治の民主主義的性格と切り離されたところで、『人格』の無限の発展を説く『人格主義』であったがゆえに、一九二〇年代半ばから本格化した国家統制や教育の軍国主義化に対してなす術をもたなかったという坂本忠芳の指摘は、その本質をよく捉えている（坂本、一九八二年、四一頁）。事実、自由教育の旗手であった手塚の失脚以降、運動は急速に下火となり、軍国主義・超国家主義的な教育の台頭を許したのである。

大正自由教育の主眼とされた、人格の発展による国家改造は、観念的なものであるがゆえに現実の政治と乖離し、国家統制に抗えなかった。しかし、それを無条件に許したわけではなかった。真理を探究し、創造的な精神をもつ人格の発展を目指す自由教育の実践は、文部省の志向する画一的な教科内容や教授方法と相容れなかったからである。そして、大正自由教育運動は、教育の担い手である教員の身分保障の問題にも目を向けていた。明治期の義務教育は、費用を市町村が負担したことから、教員は人事権や財政権を実質的に握る内務省や市町村長および町村の有力者から恒常的な介入を受けることが多く、不安定な地位に甘んじていた。この点をいち早く問題にしたのは、大正自由教育の中心的拠点となった成城小学校を設立した澤柳政太郎であった。文部官僚として、また退官後は民間教育家として文部行政に携った経験をもつ澤柳は、財政不足により教員の身分保障が不十分であることは、有能な人材のリクルートを阻むのみならず、一般行政からの介入を許すとして、義務教育に対する国庫補助を繰り返し求めた。

一般に義務教育への国庫補助は、市町村への財政的救済という点から説明されることが多い。しかし、これを文部省や教育関係者に焦点をすえて検討した場合、「一般行政からの独立」という観点からも義務教育費国庫負担制が求められていたことがわかる（井深、二〇〇四年、八九－九一頁）。価値の干渉（教育内容への干渉）は理性を知る教師にのみ許された行為であり、「教師の価値の権威」を意味する「教権」を確立するためにも（手塚、一九八二年、九二頁）、教授の自由や教育の中立性の確保、義務教育費国庫負担制の確立などが喫緊の課題とされたのである。

このように、大正自由教育において、教師は「先覚者」もしくは「師表」と位置づけられ、彼らの権利保障が求められたわけであるが、こうした理解は古くは自由民権運動に、大正期においては日本初の教員組合「啓明会」を中心とする運動に見出すこともできる。一九一九年八月四日に下中弥三郎を中心に発足した啓明会が「吾等は教育者なり。教育者としての天職を自覚し、自由を獲得し、万民の味方として之が救済と指導とに専念し、人類に対する熱愛に眼覚めんとす」（下中、一九二〇年、二一八頁）と宣言したことは、そうした特徴をよく表しているが、啓明会において教師の使命は「教育的社会改造」におかれた。

教育的社会改造とは、「人類の無限の個性を創造、解放、進展せしむると共に、その無限なる個性を『万人と共に生きんとする』人生意義に導く」教化活動を本質的意義とする。というのも、ここでは、人類愛にもとづく使命と自覚をもとに団結を強めることで社会的不平等を解消するのは、啓発という倫理的使命をもつ教師によってのみ可能な行為とされるからである（下中、一九二四年）。つまり、教師は「倫理人としての生産者」もしくは「師表」であるからこそ、教育的社会改造を行いうると考えられたのである（宇佐美、一九九七年）。

ただし、その実現には、「一、教育理想の民衆化」「二、教育の機会均等」「三、教育自治の実現」「四、教育の動的組織」が必要とされたことから、啓明会はそれを「教育改造の四綱領」として現実化を図った。注目しておきたいことは、「二、教育の機会均等」で「教育を受くる権利―学習権」を基本的人権としたこと、そして公教育の無償性の原則を掲げ、「教育費は国庫負担とす」としたこと、くわえて「三、教育自治の実現」において、初等教育者、中等以上の教育者、一般地方人、官吏からなる地方教育委員会や中央教育委員会を設置し、それらが教育事務の一切に関与し、教育立法の原案者たる任務をもつとした点である。すなわち、ここでは、義務教育に対する国家の責任が求められるのに併せて、「教育者の教育管理―教育自治」の実現が求められたのである（下中、一九二〇年、二三一―二三四頁）。下中が教育自治をとりわけ重視したのは、「教育、殊に人の師表たるべきものの教育は個性の自由、人格の真髄の発揮がその要諦である」にもかかわらず（同、一四〇―一四一頁）、官僚的、画一的制度の下で、「人格の独立も思想の自由もない」形式主義的な教育の修得と実践を強いられていることを問題にしたからである。

同時に、彼は教員の精神的物質的待遇の悪さや社会的地位の低さを問題にした。というのも、当時の教育界では極度のインフレによる経済的困窮と過重労働を理由に離職者が相次いでいることが問題にされたからである。澤柳が国庫補助を強く求めたのも、実はこうした状況認識にもとづいていた。だが、啓明会は教員組合として異なる立場から運動を展開した。啓明会は教育的社会改造を第一義としながらも、教育者が利益擁護や地位向上に努めることを否定しなかった。労働組合や教育組合の使命が教化運動にあると考える下中は、両組合の親近性を指摘したうえで連携を求めたことから（同、第一一章）、教員も一労働者であり、自己の政治的・経済的自由を獲得する権利をもつ存在であるという理解が広まった。

「教育労働者」という自己定義は、日々の生活さえままならない多くの教師をひきつけ、彼らを労働運動に駆り立てた。しかしその一方で、師表としての職責を自覚する教師にとって、労働者という位置づけはこれまでにない異質なものであり、両者の統一的な自己同一化を困難にした。このジレンマは、啓明会にも妥当した。一九二〇年五月二日に行われた第一回メーデーへの参加を機に、啓明会は労働運動に傾斜するようになったが、内部にはそれを懸念する者も多かった。このため、啓明会は運動の力点を、教育的社会改造におくか、教育労働運動におくかをめぐって対立し、ついには内部分裂に至って組織を弱体化させた（坂本、一九八二年、一七一―一七三頁）。教育労働運動そのものは無産政党運動と結びつくことで一大勢力となったが、危機意識を募らせた政府が弾圧を加えたことで、一九三〇年代初頭に沈静化を余儀なくされた。これにより、教師像をめぐるジレンマは解決されぬままに潜在化し、戦後にもち越されたのである。

大正期の教育遺産

近代国家建設をめざす明治政府が統制型の教育を志向する一方で、国内には教育をめぐる様々な思潮があった。その代表的なものが本節で述べた大正自由教育であり、啓明会等の教育労働運動であった。二つの潮流は、教師を教育労働者と捉えるかどうかという点で違いをみせたものの、教師を師表とみる点では共通の思想的基盤をもった。教育を受ける権利を「学習権」と定義した下中が、「人の師表たるべきものの教育」の権利を「教権」と表現したことはその証左といえる（下中、一九二〇年、一四〇頁）。すなわち、大正期の教育運動では、教師が師表として職責を果すことを何よりも重視し、そのために「教授の自由」「教育の自治」「教育の中立性」等を保障することが強く求められたのである。こうした理解は、大正期の教育運動に限らず、統制型の教育を担ったとされる文部省も共有していた。大蔵省や内務省が逼迫した地方財政を建て直す目的で義務教育費国庫負担制を創出しようとした際も、文部省の側が教員の地位の向上を図り、かつ、一般行政からの独立を図ることで、教権を確立させようとしたことは（井深、二〇〇四年、第Ⅰ部）、それを傍証する。

もちろん、文部省の理解した教権と教育運動で掲げられた教権とは必ずしも同じではなかったが（同、四二頁）、そこから想定された具体的な施策は近しかった。というのも、大正期に模索された教育は、いずれも憲政の担い手を育成することを目的としており、その実現には真善美という真理を知る教師による教化が不可欠であると考えられたからである。この点は、戦後の教育改革を検討するうえで不可欠の視座となる。なぜなら、こうした発展指向型の国家主義的な教育観は占領統治を実施したアメリカにないものであったために、改革を紛糾させる火種となったからである。そこでもう一度、デューイの議論を手がかりに、日米の相違を確認しておこう。

教育主体を社会の構成員たる個人に求めるデューイは、学校教育の主体を児童とし、教師を助成者とする。しかし実際には、教師と児童は、ある種の権力関係におかれる。他方、児童を教授する教師もまた自由な存在ではない。教師は上位の権威者から制限を受けるからである。権力関係は生徒を二重三重に拘束し、その発展を阻害する。この弊害を除去するために、デューイは教師の教育権を容認する。だが、それは児童に対する価値の強要を認めるものではない。そうした行為は訓練であり、教育ではないからである。教師の教育権は、児童の育成を保障する範囲内で認められるものであり、教師自身の権利を前面に出して、教育行為の目的とすることは否定されるべきだと、デューイは結論づける。つまり、デューイは、教師の教育権は教育主体である児童生徒の教育権を保障する手段にすぎないとしたのである（デューイ、一九七五年、一七二―一七八頁）。

この理解は、大正自由教育で示されたものと大差のないように思われるかもしれない。ところが、両者には決定的な違いがあった。大正自由教育で想定される教師は、真善美という普遍の真理を知る存在であり、それを児童に教授することは強要ではなく、むしろ、教育のあるべき姿とされたからである[14]（手塚、一九八二年、九二―九三頁）。日本において、教師が師表とされたのも、彼らが児童生徒や国民を教化する存在だったからである。ゆえに、教権を保障することは、必然的に児童の教育権を保障することだとされたのである。つまり、ここでは、教師の教育権は児童生徒の教育権（国民の教育権）に優先するのであり、これはデューイの想定する関係と正反対のものであった。

教育権をめぐる日米の理解がこのように全く逆であったのは、教育観の違いにもとづく、ある種当然の帰結であった。前節で言及したように、アメリカにおける教育は社会的行為であり、そこでは相互性や多様性の尊重が求められる。他方、戦前の日本の教育は国家的行為であり、教育は絶対的な価値を伴い、その実現を目指すためのものであった。そして、大正自由教育では、その価値を「文化国家」に求めたことは上述のとおりである。次節では、この点を踏まえて、アメリカの支持する「社会的行為としての教育」と日本が自明視する「国家的行為としての教育」とが対峙したことで明らかになった、改革指針の相違を検討したい。すでに見たように、占領統治に際して、アメリカは日本の民主的・自由主義的要素の復活強化を求めていた。これにより、日本の政策担当者には、大正自由教育などの政策遺産の利用が許され、日本特有の理念を新しい制度に埋め込む方途を得たのである（三谷、一九九五年、三三―三四頁）。

第３節　教育改革と二つの民主主義観

１　教育改革の胎動

　一九四五年八月一七日に発足した東久邇宮稔彦内閣は、終戦処理の結果しだいで今後の日本のあり方が規定されるという極限状況で改革に着手した。ただし、それは白紙からの改革ではなかった。日本政府は先に敗戦したドイツに対する連合国の態度から、民主改革を断行する素地を整えることが喫緊の課題であることを知り、教育改革を最重要政策に位置づけた。組閣本部は、教育改革を円滑になしうる人物として、前田多門に白羽の矢を立てた。前田を招聘することは組閣参謀の地位にあった緒方竹虎の強い希望であったとされるが（読売新聞戦後史班、一九八二年、一八頁）、それにもまして重視されたのは彼の経歴であった。前田は、東京大学卒業後、内務省や東京市政に与し、国際労働機関（ＩＬＯ）政府代表委員を務めた後、民間に下った。一九三八年には、ニューヨークに開設された日本文化会館の館長に就任し、そこでアメリカの知識人たちと親交を深めた。ＩＬＯ時代に養った国際感覚と日本文化会館館長時代にアメリカの文化に精通した前田の経歴は、組閣参謀にとって願ってもないものであり、迅速な改革が期待された。

　新渡戸稲造に私淑した前田からすれば、教育による国民の啓発なしに民主的な国家建設はありえず、招聘された瞬間から新時代の教育方針を模索した。ところが、文部省はそれをなすだけの人材を欠いていた。自身の経験から人事が改革の成否を左右することを熟知していた前田は、交友関係を頼りに自由主義や民主主義に造詣が深い民間人を矢継早に文部省の要職に抜擢することで、改革を果そうとしたが（前田多門刊行会、一九六三年、五六－五七頁）、それにも限界があった。そこで前田は、親交の深い知識人から教育改革に関する知見を私的に得ることで補完しようとした（安倍、一九五九年、一九―二二頁）。主たる人物として挙げられる、田島道治、藤原咲平、和辻哲郎、南原繁、高木八尺、田中耕太郎、関口泰、天野貞祐、森戸辰男、務台理作、芦田均らはいずれも第一高等学校や東京大学の同窓であり、気心が知れていた。彼らは会合を重ねるごとに結束を強め、前田文相の私的ブレーン集団となって改革を支えたという（読売新聞戦後史班、一九八二年、六二―六五頁）。人的つながりから文部行政に関与するという形態は、前田文相期に限ったものではなく、それは占領期全般にわたり公式・非公式に継承された。その結果、知識人の倫理観や理念が戦後の教育制度に刻み込まれたのである。端緒は、一九四五年九月一五日に公布された「新日本建設ノ教育方針[15]」に求められる。

文相に就任した翌八月一九日の閣議で前田は、「国民ニ明朗ノ気持ヲ起コサシムル事」という天皇の恩詔を受けた[16]。これにより、新たな教育指針を示すという前田個人の考えは権威に裏づけられたが、それはフリーハンドが許されたということではなかった。GHQが軍政を敷くという風聞が飛び交った折、大村清一次官が「カカル傾向（軍政施行）ヲ意中ニオキ、文政上ニモ先手ヲウチ、ポツダム宣言ノ遵守ニ努メタシ」と発言したように[17]、教育改革はポツダム宣言に規定されていた。とはいえ、「文政上ニモ先手ヲウチ」と述べられたように、日本側政策担当者はあくまで自主改革を志向した。

しかし、国内には文部省の関与しえない問題があった。それは、連合国もまだ扱いを決めかねていた「国体」に関する事項であった。教育勅語渙発以降、教育の支柱は天皇制にあり、種々の法令は皇道や国体を前提にしていたため、文部省の選択は著しく制限されていた。占領統治の開始まで間もない状況に鑑みて、文部省は「教育ノ理念ハ『皇道ノ道』ヲ撤回スルコトハ至難ナレバ、新理念ヲ示スコトガ可[18]」として、「新日本建設ノ教育方針」を示した。具体的には、戦後日本は軍国主義や極端狭隘なる国家主義と訣別し、「文化国家」「道義国家」として再生することを宣言し、「国民道義ノ昂揚ト国民教養ノ向上」を図ることを教育の使命とした。国民道義の昂揚による文化国家の建設という理解は大正自由教育の主張と一致するが、それは「新日本建設ノ教育方針」を作成した前田文相とその私的ブレーンとして活躍した知識人たちの経歴、すなわち、彼らが大正デモクラシー期に自らの思想的基盤を培ったことにもとづいていた。

改革にあたり、知識人は文化国家の核となる真善美を、自由・平等・博愛の精神と忠義・孝道という道義からなるとした。啓蒙思想で重視された西洋近代的な価値と道義に象徴される伝統的な価値が並存したのは、真善美とは、究極的かつ普遍的な文化価値であるがゆえに古今東西を問わないとしたからである。またそのことから、彼らは伝統的な価値のうえに西洋近代的な価値を発展させることで、日本を文化国家として再生させることができるとした[19]。西洋思想に精通した知識人が、伝統的な価値に重きをおくことは、一見奇異に思えるかもしれない。しかしながら、国民の多くが敗戦による精神的な空白状態にある中で、国民の道徳的実践による民主化を実現するという使命を担った点を念頭におけば、西洋近代的な価値を一足飛びに導入するのではなく、国民になじみがあり、かつ「人の道」という普遍性を有する伝統的な価値に訴えつつ、民主化を図るという選択は実行可能性を保証するものであったといえよう[20]。

「新日本建設ノ教育方針」は伝統的な価値と西洋近代的な価値の別を問わず、普遍的な価値を体現させることは、文化国家を豊かにするものであり、それが戦後日本の新しいあり方であるとする知識人の考えを如実に表したものであった。占領統治が開始されたのは、この方針が示された直後のことであった。これにより、教育改革は日米の共同作業という段階に入ることとなる。

2　占領開始におけるＣＩＥの基本態度

占領改革における教育の役割を重視したアメリカ政府は、一九四五年九月二二日に他の部局に先駆けてＣＩＥを設置した。[21]ＣＩＥは、公共情報、教育、宗教、その他の社会的諸問題に関する政策についてＳＣＡＰに助言することを目的とし、ポツダム宣言の趣旨を体現する諸政策の作成と実施を主要任務とした。一一月三日には、統合参謀本部（ＪＣＳ）からＳＣＡＰ宛てに「日本占領及び管理のための連合国最高司令官に対する降伏後における初期の基本的指令」が送付された。[22]条項九ａおよび条項十ａでは、軍国主義・国家主義の排除の徹底が求められ、条項三ａでは、民主主義や自由主義的傾向の尊重と強化、および日本の自主改革の尊重が改めて確認されたように、この指令は改革に対するアメリカの基本態度を示すものであった。くわえて、指令には、学校カリキュラムの指導原則など具体的措置も併記され、自由主義的な政治的動向の奨励や支持、民主的自治の原理の適用などが掲げられた。ここに示された指針は教育全般の目的とされ、ＣＩＥはこれをもとに任務を遂行するものとされた。

ところが、ＣＩＥの任務は占領当初の段階から困難を極めるものであった。一九四五年一一月に教育課へ配属されたオアが、当時の状況を「新しい計画は、急転した状況に合わせて、早急に作られた。教育に関しては、明確な方針は何も決まっていなかった」と回想したように（オア、一九九三年、一〇五頁）、設置から一カ月を経てもなおＣＩＥは混乱を収められない状況にあった。軍政を前提に作成された占領マニュアルの多くが保留もしくは廃棄されたことが直接的な原因とされるが、専門知識を有するスタッフの絶対的な不足がそれ以上に問題とされた。ＣＩＥの最重要機構であり、改革案の作成を担った教育課でさえ、発足当時は、陸軍中佐ヘンダーソン課長のもとに、ホール陸軍少佐、ワンダリック海軍少佐が属するのみであった。任務の重要性から各課の増員が常時目指されたものの、占領期全般にわたりＣＩＥの人材不足が解消されることはなかった（同、九三－九六頁）。

人材不足は、能力面においても深刻であった。戦時期に訓練を受け、その任に就いた占領初期の政策担当官の多くは、修士号や博士号を有する高学歴者であり、主要ポストも彼らが占めた。他方、新たに採用された拡充スタッフや若手スタッフの能力は不十分で、政策遅延の原因ともなった。高い専門性を有する日本側政策担当者にとって、こうした状況は理解しがたく、ＣＩＥに対する不信さえ抱かせた[23]。しかし、そうした不信もいくつかの状況的要因から払拭された。

改革の即時断行を求められたＣＩＥは、あらゆる方面から改革に使える材料をかき集めた。ボールス草案やゲーツ草案が四大指令の基礎となったのも、こうした事情によるものであった。しかし、それらも具体性を欠くことから、実施機関であるＣＩＥは苦境に陥った。そうしたなかで、ＣＩＥの目にとまったのは、日本の知識人や政策担当者のもつ専門能力の高さであり、ＣＩＥは民間学識経験者を顧問にすることで自らの不備を補おうとした。だが、顧問に求められた役割は、そればかりではなかった。「文部省連絡者」と称されたように、文部省とＣＩＥを架橋する存在になることも期待された[24]。

派遣を要請された文部省は、ただちに人選に入り、東京大学文学部の助教授で宗教学を専攻する岸本英夫を推薦した。この人選は、ＣＩＥにとってこのうえもないものであった。なぜなら、宗教学者としての高い専門性は政策立案を助け、欧米に対する深い教養はＣＩＥの意向を汲みつつ、文部省との折衝を円滑にすることを助けたからである。岸本の就任からまもなく海後宗臣東京大学文学部助教授が登用されたのは、ＣＩＥが日本側の専門性を高く評価し、知識人を改革のパートナーと見なし始めたことの表れであった[25]。知識人を媒介にして築かれた信頼関係は、時とともに強化された。オアの回想によれば、文部省担当官への信頼の高まりがやがて政策決定事項の口頭での指令という形式を説得という形に変え、ついには公式指令発布以前の段階で事前協議を行い、両者が協力して改革を遂行するという関係を築かせたという（同、一七四－一七六頁）。このように、日米の協調関係は専門能力の格差によってもたらされ、またその格差ゆえに、日本側は時に改革の主導権を握りさえした。しかし、それは人材不足という消極的な事由によってのみ与えられたものではなかった。ＣＩＥの希望によって実現した側面もあったのである。

アメリカ政府はＣＩＥの人事にあたり、知日家や滞日経験者の登用を心がけた。一九四六年六月一日から占領終結までＣＩＥの二代目局長を務めたニュージェント海兵予備隊中佐は、滞日経験をもち、日本の教育制度に精通した人物であった。彼は、戦前の教育制度が民主的な側面をもったことを評価し、日本の自主改革を尊重するとの立場をとった。こうした態度は、彼がアメリカの進歩主義教育やプラグマティズムに多少の懐疑をもち、教育改革にあたっては、「日本の環境に適当であることが論証され得る限りにおいて、現代アメリカの民主主義教育観を統合したものを反映させたい」との考えをもったことによるところが大きかったが（同、一一〇―一一一頁）、そうした態度が日本側の自主改革を支えた点は見逃せない。同様のことは、初代教育課課長のヘンダーソンについても妥当する。彼は軍役に就く以前のコロンビア大学時代から、前田多門をはじめとする穏健でリベラルな日本の知識人と懇意であり、温厚な人柄と自主改革を尊重する態度は、日本側の知識人を安堵させ[26]、ＣＩＥに対する信頼を徐々に高めさせた。このように、日米関係の円滑化と協働は、ＣＩＥ初期の知日家の存在によって図られたといえよう。

もちろん、そこに歴然たる権力関係があったことは否めない。民主主義を阻害する軍国主義や超国家主義的要素の除去を目指した四大改革などは、日本の意向を酌み入れず、迅速かつ徹底的に行われた。なかでも教科書問題に対するＣＩＥの態度は毅然としたものがあり、日本側が口をはさむ余地は皆無に等しかった（読売新聞戦後史班、一九八二年、一〇五―一三四頁、久保義、一九八四年、一八二―一七四頁）。しかし、これも日本の自主性を奪うものではなかった。否定的措置を断行した後の、民主化に係わる政策の多くは、日本側に委ねられたからである。

ただし、そこには問題も残された。日米の政策担当者の民主主義に対する理解は必ずしも同じでなく、具体的な改革案については食い違いが生じる可能性をたぶんに残し、時に対立が生じたからである。では、日米の政策担当者はその齟齬をいかに埋め、妥協点を見出したのであろうか。詳細は次章以下の政治過程の分析を通じて具体的に検討するが、ここでは、その前提となる、それぞれの民主主義観を、一九四六年五月以降に順次出された『新教育指針』を概観しながら検討しておきたい。

3　民主主義をめぐる理念の一致と差異

新教育指針は、民主教育を実践する教師の手引きとして作成されたもので、第一部には、「新日本建設の根本問題」と「新日本教育の重点」が述べられ、第二部には、教材や討議の方法が記された。第一部に体系的な指針が示されたのは、新時代の教育を発展させるには、戦前の教育や政治体制の誤りを熟知し、それを乗り越える必要があるとする、アメリカ側の認識[27]によるところが大きかった。実際、新教育指針には、明治以降になされた日本の近代化は中途半端な形態をとったため、近代精神の本質に対する理解がきわめて浅く、そのことが軍国主義の台頭を許したことが述べられ、それを克服するために、近代精神を生みだした西洋文化の本質を十分に咀嚼し、活かすことが求められている（『道徳教育資料集成第三巻』一二二、一三〇―一三一頁）。

しかし、それが無条件になされるものではないことをＣＩＥは熟知していた。日本国内には、自主改革をなしうる人物がいるものの、それはごく少数にとどまり、多くは民主主義ということばにさえなじみのない状況にあったからである。喫緊の課題は、四大指令で強調された軍国主義や超国家主義的要素の強制除去であり、民主主義に対する理解を浸透させることであった。不適切な施策を講じれば、占領改革そのものが動揺する状況にあったことを念頭におけば、あらゆる改革を基礎づける民主主義の定義にＣＩＥが神経を尖らせたのは[28]、当然のことであった。新教育指針の原案を作成した石山脩平が、執筆にあたりＣＩＥによる修正を幾度となく受けたと回顧したのは[29]、それを傍証する。

たび重なる修正を経て完成した新教育指針には、個人は国家の手段ではなく、国家の主人であることが述べられた。そして、その個人は社会的成員であること、すなわち「公民」であることが強調された（同、一三七頁）。第三分冊に収録された「公民教育の振興」からその定義を引用すると、公民とは、「社会と自分との関係及び自分と他の人々との関係をよく理解し、自分の地位と責任とを自覚し、自分の本分をはたして、社会のためにつくすような人間」であるという。そして、その育成を担う公民教育は、「社会の共同生活をりっぱにいとなむために必要な知識や機能や技能を身につけさせる」ことを目的にする（同、一七三頁）。換言すれば、公民教育とは、デューイの主張した社会における共通理解を体得させることにあり、ＧＨＱはそれを民主主義や自由主義など西洋近代的な価値に求めたのであった。

ところが、日本には、そうした思想が一部混入していたものの、社会生活を営むうえで必要とされる共通理解の基盤は儒教思想にもとづく伝統的な価値におかれていた。西洋近代的な価値と日本の伝統的な価値は、相容れない特徴をもつ反面、類似した点も多く、二つの価値が示す一致と差異は、公民教育を実施するうえで無自覚たりえない問題であった。そこで、ＧＨＱは伝統的な価値の特徴とその問題を明示したうえで、新しい公民教育の指針を徹底させようとしたのである。

新教育指針の第一分冊「日本の現状と国民の反省」や文部省が一九四六年に作成した「公民教師用書」には、忠義や孝行など日本の伝統的な価値は縦の秩序を構築し、互尊互敬の精神をもたらす一方で、それらは上の者が権威をもって服従を強制した場合、徳目は形式にながれ、画一化する危険のあること、固定化された道徳は変化する社会環境を拒み、個人の判断能力を奪うことなどの問題が指摘された。戦前に道義が形式化し、軍国主義に利用されたのは、日本の伝来的な道義が抱える問題を端的に示したものであったが、新教育指針では、このような問題が生じたそもそもの原因を、個人と国家を媒介する社会の欠如に求めている（同、二〇七頁）。

社会とは、個人が他者と共同する場であり、相互理解や友愛共同の精神が前提になる。友愛共同の精神は縦の秩序にも存在するが、縦の秩序から相互理解を引き出すことは難しい（同、一三七―一三八頁）。なぜなら、相互理解は平等な立場を要求するからである。平等を前提にする相互性が実社会で保障されるためには、合理的な精神と批判の精神が必要になる。各人は、多種多様な背景をもつ諸個人からなる社会において、自身と異なる見解について判断を迫られるが、仮にそれが恣意的になされた場合、相互性の対極にある排除という行為が選択されるからである。他方、科学的精神に裏づけられた自由な意思と合理的な判断をもつ個人は、相互性や他者への寛容をもつことで、変化する社会に対応できる。こうした個人の性向は、一社会のみならず、国際状況の変化にも対応でき、ひいては国際平和に貢献する（同、一四三―一四五頁）。

この理解は、デューイの示した民主社会の内的発展論に合致するが、そうした認識をもつからこそ、アメリカ側の政策担当者は、西洋近代的な価値を基調に「社会」道徳を育成することで、伝統的な価値も正常化されるとしたのであった[30]。アメリカ側政策担当者の理解は、日本の知識人の理解に通ずるものがあった。しかし、いずれの価値に重きをおくかについて全く逆の立場にあった。知識人たちは、伝統的な精神のもとに西洋近代的な価値を受容し咀嚼することで、日本の文脈に適う民主主義の確立を目指したからである。この姿勢は、一九四六年二月二一日の都道府県教学課長事務打合会で述べられた安倍能成文相の訓示から窺い知ることができる。

幣原喜重郎内閣で前田文相の後任を務めた、安倍能成文相は、「開闢以来最大の困難に耐へて文化国家、道義国家の新建立に邁進」するために、教育者の尽力を求めた。具体的には、「教育者は深く自分自身を反省し自己に対する責任、国家社会に対する責任を自覚して、（略）その意志と責任とが国家社会全体に繋がっているという自重心を奮起」し、人格の尊重と社会連帯の精神を体得して教育の実践に努めてもらいたいというものであった[31]。注目すべきは、戦後教育に関する訓示に「民主主義」「民主化」「民主的」など"democracy"にまつわる言辞が一句たりとも含まれていなかった点にある。くわえて、アメリカが個人と国家の媒介物、もしくは、国家統制の抑制弁とした社会についても、「国家社会」という固有の表現を用いた点に留意する必要がある。[32] 占領開始以前の段階から文部行政に与した安倍が、アメリカの意図を知らずにいたはずはない。ではなぜ、安倍は「民主主義」ではなく「文化国家」を、「社会」ではなく「国家社会」を用いたのであろうか。その答えを新教育指針から推察しておこう。

「公民教育の振興」の項で、社会は「家も国家も国際社会」も含む広義の概念とされ、公民は「広く社会の一員としての人間を意味する」とされた（同、一七二―一七三頁）。つまり、ここでは、あらゆる単位集団は社会に内在するとされており、国家も社会的産物とみなされる。この理解は、アメリカ特有の社会観や民主主義観にもとづくものであったが、しかしその一方で、新教育指針には、この定義に馴染まない記述もあった。最たる例は、「軍国主義及び極端な国家主義の除去」で述べられた、国家は「社会の最も完全な形であり、人間は国家の一員として最もち《（マ》つ《マ）》序ある共同生活を営むことができる」という定義に求められる（同、一二八頁）。つまり、ここでは、社会や国家は序列化され、個人は社会的成員ではなく、最高形態たる「平和的文化国家[33]」の成員とされたのである。

しかしこの理解は大正期に思想的基盤を築いた知識人の間で広く共有されたものであった。民主主義は文化国家を建設する過程でおのずと実現されるという日本特有の理解が安倍文相の訓示から民主主義という表現を欠落させたのである。とはいえ、国家が社会に優先するという理解は、アメリカの民主主義観に反したことから、日本側政策担当者はアメリカ側政策担当者と共同して改革に着手する過程で、教育を国家的行為とするか、社会的行為とするか、もしくは、教育理念を伝統的な価値に求めるか、近代的な価値に求めるかについて、埋められない溝を感じることになる。なかでも新教育指針の「民主主義の徹底」と「軍国主義及極端な国家主義の排除」の草案執筆を担当し、安倍の後任に就いた田中耕太郎は、教育基本法を制定する過程で、自らが支持する「文化国家」および「教権」という改革理念についてＣＩＥから賛同を得られず、むしろ、反対を招くという苦い経験を味わうことになる。

田中文相期以降に、おりにふれて顕在化した日米の政策対立は、日本が「国家－伝統」に、アメリカが「社会－近代」に改革指針を求めたことに起因するものであったが、改革理念の相違が必然的に手段の違いを導いたわけではなかった。理念を異にしても、手段を同じくすることはあり得るし、目的と手段の連鎖により本質的な相違が潜在化することもあり得るからである。次章では、こうした様々な可能性を念頭におきながら、教育基本法の制定過程を中心に、教育改革における日米の教育理念の一致と差異をさらに詳しく検討する。そのうえで、政策に関する日米の妥協点について考察を深めたい。

（1）　ＣＩＥ教育・宗教課教育班長を務めたホールは、ボールス草案が四大指令の基礎となったことを示唆している。**R. K. Hall, "Summary: Education in Japan To 7/Nov/45," CIE Records, Box No. 5117.**

（2）　デューイの弟子であり、アメリカ哲学のオピニオン・リーダーでもあったビアードは、アメリカ文明の思想に内在する社会公律を、「人間の織りなす文明は社会において生起するものであり、その文明の［形成発展の］過程において作用するもの」はすべて「社会的産物」であるとする原理と表現し、それとともに、ひとしく文明に内在するものとして、「生命への尊敬、人間価値への尊敬、社会原理と併存両立する限度内においての最大限の自由［を維持すること］」の尊重、権利と機会平等の尊重、労働の威厳と効用性への敬意、社会への奉仕にも万人が参加し、社会の恵沢にも万人が浴するということの尊重」などを挙げている（ビアード、一九九二年、三二六頁）。こうした指摘は、ＣＡＣ－二三八、ＰＷＣ－二八七、ローリー草案およびそれらの審議過程での内容と一致することから、そこにアメリカにおける民主主義観の一端を見出せる。

（3）　第一次米国教育使節団を結成する際に、団長としてデューイの名が挙がったことは有名な話である。日本側もデューイの来日を切望しており、日本の民主教育に対するデューイの影響は無視できない。

（4）　一九世紀半ばに、教育に関する講演をなしたホレース・マンが、教育の「一般的目的は、現に存する善を増進し、悪を排除し、進歩の大法則を働かしめるにある」と述べたように（ビアード、一九九二年、一〇六頁）、こうした理解は、当時の知識人に共有されたものであった。

（5）ブンゲンシュターフの著書に序言をよせたフレンケルは、"education"とは、ドイツ語の"Erzihung（教育、しつけ）"と"Bildung（教育、人間形成；教養）"を包括する概念であることを指摘したうえで、"education"には翻訳不可能な「文化」概念が含まれることを強調する。ゆえに、フレンケルは、アメリカの思想的根拠を知ることなしに、対独占領政策を理解できないというブンゲンシュターフの議論を支持している。

（6）Long-Range Policy Statement for German Re-Education, SWNCC / SANACC 1944-1949 Roll No. 24. こうした認識は、『対独米国教育使節団の報告書（ズーク・レポート）』にも示されている。そこでズークは、ドイツ文化のもつ良質の起源は蘇生政策により強化されるべきであり、悪質の起源は除去政策により排除されるべきだとしている（Department of State, *Report of the United Stated Education Mission to Germany* [Washington, D.C.: U.S. Government Printing Office, 1946]）。

（7）アメリカ史学会がアメリカの教育制度における社会科学の問題を調査するために設置した「社会科学研究に関する委員会」は、一九三一年に発表した『学校における社会科学教育の典範』のなかで、「人間の環境も行為も、より高き価値、より善き目的に向ってなされる努力によって、それを変更改善することは可能」だとして、「進歩」という要素を殊更に重視している（ビアード、一九九二年、三〇四―三〇七頁）。このことからも、進歩や内的発展という概念が当時のアメリカにおける時代精神であったことが理解されよう。

（8）佐藤秀夫は、明治政府による上からの「啓蒙」の強制と民衆の間から自生的に生まれる「開化」とは対立する政策を孕んでいた、と指摘している（佐藤秀、一九八七年、二四四頁）。

（9）ただし、吉野は憲政に対する無理解は一般国民に限らず、知識人や政治家についても言えるとして、憲政の本義を理解することを求めた（吉野、一九七五年）。

（10）吉野による「民本主義」の影響は絶大で、そこから新教育運動や学生運動などが起こった。政府自身もデモクラシー運動を無視するわけにはいかず、一九一七年九月には、「教育ニ関スル重要ノ事項ヲ調査審議」する臨時教育会議を設置し、教育制度に関する答申の作成が行われた（尾崎、一九八四年）。

(11)　高名なカント学者として、戦後には、教育刷新委員会委員や第三次吉田内閣の文部大臣を歴任したことで知られる天野貞祐は、「道理の感覚者としての自覚せる個人」を人格と定義している（天野、一九五二年、三三八頁）。
(12)　大正自由教育は、全国の私立や師範付属小学校などで精力的に推進された。自由教育の最高峰と称された成城小学校の研究機関誌が、創刊一年の段階で「二五二八名の会員を得、全国八ヶ所に支部が設置された」と述べていることからも、自由教育のうねりが全国を席巻したことがわかる（筧田、一九八四年、二〇七―二一〇頁）。自由教育運動の実践と全国的な波及については、金子孫市が詳細な資料を示している（金子、一九五五年、六八―九〇頁）。
(13)　中野光は手塚の思想を「個人の変革と国家の改革とが予定調和的に、連続していくにちがいない、というオプティミズムがあった」と指摘している（中野、一九七七年、六八頁）。
(14)　価値の強制という問題について、手塚は、教権を構成する価値は理想国家を根拠づける「共同の公的意思」であるがゆえに権威的な教授が可能であるとした。ただし、それは児童の内心にある真我を聴くという目的に即するものである限り認められ、一方的な価値の強制は否定された。こうした理解について批判も加えられたが（木下、一九八三年、一〇五頁）、教権を教師の教育権とする理解は、大正期にすでに定着していたといえる。
(15)　「新日本建設ノ教育方針」（『文部行政資料　第一集』六七―六九頁）。
(16)　『有光次郎メモ』一九四五年八月二〇日。『有光次郎メモ』は、有光氏が公務にかかわる事項を私的にまとめた記録である。当時の出来事を簡潔に記したメモは、占領初期の教育改革を知るうえで貴重な資料といえる。本書は、木田編（一九八七年）に収録されたものを利用した。
(17)　『有光次郎メモ』一九四五年九月六日。
(18)　『有光次郎メモ』一九四五年九月一一日。
(19)　たとえば、天野（一九五二年）や田中（一九四六年）に収録された戦前戦後の論文を見れば明らかなように、知識人の思想的連続性は顕著である。伝統的保守主義に位置づけられる天野や田中は皇室に対する憧憬も深く、天皇制国家における道徳的価値の普遍性をおりにふれて述べている。
(20)　例えば、国会における前田文相の発言（『官報号外　衆議院議事速記録』一九四五年一一月三〇日、一二月一日）や朝日新聞に掲載された「アメリカの民主主義」（『朝日新聞』一九四五年一〇月二日～五日）などを参照のこと。

(21) CIEは一九四五年八月二七日、GHQ／USAFPACに創設された情報普及局（IDS）を前身とした。CIEは九月二二日の段階においてはGHQ／USAFPACに属したが、一〇月二日にGHQ／SCAPが創設されると、同日付の一般命令第四号により所属が移され、設置目的と任務が明記された。

(22) "Basic Initial Post-Surrender Directive to Supreme Commander for the Allied Powers for the Occupation and Control of Japan," 3 November, 1945, in Political Reorientation of Japan September 1945 to September 1948; Report of Government Section, SCAP (Washington: Government Printing Office, 1949.) pp. 428-39.

(23) CIEのスタッフ不足とそれに起因する日本側の不信感は、対日占領政策の作成や第一次米国教育使節団顧問として活躍したボールスによっても指摘されている（「第一次米国対日教育使節団（一九四六年三月）メモランダム（一九八〇年）」（土持、一九九一年、三四三頁））。同様の事柄は、前田文相の回顧からも窺い知れる。Tamon Maeda, "The Direction of Postwar Education in Japan," Japan Quartely, Vol. 3, 1956, pp. 415-6.

(24) 『有光次郎メモ』一九四五年一〇月四日。なおメモには、「I.E (Department of Information and Education) ノ chief ノ処ニ Prof. ノ如キ文部省連絡者ヲ常時派遣サレタシト。終戦事務局ヲ通ジテ申入レアリタリト」という一文が記されている。

(25) 岸本英夫の登用については、読売新聞戦後史班（一九八二年、五二―五六頁）に詳しい。また、岸本自身の回想は、新日本宗教団体連合会調査室『戦後宗教回想録』（一九六三年）に収録されている。

(26) 一九四五年九月一八日の『有光次郎メモ』には、ヘンダーソンが日本の自主的な改革を支持すると同時に、協力する旨を述べたことが記されている。占領開始直後、CIEの出方を窺っていた日本側政策担当者にとってヘンダーソンという存在が大きかったことについては、久保によっても指摘されている（久保義、一九八四年、一七九―一八〇頁）。

(27) 「日本教育制度ニ対スル管理政策」一九四五年一〇月二二日（『文部行政資料』第一集、二七―二九頁）。

(28) 一九四五年一二月一四日の『有光次郎メモ』には、教育課のワンダリック海軍少佐（教科書・カリキュラム作成の担当者）との会談内容が次のように記されている。「Teacher's guide book トシテマニュアルヲ作成ノコト。現行歴史教科書ノ使用ヲ禁ズル。新日本ニフサハシキ歴史教科書ノ編纂ニハ時日ヲ要スベケレバ、サシアタリ、マニュアルヲ作ル。コレニテdemocracy、進駐軍ノ進駐ノ意義目的ヲ明確ニスルコト、材料ハ連合軍側カラ提供ス。Captain Bernard ニ相談ノコト」。このことからも『新教育指針』で示された民主主義は、アメリカの理解を表現したものであったことがわかる。

(29) 東京文理科大学の教授職にあった石山脩平は、現職のまま教科書局第二編集課長に就任し、『新教育指針』の執筆・編集を担当した。草案は複数の分担者により書かれたが、CIEの要望により再三にわたり原稿の書き直しが命じられ、石山が全編にわたり修正を施した。後年、石山が「三分の一は、アメリカ側に書けと言われたそのままを書き、三分の一は両方で話し合って書き、残りの三分の一は、私の考えで書いた」と回顧したことは、そうした経緯を言い表している（読売新聞戦後史班、一九八二年、一三五－一五〇頁）。

(30) 『米国教育使節団報告書』の第一章「日本の教育の目的及び内容」の「修身、倫理」という項目では、伝統的な価値観は民主主義にかなう精神を有していると指摘され、その発展が期待されていた。

(31) 「安倍文部大臣訓示要旨」（『文部行政資料』第二集、一九〇－一九三頁）。

(32) 「国家社会」という表現は、安部に限ったものではない。前田元文相も、「今後の教育としては先づ個性の完成を目標とし、立派な個性を完成したる上、その出来上った立派な人格がその包蔵する奉公心を発揮して、国家社会に対する純真なる奉仕を完うするやう、導いて行かねばならぬと思ひます」と述べている。「新教育方針中央講習会に於ける前田文部大臣訓示」（『文部行政資料』第一集、七七頁）。

(33) なお、「平和的文化国家」という表現は、『新教育指針　第二分冊』に収録された「結論－平和的文化国家の建設と教育者の使命」にも用いられている。

第3章　「教権」というアイディア

改革理念をめぐる日米の相違は、「国家－社会」「伝統－近代」という対立軸に特徴づけられたが、文化構造に起因する二国間の理念の相違を政策担当者が意識することはまれであった。ところが、日米双方の政策担当者は、教育基本法の立案過程で理念を違えることにもとづく改革像の相違に直面せざるを得なくなったのである。そこで、本章では、第一次米国教育使節団の来日から教育基本法の制定に至るまでの政治過程を検討しながら、日米双方の政策担当者が抱く教育理念、なかでも教育権をめぐる理解の相違が、教育改革にどのような影響を与え、それが後続の政策をいかに方向づけたかを考えていきたい。

第1節　「教育権」をめぐる理解

教育を国家的行為とするか、社会的行為とするかという問題は、教育権をめぐる問題でもある。すなわち、国家、教師、国民のいずれを教育主体とするか、そしてその権利を保障するための制度をどのように設計するかが、そこでは問われることになる。ここでは、教育権に対するアメリカと日本の理解をそれぞれ検討しておこう。

連邦制をとるアメリカでは、教育行政は州単位で実施されたため、教育についての理解は州ごとに異なった。とはいえ、いずれの州においても、公教育の保障は比較的早い段階で制度化された（坪井、一九九八年）。州憲法における法制化の最初の試みは、一八六八年に制定されたノースカロライナ州憲法であり、そこでは「わが州の人々は、教育を受ける権利を有する。この権利を守り、維持することは、この州の義務である」（Art. I, Sec. 27）と規定され、その確立が目指された。条文に示されたように、アメリカの教育権は「教育を受ける権利」、すなわち、学習権を前提にしたものであり、それを保障するのが行政（州）の義務とされた。公教育における州の教育権は、一八七四年のカラマズー判決（ミシガン州）から明らかにされた。判決では、地方公共団体は教育の機会均等を保障するために「教育行政を行なう権利」をもつとされた。ただし、ここでいう教育行政を行う権利とは、学校の設置・管理・行政に関する権利、すなわち、外的事項にまつわる権利を指し、内的事項は対象外とされた。内的事項への不介入という考え方は、一九世紀末以降に国内で広がりを見せた実践教育などにより定着を見せた（玉城、一九八七年、第二部）。

ヨーロッパでさかんに行われた実践教育をアメリカに広めたのは、新教育運動の旗手とされるパーカーであった。詰め込みや反復を主とする画一注入主義を排し、子どもの自発性や創造性を高めることで社会的参加を促すことこそ教育の目的であるというパーカーの主張に共感したデューイは、自身も実践教育に足を踏み入れたが（宮原、一九五七年）、彼の試みは進歩主義教育という一つの潮流を築いた。進歩主義教育は、経験を通じた知識の獲得を主眼としたが、その一方で、教師の「教育の自由」を重視した。というのも、当時のアメリカでは、教師の社会的地位が低く、低賃金かつ不安定な雇用形態を強いられていたが、戦間期に隆盛した労働運動に呼応して、教師による労働組合運動がさかんになり、積極的な身分保障に裏づけられた教師の教育の自由が求められるようになったからである。のみならず、戦間期には、教師の市民的自由を制限し、現体制への服従を強制する宣誓規定を有する州が二〇に及んだことなども、そうした主張を強める要因となった。教育統制に対する批判は進歩主義に限らず、それと対照的な立場にある本質主義からもなされた。内外事項区分論を述べたカンデルもその一人であったが、公権力の教育権は外的事項に限られ、内的事項への権力的統制は否定されるという主張は学問的立場を超えて広く支持され、そうした理解が一般的になった（Kandel 1933; 佐藤修、二〇〇七年）。

　占領期においてもそうした立場が踏襲され、ＧＨＱは文部省の権限縮小を目指した。文部省のサービス・ビューロー化を定めた一九四九年五月三日の文部省設置法が、文部省の基本任務は外的事項に関する権限の行使であり、内的事項については「指導と助言」のみを行うとしたことは、この点をよく表している。

　だがそれ以上に、ＧＨＱは、国民の教育権を確立するための制度設計を図ることを重視した。公教育が確立する以前の段階から地域住民による教育行政の運営が行われていたアメリカでは、教育の自治がなによりも重視されており、それが民主主義の基礎となると考えられたからである。一九四五年一〇月二日にＳＣＡＰが「日本国政府の地方分権化と地方の責務を助長」する方向に導くために勧告を作成するようＧＳに命じたのも、[1]こうした目的に即するものであった。分権化を通じて教育行政の単位を基礎的自治体におけば、参加は容易になり、国民による教育行政の実施が図られる。このように、ＧＨＱは国民による教育の自治の完成を目指したわけであるが、そこには克服されるべき課題が残されていた。それは、臣民教育に慣れ親しんだ人々を権利主体として覚醒させることであった。そこでＣＩＥは、学校教育や社会教育にてこ入れすることで民主主義的精神の普及に努めるとともに教師の再教育にも力を入れた。

教育という行為が教育者による被教育者への教授過程であることを念頭におけば、これは当然の措置であったが、教師の再教育政策に対するCIEの反応は迅速であった。一九四五年一〇月二二日の「日本教育制度ニ対スル管理政策」では、自由主義的傾向をもつ教師の即時復職を要求し、教師が教育内容について批判的理知的に評価すること、政治・社会生活に対する言論の自由を許容することなどを同時に求めた。つづく三〇日の「教員及教育関係官ノ調査、除外、認可ニ関スル件」では、軍国主義的、極端な国家主義的諸影響を排除するために公職追放を含む措置を求めた。このことから、適格者の選定と教員養成、公民教育などが主眼であったことがわかる。

しかしそれ以上に、教師の教育権の保障を重視したのは、日本側政策担当者であった[2]。教育者の覚醒なしに文化国家の建設は行えないという認識の共有が、そうした政策選好をもたせたからである[3]。したがって、教師の教育権は、GHQにとっては国民の教育権を確立させる前提として、日本の政策担当者にとっては文化国家を建設する手段として重視されたといえる。日米両国の政策担当者たちは、異なる目的を掲げながらも手段の点で一致したのである。

第2節　二つの報告書

―第一次米国教育使節団の来日―

四大指令に象徴される否定的措置の断行は一九四五年一二月をもって終了し、民主化という積極的改革が始まった。教育改革については、一九四六年三月の第一次米国教育使節団の来日とその報告書が分岐点となったといわれることが多い。

民主改革の指針を示すことを目的に招聘された米国教育使節団の来日をひかえた一九四六年一月九日に、SCAPは日本政府宛てに「日本教育家ノ委員会ニ関スル件」を送付し、日本側教育家委員会の設置を求めた。これは、日本人の主体性を重視し、日本に受容される形で改革を行わない限り、いかなる勧告も実施が保障されないという国務省側の判断によるところが大きかった（土持、一九九一年、七六―七八頁）。委員選出の責任を負ったCIEもこれに準じたため、人選は安倍能成文相、山崎匡輔文部次官、田中耕太郎学校教育局長の三氏を中心になされ、彼らと交友のある人物が多数推挙された（読売新聞戦後史班編、一九八二年、一九四―一九六頁）。その意味で、日本側教育家委員会も前田文相期に形成された私的ブレーン集団の延長線上に位置したといえる。この人選はSCAPから高い評価を得、委員会は使節団滞在期間中のみならず、日本教育の再建が完了するまでその任を全うすべきだとされ、使節団帰国後、発展的に解消し、教育刷新委員会として再出発することになった④。

教育刷新委員会は勅令第三七三号教育刷新委員会官制（一九四六年八月一〇日）により設置され、一九四九年六月一日に教育刷新審議会と改称された後、一九五二年六月六日に政令第一二七号教育刷新審議会令が廃止されるまで六年にわたり活動した⑤。日本側教育家委員会が文部省の所管とされたのに対し、教育刷新委員会は内閣総理大臣所管の合議制の機関として設置された。これは、GHQが教育刷新委員会に文部行政から独立して改革を提言することを期待したからであったが、これにより私的ブレーン集団として活躍した知識人の多くは、高い自律性を備えた公的な機関の委員として教育改革に臨むこととなった。

これらの点を踏まえれば、日本側教育家委員会が一九四六年四月にまとめあげたと推察される「米国教育使節団に協力すべき日本側教育委員会の報告書」（以下、「日本側教育家委員会報告書」と表記）は、教育改革に対する日本側の基本的な理解を示した重要な資料であることがわかる。ただし、報告書は、日本側教育家委員会が一から起案したのではなく、GHQから事前に知らされた、米国教育使節団が研究討議する予定の四項目（「日本ニ於ケル民主主義教育」「日本ノ再教育ノ心理的部面」「日本教育制度ノ行政的再編成」「日本復興ニ於ケル高等教育」）に即して作成された。起案にあたり、彼らは項目ごとに分科会を編成し、事前研究を重ねながら使節団の来日を待った。

1　第一次米国教育使節団報告書

一九四六年三月五日午後、長い旅路の果てに第一次米国教育使節団が厚木基地に到着した。ＳＷＮＣＣ－一六二シリーズ改訂草案付属文書をもとに結成が予定された使節団は、人選に手間取りながらも、一般教育家を中心に総勢二七名で編成された[6]。教育改革の青写真を示すという使命を帯びた使節団は、結成直後の段階から報告項目に合わせて四つの委員会を組織し[7]、個別に審議を行った。以下では、教育権に注目しながら報告書の内容を検討しておこう。

第一章「日本の教育の目的及び内容」は、教育課程や教科書に関する検討を行った第一委員会の審議をもとに書かれたが、内外事項区分論を持論とするカンデルが委員長を務めたこともあって、審議過程では、教育行政制度についても言及され、行政機関と教師の関係にまで検討が及んだ。たとえば、第一委員会と日本側教育家委員会の初会合で日本側に配付された「学科課程、国語及び教育観に関する委員会」という中間報告原稿[8]には、教科課程や教科書の作成（内的事項）は中央政府の介入になじまないものであり、それは学校教育のなかで自由に実践されるべきものであることが確認された。そのうえで、文部省統制を許す日本の教育行政制度は機構改革が不可欠であるとされた。一連の議論を踏まえた最終報告書には、標準化と画一化を避けるためには、専門職である教師の教授の自由と研究の自由を尊重すべきであり、そのためにも、分権化（Decentralization）が急がれることが重ねて述べられているが、これはカンデルの主張を具現化したものと考えられる。とはいえ、画一的な教育を否定し、専門職である教師の教育の自由を大幅に認めること、文部省統制を排除するために内的事項と外的事項を区分することを改革の主眼とすることは、カンデルに限らず、団員に共有された事項であった。そこで、外的事項にあたる「一般行政」を審議した第三委員会の主張と最終報告書第三章「初等学校及び中等学校における教育行政」の内容を確認しておこう。

第三委員会が作成した「初等学校および中等学校における教育行政[9]」によれば、学校教育の目的は「思想、伝達および批判の自由を基礎にした知的な市民精神」の習得にあるとして、「日本の学校制度の形態と機構は、民主的傾向を増加するように変更されるべき」ことが述べられた。具体的には、「人格の発達を最も重要なものと考え、国家はその目的への手段であるという」民主主義的哲学にもとづいて、学校制度を「中央集権的独裁的管理」から「地方分権的民主的管理」にもとづくものへ改革することが強く求められた。「平和的民主的伝統の実質をつくるための枠組み」を創出するために、提言された行政組織に関する改革は以下のとおりである。

第一は、国家レベルの権限を極力縮小することであり、文部大臣の職務と権限は、教育問題に関する立法勧告および他省庁や国会への助言、教育財政の要求を国会に提出すること、教育事項を専門的技術的に諮問する制度を設置すること、教員免許の認定、その他、地方レベルで遂行できない行政事務を行うことに制限された。第二は、都道府県レベルの教育行政を拡張させることであり、その執行は教育委員会あるいは教育機関によるとされた。併せて、教育委員会は「一般投票によって選出された市民の代表によって構成されたもので政治的に独立していなければならない」とされた。第三は、地域（local）における教育の自治の育成が掲げられ、適切な教育行政区画を設定のうえ、公選制の委員からなる教育機関を設置することが勧告された。これは、「もし学校が効果的かつ強力な民主主義の有効的機関になるとすれば、それは人々と緊密なつながりをもたなければならない」という理解にもとづくものであり、行政参加を通じて民主的な態度を学びそれを実践することを望むアメリカの民主主義観を現したものといえよう。

このように、第三委員会は国民の教育権を体現する行政制度の構築を目指したわけであるが、これは教育の人民統制というアメリカの伝来的な理解を反映するものであった。最終報告書[10]の第三章に「学校が強力な民主政治の有効な手段となるべきものならば、それは国民にとって親密なものでなくてはならぬ。教師や、学校長や、地方教育課長などは、上位の教育関係官吏の支配や制御を受けないことが大切である。なお、あらゆる程度の学校の学校行政を直接受持っている教育者は、その奉仕する民衆に対して責任を持つこともまた大切である」と述べられたのは、まさにこの点を端的に表したもので、教師の教育権も人民統制から自由でないとされたのである。

だがその一方で、使節団は教育の自由を積極的に肯定する立場にあった。というのも、教師は民主主義的な価値を教授することで社会的成員を育成するという特殊な役割を担っており、職責を果すうえで教授の自由は手厚く保障される必要があると考えられたからである。こうした理解は、第三委員会が進歩主義的な立場をとる人物によって構成されたことによっても強化されたと思われる。周知のように、進歩主義は教師を社会改造の担い手とみており、彼らの積極的な役割を期待したからである。教育の人民統制を記した最終報告書に、「教師には他の公民のもつ一切の特権と機会とを与へるべきである。任務を立派に果すには、教師は、思想と言論と行動の自由をもたなくてはならぬ。また彼等は地位の保障と、相当な給与とをもたなくてはならぬ。青少年の最高の利益と教師自身の福利増進を達成するために、教師は地方的、都道府県的、及び全国的夫々の水準において、自発的な協会を組織すべきである。教師の協会は率先勇敢に行動し、また他団体と密接に協力する自由を有つべきである」と述べられたのは、こうした立場を示したものである(11)。

総じてみれば、使節団報告書から読み取れる、アメリカにおける教師の教育権とは、国家統制からの自由を保障する一方で、社会からの統制を当然に受けるものであったことがわかる。すなわち、アメリカでは、教育は国民による教育権の行使を可能にする一連の分権化された制度のもとで運営され、教師もその統制の範囲内で教育権の行使が保障されると考えられたのである。こうした理解は、明らかに日本と異なるものであったが、そのことは日本側教育家委員会報告書と比べることで一層明らかになる。

2　日本側教育家委員会報告書

『文部時報』(八二八号)に掲載された三月三一日付の「文部日誌」によれば、日本側教育家委員会は独自の意見書を文相に提出する手はずにあったとされていることから、報告書は米国教育使節団報告書より後に安倍文相に提出されたと推察される。報告書の作成経緯が不明瞭なのは、文部省がCIEへの提出を怠ったためであるが[12]、CIEの目に触れずに作成された報告書には、日本独自の意見が述べられる結果となった。報告書は、「一、教育勅語に関する意見」「二、教権確立問題に関する意見」「三、学校体系に関する意見」「四、教員協会又は教育者連盟に関する意見」「五、教育方法問題に関する意見」「六、国語国字問題に関する意見」から構成されているが、これを米国教育使節団報告書と対比すれば、両者の異同が明らかになる。あらかじめ結論を述べれば、その違いは教育権の所在に求められる。

戦後教育に対する日本側教育家委員会の理解は、「五、教育方法問題に関する意見」に示されているが、そこでは「新日本の民主的国民性格のために、児童生徒の自主性と社会性と、そのために必要な自発的能動的性格を発展強化せしむべき方法の研究」が急務とされた。ただし、教育の方法は、教育の目的と同様、偏りがないように留意することが求められ、「教育の方法は、単に技術的方法に止まらずして、教師の人格と教育精神とに俟つところが、極めて深く大きいことも常に重視せられていなければならない」とされた。つまり、ここでは、民主教育を実践する教師の修養の必要性が強調されたのである。新教育の指針は「一、教育勅語に関する意見」で述べられた。

米国教育使節団報告書にない、教育勅語に関する事項が挿入されたことには、いくつかの事情があった。CIEは占領当初、教育理念を政府が示すことに消極的であったが、民主教育の徹底が遅々として進まない状況に鑑みて、国民感情を民主主義に振り向けるには、天皇による新勅語渙発が有効であると考えるようになった。使節団の来日が迫った二月二日には、ダイクＣＩＥ局長が日本側に新教育勅語の作成を内々に打診するなどの動きをみせ（神谷、一九八〇年、二二四―二二八頁）、新勅語渙発という構想に現実性が増した。こうした腹案は日本側教育家委員会にとって望ましく、彼らは報告書に挿入する内容を検討した。[13] その結果、「人間性（個の完成と相互尊重、寛容協和のこころ、宗教的情操等々）」「自主的精神（自発創意的生活態度等々）」「合理的精神（批判性、思考性等々）」「社会生活（自由と責任、自活と遵法精神、社会的正義等々）」「家族及隣保生活」「国家生活、日本民族共同体」「国際精神」「平和と文化」などが新教育の指針として挙げられた。これらはアメリカの主張に合致するものであり、二つの報告書は類似性の高いものであった。

ところが、二つの報告書は教育行政制度について違いをみせた。米国教育使節団が設置した第一委員会と第三委員会に配属された沢登哲一が「デモクラシーの問題について、特に云ひたい事は、学徒は自分達の協議に於て色々自由が許されてをるのであって、学校の経営と云ふ事や教員の任免などには全然生徒は関係させないのが当然で、各地方には教育委員会が設けられてゐて、そのパブリック・オピニオンが権威ある拠処となる事が明かにされた」と述べたように（沢登、一九四六年）、日本側は国民の教育権を構成する教育の人民統制という概念について十分な理解を欠いており、報告書は教師の教育権の保障に多くを割いたからである。アメリカ側が導入を予定した教育委員会制度については、「二、教権確立問題に関する意見」において少しばかり検討しているが、標題が示すように、教育委員会は教権を確立するための手段と考えられていた。ゆえに、日本側が構想した制度はアメリカのそれと大きく異なるものとなったのである。

アメリカの教育委員会は、公選された一般市民からなる委員が教育全般にわたる事項を担当する。議事には、教職員の任免や給与など身分保障に関する事項が含まれるため、現職教員の被選挙権を禁止する素人統制の原則が徹底される。したがって、教師の教育権は国民の行使する教育権を通じて決定され保障される。だが、日本側の理解は違った。一八七九年の教育令に示された公選制の学務委員や啓明会が掲げた教育委員会構想など、アメリカの教育委員会に類似する制度は戦前の日本にも存在したが、それらはいずれも教師による教育行政の運営を予定したからである。日本側教育家委員会の理解もそれと同様で、地方教育委員会は現職教員、地方教育関係官吏、公民の三者から構成されるとした。教師が自らの教育権を擁護するという理解は、戦前、その権利が著しく侵害されたことへの反動であったが、そうした理解はアメリカと大きく異なった。しかし、その違いは、米国教育使節団と日本側教育家委員会の審議過程では、あまり問題にならなった。おそらくそれは、審議が米国教育使節団主導で進められたことや[14]、日本側教育家委員会の報告書が公表されていなかったからだと思われる。教育権をめぐる日米の理解の相違は、教育委員会法を作成する過程で明らかになり、そのために、ＣＩＥとの折衝は暗礁に乗り上げることになる。そうした対立の端緒はすでに教育基本法の制定過程にあらわれていた。

第３節　教育基本法制定の政治過程

米国教育使節団の来日を機に始まった民主化政策が国内で本格化したのは、一九四六年五月二二日に発足した第一次吉田茂内閣以降のことであった。文相に就任した田中耕太郎は、占領当初の段階から文部行政に関与し、学校教育局長として辣腕をふるった人物であり、教育勅語の強力な擁護者としても知られていた。先にふれたように、この時期、民主主義への関心を呼び起こすために新たに勅語を出そうとする気運が高まっていたが、新勅語の渙発は新憲法施行まで間もない状況にあっては難しかった。そこで、田中は教育勅語に代わるものを憲法に併せて法制化するという考えを抱くようになり、これが教育基本法制定の契機となった（木田、一九八七年、四四頁）。このため、教育基本法は田中の手によるものとされるのが一般的な理解である。しかし、それを強調しすぎることは本質を見誤らせる。当時の事務処理量は想像を絶するものであり、改革の範囲は多岐にわたった。田中の能力がいかに秀でたものであっても、改革を一人ですべてやることは無理であり、実務面を支えたスタッフの存在は大きかったといえる。また敗戦以前の段階から前田や安倍らと戦後日本のあり方について検討した経歴などを考慮すれば[15]、制度の構想に際して知識人の協力を得たであろうことは想像に難くない。田中文相期の文部行政は戦後初期以来の改革路線を継承し、具現化したものであったとみるべきであろう。

1　田中文相下の教育改革とCIE

四大改革を終えたCIEは、民主化に関する具体的な措置を断行する必要性を感じながらも、改革の指針が定まらないことに焦りを覚えていた。教育改革と不可分の関係にある地方行政改革をGSが着実に進めたことも、焦燥感を高めさせた。こうした状況を好転させたのは米国教育使節団の来日であり、教育課は米国教育使節団報告書を手がかりにして四月下旬に課内に六つの小委員会からなる日本教育改革委員会を設置し、審議を本格化させた[16]。同委員会は六月中旬から下旬にかけて「日本教育制度の再編成と地方分権」と題した総合的な計画を練り上げた。改革は日本側教育家委員会が主導して進めることを予定していた。教育制度の地方分権については、権限の受け皿となる地方の教育行政機関の創出が喫緊の課題とされ、教育委員会の設置が求められた。だが、地方教育行政の再編成には時間を要することから、中間的な段階が必要であるということになり、実行可能性を担保するために、暫定的な任命制による、教育家を主体とした教育委員会の設置を認めるという案が浮上した（久保義、一九八四年、三九八－四〇二頁）。ところが、そうした試みは、田中文相が主導する文部省の自主改革案と衝突した。「教権の独立」を持論とする田中文相の描く新たな教育行政制度は、CIEの構想から大きく反れていたからである。

教育行政は原則として教育者の手によって行われるべきものと考える田中は、教育の自律性を確保するには、政党政派や一般行政からの干渉を避けることが不可欠でその実現には、「教育に憲法上司法権に与えられたる独立の地位を保障する」ことが必要であるとした。具体的には、戦後の教育行政はフランスの学区制に倣い、七帝国大学を中心に学区を編成し、文部省の寛大な監督の下で地方教育行政が実施されるという青写真をもっていた。こうした考えは、一九四五年九月一七日の「教育改革私見」にすでに示されていたが、学校教育長時代に「我々の側では、分権化よりも大学区による教育行政の独立を擁護する」と発言したり（鈴木、一九八三年、一三頁）、文相就任後も、一九四六年七月三〇日の第九〇回帝国議会衆議院予算委員会で、地方教育行政制度の問題は「米国ノ制度、或イハ又米国ノミナラズ欧米ノ制度ノ長ヲ」とって解決すべきであり、日本独自の形態をとってしかるべきであると発言するなど主張が一貫していたことがわかる。

八月に入ってからは、地方教育行政改革案の作成作業が本格化し、二〇日に「教育行政刷新要綱案」が省議決定をみた[17]。①文部省の機能を大幅に委譲することに伴う機構改正、②基本的文教政策を調査審議する中央教育委員会の設置、③学区制の施行（全国を九学区に分割）、④都道府県に学区支庁を設置、⑤教職員の俸給の全額国庫負担化などの内容から、要綱案は田中文相の構想にもとづいて起草されたことがわかる。教育課に報告を欠いたまま省議決定された要綱案は、一九四六年八月二六日の読売新聞のスクープによってCIEに知られるところとなり、教育行政改革が田中文相の独壇場となることを嫌ったCIEは[18]、これを好機として、文部省への関与を強めた。翌二七日には、ニュージェント局長と山崎匡輔文部次官の会談をもち、文部省の独走を戒めた。さらに教育課は、教育刷新委員会・文部省・CIEの三者関係とその機能を記した文書を手交したが、そこでは、教育刷新委員会の自律性を最大限に尊重することが確認される一方で、文部省には最低限の補助的機能しか与えないことが明記された[19]。

三一日には、文部省が教育改革の原理を理解していないことを強く批判する内容のメモランダムがトレーナーからオアに宛てられている。その概要は次のようなものであった。民主社会の本質は人民が統治権を有するという信念とその実践にあり、民主的な教育システムは、この基本原理を具現化したものであること、具体的には、地域社会が学校を運営し、児童生徒の両親が子弟の教育に最も関係があるべきことを基本原理とすること、教育行政機構としては、人民が地方の教育委員会委員を選出し、それにより運営されることを内容としている。後段には、選挙を通じて人民の意思を反映させるシステムをもたなかったことが、従前の日本教育の問題であることが指摘され、その点を米国教育使節団も日本側教育家委員会もＣＩＥも同意しているにもかかわらず、一人文部省だけが認めないことを問題にし、民主教育の基本原理を徹底させる必要性が述べられている。[20] ＣＩＥは教育権の主体である市民によって教育行政が担われるために分権を徹底させることを求めたわけであるが、そのことは師表としての教師の教育権を重視し、教育行政の独立を図ろうとする文部省の考えと相容れなかった。九月二日にニュージェントに宛てられたメモランダムで、独自の改革案に固執する文部省の態度は文相自身の姿勢によるものであり、文部省は教育に関する権限を高度に集権化された状態で保持しようとしており、その権限を人民に委ねることには関心を示さないことが重ねて問題にされたのは、その証左である。[21]

九月四日には、一九時半から二二時までＣＩＥ、文部省、教育刷新委員会からなる会談が開かれた。[22] 各機関のトップが一堂に会したのは、教育改革がＣＩＥと教育刷新委員会を中心に進められることを文部省に自覚させるためであった。ニュージェント局長が、三者が緊密な協議を行うために連絡委員会（steering committee）を設置するとしたのも、文部省を監視するためであった。牽制を受けた田中文相は、文部省は教育刷新委員会の自主性を侵害するつもりはないという山崎次官の発言に同意した。しかしその一方で、文部省はこれまでどおり独自に法案を作成し、それを各機関に諮り、最良の案を得る努力を続けるとした。自主改革案への固執は、省内で教育基本法案の作成が具体化しつつあったためだと推察されるが、それ以上に、自身の使命感によるところが大きかったように思われる。

前田文相に招聘されて以来、文部行政に従事し続けた田中にとっての悩みの種は、日々左傾化する教職員組合であった[23]。米国教育使節団の報告書を根拠に教師による学校教育の管理を叫ぶ全日本教員組合（全教・共産党系組合）の主張は、田中の持論と似つかぬものであった。旧態的なもののすべてを否定し、共産主義理念を支持する全教が教育を主導すれば、文化国家建設という目的は無に帰される。自然法の概念を重視する田中にとって、教育は道徳的責任を負う個人の実践を支えるものであり、真理を知る人格の発展をめざすものであった（田中、一九四六年、三〇八―三〇九頁）。真理を教育勅語に求めたのは、田中の信念によるところが大きかったが、組合活動を通じて共産主義思想が教育現場に浸透しつつあることも勅語への固執を強めさせた。教師が全教に参加する主たる動機は経済的困窮にあったことから、田中は教員養成制度の再編制を唱え、教師の再教育や待遇改善を図ることで組合活動を抑制し、教育を正常化させることを当面の課題とした。教師による教育行政の運用は、その後にあるとした。

教育の分権に関して、田中がアメリカ型の教育委員会制度の導入を頑なに拒んだのは、こうした現状認識に因るものであった。代替的な案として任命制を検討したのは、真理を知る教師による教育行政の運用が保障されると考えたからであった。移行期には、相当な法律知識をもち、行政技術に長ける人物を採用する必要があるとの見方も任命制を支持する要因となった[24]。ところが、改革案はいずれもＣＩＥに否定された。文部省とのやり取りを通じて態度を硬化させたＣＩＥは、教育委員会の段階的な導入という案を撤回し、一気に全面的導入を図る方向に傾いたからである。この指針が確定したことは、一九四六年一二月一八日の第九一回帝国議会衆議院予算委員会で、田中が、地方分権化は米国教育使節団報告書に述べられた方向で実施を検討すると述べたことからも窺える。しかし、これで田中の構想がすべて破綻したわけではなかった。三者会談の発言に示されたように、田中は、教権を制度的に保障するために、教育基本法の制定に乗り出しており、それは着々と実を結びつつあったからである。

2　教育基本法構想の具現化

教育基本法の構想が公にされたのは、一九四六年六月二七日の第九〇回帝国議会衆議院帝国憲法改正案・第一読会であった。第一読会は、憲法における教育の位置および憲法条文について審議した。議場についた社会党の森戸辰男は、道義的頽廃の蔓延が日本再建の妨げになることを指摘し、新しい教育を確立するためにも、教権の確立を憲法に明記し、教育の尊重をゆるぎないものにすべきだと主張した。田中文相は、この発言に賛意を示しながらも、憲法に教権の確立に関する事項を網羅的に挿入することは、内容の複雑さと立法技術上の問題から困難であるとした。そのうえで「教育ニ関スル根本法ヲ制定致シマス際ニ、…（教権の確立を）其ノ中ニ採入レタイト存ジテ居ル次第デアリマス」と述べて法案作成の意思を公言するとともに、学校教育の根本問題を定めた法律を立案中であることを述べた。

田中の発言は、八月二二日に、文部省学校教育局が作成した学校教育法要綱案[25]をさすものと思われる。要綱案は四十五項にわたる網羅的なもので、その多くが教育基本法にも反映された。学校教育法案が先行したのは、一九四七年四月に新学制の実施を予定していたという時間的制約によるものであったと考えられる。法案作成の経緯はいまだに不明なところが多いが、七月三日の衆議院憲法改正案委員会でも教育根本法に関する田中文相の発言が確認されることから、法案作成にかなり積極的であったことがわかる。しかし、それが本格化したのは、七月中旬以降のことであったと推察される[26]。

「たしか八月ごろの省議で、田中耕太郎大臣が教育根本法ということでこんな内容があるかなあということを口頭でおっしゃった中身を、田中（二郎）先生あるいは私ども（中略）（審議室の者たちが田中耕太郎）先生のお話を伺いましてまとめたのが、実はこの教育基本法の要綱案の内容でございます[27]」という安達健二の回顧を踏まえれば、教育基本法は八月上旬に検討が開始され、八月二八日に教育調査部を改編して新設された大臣官房審議室において具体化されたことがわかる。審議室には、辻田力室長、田中二郎参事（東京大学法学部教授）を筆頭に、天城勲、宮地茂、安達健二といった文部省の精鋭が集められ、田中二郎を中心に法制化が進められた[28]。CIEとの関係が日々悪化し、改革の主導権が奪われつつある中で教育基本法を制度化するには、教育刷新委員会が本格的に始動する以前にその内容を整える必要があったことから、審議室のおかれた状況は非常に厳しいものであった。しかし、審議室の機動力には目を見張るものがあった。田中二郎の構想にもとづく教育基本法制定方針は九月一一日の省議で決定されたとみられるが（古野、二〇〇六年、八七頁）、早くも一四日には教育法要綱案が提示され、修正が一度加えられたのち（「教育基本法要綱案」九月一八日付）、二一日付で教育基本法要綱案がまとめあげられた。

審議室の動きと軌を一にするかのように、九月七日に教育刷新委員会の第一回総会が開かれた。挨拶に立ったニユージェント局長は、教育刷新委員会が文部省から独立した機関であることを強調し、積極的な役割を果たすことを期待すると述べた。三者会談の直後とあって、田中文相の挨拶は控えめであった。総会の後半には、山崎文部次官が審議の参考として教育改革の課題を列挙した。山崎の発言は、当時の文部省の問題意識を端的に示している。要約は次のとおりである。

①平和国家・文化国家建設に資すべき所の教育国策を積極的に確立すること。新憲法に即応した教育改革が断行されるべきであること。②真理の探究と人格の完成を目標とする教育本来の目的に立ち返るよう努めるとともに、教育目的に沿う全面的な制度改編がなされること。③教員養成制度の再検討。この点について山崎次官は、「新日本建設の為に、新しい教育理念と実力を具備した理想の教育者の輩出を期待致したいのでございます。斯様な優秀な教育者の手に依って教育の独立を確立致しまして、文教再建の根本を培いたいと思うのでございます」と述べており、ここでも教権の確立が重視されていたことがわかる。つづく④教職員の待遇改善では、「尚教職員の身分に関

しましては、学問の自由、教育の自主性とを確保する。官公私の学校を問わず、教職員の身分を保障致しまして、或は之を保護する必要があると考えて居る」とした。⑤地方の教育分権では、官僚主義の排除、学問の自由・教育の自主性の確保が述べられ、⑥教育行政の刷新では、教育財政の確立が述べられた。このように、これらはいずれも教権の確立をめざす施策であったといえる。要するに、ここでは、「新しい教育理念と実力を具備した理想の教育者」による文化国家の建設という前田文相以来の目的が掲げられ、そのために教権の確立が不可欠であることが確認されたのであった。ここで注意したいのは、CIEから強い批判を受けた時期にあっても、教育の地方分権に関する比重が低いということである。教育委員会に関する言及を欠く一方で、教育の自主性や独立が何度も強調されており、文部省の改革指針の一貫性が確認される。

九月一三日の第二回総会では、教育指針や基本理念について意見が交わされた。委員に共通した見解は、現場教師の困惑を軽減するうえでも、教育指針の提示は是非必要というものであった。委員の一人であった川本宇之介は、国会審議で田中文相が示唆した教育根本法を叩き台に議論することを提案した。根本法の存在を知らない委員もいたことから、田中文相は審議中の概要を二週間あまりのうちに示すことを約束した。議長を務めた南原繁副委員長は議論を総括し、当面の審議は、教育根本理念の内容、教育制度、教育行政（特に教育の地方分権のあり方）の三点にすることを確認した。

九月二〇日の第三回総会でも議論は続けられ、田中文相から教育基本法の主旨は教育理念の提示にあり、その理念は新しい時代精神を含めた網羅的なものでなければならないことが指摘された。そして、この目的を実現するために、その形態はプログラム規定的な性格をもつことが望ましいとされた。委員はこの趣旨に賛同し、教育理念を集中的に審議する機関として、第一特別委員会の設置を決めた。ところが、第一特別委員会は、さほど重要な役割を与えられていなかったようである。一一月一五日の第一〇回会議において、教育基本法の審議が第一特別委員会に付託されたかどうかが改めて確認されたことは、これを象徴する。教育基本法の中身を詰めていたのは、実質的には文部省だったということになる。次に文部省の立案過程を検討していくことにする。

3　教育基本法案をめぐる文部省とCIEの対立

上述のように、教育基本法の構想は田中耕太郎によるところが大きかったが、その内容は「新日本建設ノ教育方針」や新教育指針など先の改革を踏襲するものでもあった。九月一四日付の教育法要綱案「(一) 教育の目標」に、「1 (一案《(ママ)》)教育は、真理の探究と人格の完成とを目的とし、平和的、民主的な文化国家(国家社会)の成員たるにふさわしい日本人を育成することを目標とすること[29]」と述べられたことは、それを傍証する。三項からなる「教育の目標」は数度の修正を重ねたのち、最終的には前文と第一条に分けられたが、根幹は九月一四日付の要綱案に求められる。人格(人間性)の完成と文化国家の建設という目的は、国内政策担当者の間で広く共有されたこと、さらには、敗戦直後の思想的混乱を収拾し、民主化を促進するためにも、教育勅語に代わるものを国家が早急に示す必要があるという状況認識が一致したことなどの理由から、教育刷新委員会や各党派の文教関係者も教育基本法の制定に好意的であり、法制化は容易になされると思われた。

問題はCIEの出方であったが、教育基本法に対するCIEの介入は多くはなく、教育刷新委員会に審議を委ねることを基調としたことが複数の回顧資料からわかっている。文部省との協議がもたれるようになったのは、一一月以降のことであり、他の法案と比較した場合、CIEの対応は遅れていたといえる。この点に関する積極的な説明はいまだ十分になされていないが、おそらくそれは教育を社会的行為とみる彼らにとって、内的事項にあたる教育理念を法律で規定することを予想しなかったためだと思われる。田中文相が根本法について言及を始めた六月から七月にかけて、CIE教育課の主要な関心は、学制や教育行政制度に関する改革、すなわち外的事項に関する改革におかれていた。日米の教育観の相違によって、それぞれ異なる政策に関心を寄せていたことがわかる。教育観の相違は後に両者の紛争の火種となったが、二カ月近くもＣＩＥの介入を受けずに法案を作成できたことは、文部省に利をもたらした。教育基本法要綱案は、教育法体系の鳥瞰図を示す非常に包括的なものとなったからである。

九月二一日付の教育基本法要綱案は、(一) 教育の目的、(二) 教育の方針、(三) 教育の機会均等、(四) 女子教育、(五) 義務教育、(六) 政治教育、(七) 宗教教育、(八) 学校教育の公共性、(九) 教育行政という構成をとった[30]。具体的な施策にあたる (三) から (九) については、九月二五日付の「教育基本法制定に当って考慮すべき事項」[31]のなかで、各事項に該当する施策が列挙されるとともに、教育基本法に連動する法案の全体像が示された。ここで示された教育基本法要綱案の各項が個別法に対応する関係は、教育基本法が教育行政制度の全体を規定したことを意味する。ところが、個々の法案は個別に審議されたことから、ＣＩＥはそれらの法案が教育基本法ひいては「文化国家」や「教権の確立」という理念に収斂することを十分に理解できなかったのである。

しかしながら、国家が教育目的や方針を示すことで教師に真理を理解させ、真理を知る教師が教育行政の運用を図ること、すなわち、教権の確立を主眼とする田中の持論に照らせば、教育基本法を頂点として個別法規がその趣旨を実現する教育システムの構築が予定されたことは、驚くにあたらない。そうした構想は九月一四日付の教育法要綱案に見出すことができるが、そこでは、教権の独立について、次のような事項が検討されていた。

(十六) 学校教育の公共性

すべての学校は公けの性質をもち、その設置は国又は公共団体の外法律の定める法人のみが之をなしうること。

【注：なお、原資料には法律の横に「学校法人法」という書き込みがある。】

学校の教師は公務員たるの性格をもち、自己の使命を自覚して、職責の遂行に努めなければならないこと。

これがため法律の定めるところによりその身分が保障せられ、待遇の適正が期せられること。

【注：なお、原資料には法律の横に「教員身分法」という書き込みがある。】

教育行政は教育の自主性を尊重し、教育の目的遂行に必要な諸条件の整備確立を目標として行はれなければならないこと。

（七）教育行政

さらに原資料には、鉛筆書きで「教育の自主性」の後に「と教育者の品位」という字句が挿入されている。これらの事項は、九月一八日付の要綱案[32]で幾分修正され、九月二一日付の要綱案に踏襲された。したがって、二一日付の要綱案と「教育基本法制定に当って考慮すべき事項」の該当箇所を検討すれば、教権を保障するために予定された個別法があきらかになる。具体的には、「(七) 学校教育の公共性」の前段を体現するものとして「学校法人法」が、後段を体現するものとして「学校教育［師］身分法」の起草が予定された。「(八) 教育行政」については、「教育行政官庁法（学区庁法）案の作成、之に伴ふ財政上の措置」を施すことが予定されたが、この記載から学区制に固執していることがわかる。事実、審議室は一〇月二日付で「教育行政刷新に関する問題点[33]」という文面を作成しており、そこでは八月二〇日付の「教育行政刷新要綱案」を継承して、学区制を前提にした行政機構が検討されている。二日後の一〇月四日付の同名の文書[34]にも、同様の問題が指摘されているが、ここに挙げられた事項は文部省の主眼を明らかにするので、簡単に紹介しておきたい。

まず、「根本方針について」では、「一、官僚的な画一主義と形式主義の是正」が掲げられ、「1 教育の自主性の尊重、2 公正な民意の尊重、3 地方の特殊性の尊重」が新たな指針とされた。つづいて「三、教育行政機構の整備と教育財政の確立」が述べられ、後段の「教育行政機構について」でその手法が検討されている。具体的には、「一、地方の独立の教育行政機関を設けるか」、「二、右一、の教育行政機構を設けるに当たって、府県単位にするか、全国を数個の学区に分けるか」が問われた後、「三、民意を尊重する方法として、教育委員会を設けるか、他の方法をとるか」が問題にされている。つづく四と五では、権限をどの程度地方や学校に委譲するかが問われ、六では「教育行政官について、一定の資格を要件とする必要はないか」として、専門性の確保が問題にされている。また、八では「教員の身分保障について、特に考慮すべき必要はないか」が問われている。最後の「教育財政について」では、教育費を増額する方法や「教育費の国庫と地方費との負担区分をどう定めるか」が問題にされている。ここに掲げられた件は、占領期全般にわたって問題とされており、新しい教育行政にとって核心をついたものであった。ここで注目しておきたいのは、文部省は一〇月上旬の段階まで教育委員会制度の導入に否定的であったという点である。他方、教育刷新委員会は教育委員会制度の導入を踏まえた分権改革を検討する方向にあり、ここでも文部省と教育刷新委員会・CIEとの間に亀裂がみられたが、この点が表面化したのは、一一月に入ってからのことであった。

トレーナーは一一月八日にニュージェントに宛てたメモランダムのなかで、文部省と教育刷新委員会の関係が依然として改善されていないことを問題にしたが、それとともに、連絡委員会の開催中に文部省の関口隆克審議室長が奇妙な発言を行ったことを問題にした。その発言とは、一月に開催される国会に学校教育に関する基本的な法律案（教育基本法、学校教育法、学校法人法、教員身分法、地方学校行政と分権化）を上程する責任を文部省が負っているため、その準備に忙しく、一連の法案作成に役立つような勧告を教育刷新委員会に求めているというものであった。トレーナーは関口の発言から文部省が教育刷新委員会の自主性を認めず、その役割を軽視していることを改めて確認した。そして、文部省の独断を事前に察知し抑制した連絡委員会の機能を評価し、今後とも有効に機能するであろうという見通しを伝えている[35]。

教育課は発言の真意を確かめるべく、一二日に関口室長を呼び出し、地方分権や教育基本法に関する状況報告を求めた。関口は、教育基本法で取り扱う教育の目的とはどのようなものかというトレーナーとオズボーンからの問いに仔細に答えたが、「教育の自主性（autonomy in education）」に関して見解が異なることが明らかになった。教育の自主性とは、教育が政治の支配を受けないことであるという関口の答弁に対し、トレーナーらは、教育者は何者にも干渉されるべきではない、ということを意味する以上、そのいい回しは危険なものであるとして、教育は人民（the people）に対して責任を負うことを強調した[36]。この指摘は、トレーナーがオアに宛てた八月三一日のメモランダムでふれられていた事項であり、アメリカ側が民主教育の基幹とする部分と抵触する「教育の自主性」という概念は、その後開かれることになるＣＩＥ教育課との定期会合でたびたび問題となった。当時、法案の作成にあった天城や安達が、教権の確立を目指して「教育者を中心とした教育行政の秩序」を構想し、それを「教育の自主性」と呼ぶ日本側の理解と、「教育なり教育行政の本源が国民にある」とするアメリカ側の主張は正反対のものであり、教育行政に関する事項がＣＩＥと意見が最も食い違ったと回顧したように[37]、教育観の相違を如実に表す教育権について日米の政策担当者は激しく対立したのであった。

定期会合の開催が決められた一二日の会談から一日おいた一四日の会談で、文部省は教育基本法要綱案（九月二一日付）の英訳を提出した。ＣＩＥは、要綱案は全体として悪くはないとしながらも、若干の修正が必要であるとして、両者で改訂作業を行うことを決めた[38]。二一日には、文部省が「教育の自主性（autonomy of education）」を「教育の権威（authority of education）」と改めた「教育基本法要綱案（第二案）」を提出した[39]。つづく二五日の会談では、文部省が「人民の教育の責任について言及することを避け、教育の自主性について語りつづけている」ことが問題にされ、次回までの修正を関口に求めている[40]。

トレーナーの命令は、文部省にとって首肯しがたいものであった。教育権の主体を国民にすることは、教育基本法の趣旨そのものを覆すことを意味したからである。一例を挙げれば、教育行政に対する人民の責任を明記することは、教育委員会制度の是認につながり、そのことが審議中の学校行政官庁法案の撤回を意味するなど、教権の確立を企図する教育システムそのものを危うくすることを予想させた。要するに、「教育の自主性」を堅持できるかどうかは、教育の地方分権化のあり方を決定する根本的な問題だったのである。

窮地に追い込まれた文部省は、CIEに提出する要綱のみを改正するという苦肉の策に出た。つまり、翻訳を操作することで、ごまかそうとしたのである。だが、CIEも甘くはなかった。たび重なる口頭指示を無視し続ける関口の態度に神経をとがらせたトレーナーは、英文のみならず、和文も確認することで、法案が修正されていないことを知った。一二月二日の会談でトレーナーは、和文の無修正を叱責し、「教育、学校、教育者とは、誰に対しても責任を負わないというわけではない。文部省も教育課も、学校が政治家に統制されることを望むわけではない。だが、その一方で、学校は、官僚や教育者のみからなる排他的な団体によって支配されるべきものでもない。教育、学校、教育者はいずれも人民に対して責任を負うべきであり、その基本的責任について法案に規定する必要がある」ことを強調した。「教育の自主性」を堅持したい関口はトレーナーの説得を試みたが、結果は得られず、教育は人民に対して責任を負うことを明記することに同意せざるを得なかった[41]。関口が同意した後も、トレーナーは監視を緩めず、文部省とCIE教育課はそれぞれに教育基本法案を作成し、後日それをつきあわせながら法案を完成させることを決めた。国民の教育権を確立するというCIEの意思は、それほどまでに固かったのである。

法案を一本化する作業は、一二月五日と九日の両日にわたって行われたが、この時期には、CIE教育課員が文部省案を検討し改定した草案が複数だされ、詰めの作業が急がれていた（鈴木、一九八三年、二七一－二七四頁）。審議室と直接折衝にあたったトレーナー案では「教育は、政治的又は官僚的な支配に服することなく、国民に対し独立して責任を負うべきものである。教育行政において、学問の自由は尊重されなければならない（後略）」とされ、オズボーン案では「教育は、いかなる政治的又は官僚的な支配や干渉に服することなく、日本国憲法の精神にしたがい、国民によって正当に選挙され、国民に対し責任を負う機関により、あらゆる段階において独立して行われるべきである。教育行政においては、学問の自由の基本原理は保障され、尊重されるべきである（後略）」とされたように（同、二七五頁）、ＣＩＥ教育課は教育を社会的行為と捉え、国民の教育権を明記し、そのための具体的な制度として教育委員会の設置を予定したことがわかる。

教育制度の根幹にかかわる部分についてのＣＩＥの監督は厳しく、文部省がその指針から外れることは難しかった。一二月二一日付（鉛筆書きで二八日と修正）の教育基本法要綱案の第一〇項「教育行政」に、「教育は、政治又は官僚的支配に服することなく、国民に対し独立して責任を負うべきものであること。学問の自由は、教育上尊重されなければならないこと。教育行政は右の自覚の下に、教育の目的を遂行するに必要な諸条件の整備確立を目標として行はれなければならないこと[42]」と記されたように、裁量の余地はあまり残されていなかった。要綱案はその後も省内で修正を受け、教育行政の項は、一九四七年一月一五日付の「教育基本法案」で「教育は、不当な支配に服することなく、国民に対し直接に責任を負うべきものである。教育行政は、この自覚のもとに、学問の自由を尊重し、教育の目的を遂行するに必要な諸条件の整備確立を目標として行わなければならない[43]」とされ、ようやく旧教育基本法と同様の表現に行き着いたのである。

だが、これでＣＩＥの懸案事項がすべて解決されたわけではなかった。「人民によって正当に選ばれた機関により」という字句を削除したように、文部省は公選制の教育委員会を暗示する事項の一切を除き、教育権の所在を曖昧にしたからである。「教育は」「国民全体に対して責任を負う」という表現は、「教育」に関する定義のされ方しだいで、主体が変化しうるという解釈の余地を残したのである。これをいち早く見抜いたのは、法制局であった。一月二三日付の「教育基本法案に関して法制局で問題となった点」には、「28　教育が責任を負うという意味。教育行政も入るのか」「30　不当な支配の判断者は誰か」「31　文部大臣の教育行政に関する責任は誰に対してのものか」という疑問を挙げ[44]、教育主体が不明瞭であるという法案の本質的な問題をついた。だがこれを裏返せば、文部省は解釈を曖昧にさせることで、当初の目的を貫徹したといえる。

教権を確立するためにも、教育の自主性を尊重するという文部省の態度は、教育基本法案を審議した第九二回帝国議会の教育基本法案委員会でも示された。法案の趣旨説明を行なった辻田調査局長は、第一〇条（地方教育行政）に記された「不当な支配に服することなく」とは、教権の独立を示す精神、すなわち、教育者自身が国民全体に対して直接に責任を負うという自覚のもとで教育が実施されることを表明している、と述べた[45]。この発言からも、文部省は旧態依然として、教権を教師の教育権としていたことがわかる。したがって、文部省はCIEとの折衝で妥協を余儀なくされながらも、ぎりぎりの線で抵抗を試み、教権の独立を確保したといえよう。

しかしその一方で、CIEにとって、文部省の修正は満足できるものであった。会談を通じて文部省の態度を変えさせたことは、教育の主体を人民とすることを認めさせたことと同義であった。CIEが教育委員会法案の作成を加速させたのは、教育基本法が法的根拠になっているという理解にもとづいていた。事実、一九四八年七月一五日に公布された教育委員会法は、CIEの思惑に沿うものであった。だが、審議過程や施行後にみられた修正圧力の強さは、教育委員会制度に関するCIEと日本側の理解が大きく異なっていたことを示唆する。理解の不一致は、教育主体の相違に起因したわけであるが、この問題は第五章で取り上げたい。

4 「教権」という理念

本章では、第一次米国教育使節団来日から教育基本法の制定に至る過程を概観することで、教育改革における日米の教育理念の一致と差異を明らかにした。具体的には、教育権の主体を違えたことに焦点を据えたが、国民の教育権を支持するCIEと教権を支持する日本の政策担当者との間でみられた本質的な相違は、教育基本法の「教育行政」という項を審議する過程で明らかになり、両者の対立を引き起こした[46]。日米の対立は占領下での権力関係からＣＩＥの主張を制度化させる結果に終ったが、日本側は教育基本法に解釈の余地を残すことで、教権の確立という本質的な目的を達成した。なぜなら、教育基本法は教育システムの根幹をなし、個別法はそれに準ずることを予定しており、解釈を加えることで、実質的には、特定のタイプの制度保障をなしえたからである。

戦後教育の核をなすといわれた旧教育基本法の制定は、ＣＩＥの圧力にも相応に対処した田中文相主導下の文部省によるところが大きかった。この時期に教権の独立を何よりも重視する田中耕太郎という人物を文相に得たことの意義を改めて問う必要があろう。とりわけ注目したいのは、政策企業家としての役割である。上述したように、「教権の独立」や「教育の自主性」というアイディアを法制化していく上で、田中耕太郎の果たした役割は限られており、むしろ、教育基本法の実質的な部分は、田中二郎をはじめ大臣官房審議室の面々により作成されたといえる。このことからすれば、教育基本法は田中二郎の思想基盤を踏まえて解釈され直す必要があり、今後の研究が俟たれる。しかし、そのことが田中耕太郎の意義を低下させるわけではない。文部大臣による課題設定こそ、制度化の直接的な契機であり、それを過小評価することはできないからである。くわえて、彼は教権が教育改革の要となることを周知させる機能も果した。教権という概念はすでに大正自由教育で用いられていたが、社会的にはさほど浸透していなかった。そこで田中は、「教権」という概念をおりにふれて強調するのみならず、国会審議や報道などを通じて、「教権」とは誰の権利であるのか、「独立」する対象は何か、それを保障するための方途はいかなるものか等、具体的な施策を明示することで普及を図ったのである。

とはいえ、問題喚起のみでは、教権の制度化はなされない。教育基本法の上程を目前にした一九四七年一月三一日に、教権の確立を提唱しつづけた田中が突如更迭されたのは、それを示唆する出来事であった。更迭の直接的な原因は、六・三制実施の行き詰まりにあるとされるが（木田、一九八七年、一一六－一一七頁）、それには別の理由もあった。選挙を間近に控えた第一次吉田内閣にとっての懸案は、日々悪化する教職員組合と文相の関係であった。一大勢力を築く教職員組合を敵に回すことは自覚に不利益をもたらすと考えた首脳陣は、懐柔策として文相更迭を選択したのである。だが、更迭劇をめぐるこの説明には、奇妙な点がある。それは、教権の独立を主張し、手厚い身分保障を考える田中文相が、権利主体であるはずの教師や教職員組合と対立したのはなぜかということである。これを解明することが次章の課題となる。

（1）連合国軍最高司令官総司令部民政局一般命令第八号、一九四五年一〇月二日（GHQ/SCAP Records, GS. Box. No. 2236. WNRC.）。ＣＩＥ教育課において、日本の「教育政策と管理の責任は、何とかして地方分権化するべきである」と主張されたのも、同様の見解であったことをオアは回想している（オア、一九九三年、一二七頁）。

（2）教師の身分保障と国家的事業との関係は、文相就任後の安倍能成の説示に端的に示されている（「当面の教育事項―地方長官会議に於ける説示要旨―」『文部時報』八二六号）。

（3）たとえば、「新教育方針中央講習会に於ける前田文部大臣訓示」（『文部行政資料』第一巻、七五－八〇頁）、安倍能成「教育に就いて」（『東京新聞』一九四五年九月一二、一三日）など。

（4）沢登（一九四六年）。日本側教育家委員会委員二九名中、一九名が教育刷新委員会の委員に就任したことからも連続性が指摘されよう。とはいえ、日本側教育家委員会の人事については、久野収や武谷三男、羽仁五郎・説子夫妻、吉野源三郎らと会談をもったラッシュ陸軍中佐から、委員の中に保守的かつ反動的な人物や文部省官吏が多数含まれているという批判を受けており、当初任命された文部当局者や公職追放者を排除するという措置がなされたことも事実である（鈴木、一九八三年、一二七、一三六－一三七頁）。

（5）教育刷新委員会の機能については、佐藤秀夫の「解題」（『教育刷新委員会・教育刷新審議会会議録』第一巻）に詳しい。

（6）第一次米国教育使節団が来日に至る経緯は、鈴木（一九八三年）、久保義（一九八四年）、土持（一九九一年）に詳しい。なお、日本では、米国教育使節団が作成した報告書を進歩主義教育という文脈から捉える嫌いがあるが、佐藤によれば、団員の思想的基盤は一様でなく、報告書も章ごとに教育観の差異や矛盾がみられるという。この問題については、佐藤修（二〇〇七年）に詳しい。

（7）第一委員会が教育課程・教科書、第二委員会が教員養成・教授法、第三委員会が一般行政、第四委員会が高等教育を担当し、これとは別に「言語特別委員会」と「起草特別委員会」が設置された。

（8）第一委員会の中間報告の日本語訳は『有賀三二文書』（国立教育政策研究所蔵）に収録されている。

（9）本書は土持（一九九一年、三〇六―三二一頁）に収録された訳文を引用した。

（10）米国教育使節団報告書（第一次・第二次）については、本書は『米国教育使節団報告書（付・英訳）第一次・第二次』（日本図書センター、二〇〇〇年）を参照・引用した。

（11）本質主義に類別される第一委員会のカンデルは、教師の専門職としての自由を肯定する一方で、労働組合活動を否定する立場を採ったこと、また、人民統制の伝統的に懐疑的であったことなどから推察するに、第三章は第三委員会すなわち進歩主義の立場から作成されたことがわかる（佐藤修、二〇〇七年）。伝統的保守主義の立場を採る日本側の知識人は、カンデルの立場に近く、そのことが後にＣＩＥとの対立を生む要因にもなった。

（12）日本側教育家委員会に関する資料は現在のところ発見されていないため、詳細は不明なままで、報告書の作成期日も不明瞭である。というのは、証言にズレがあるからである。報告書の作成は、一九四六年二月に始まり使節団帰国後の四月に完成したと思われる（読売新聞戦後史班編、一九八二年、二七七―二八〇頁、鈴木、一九八三年、一三三―一三四頁、土持、一九九一年、一四二―一四六頁）。鈴木英一は、文部省が報告義務を怠った意図を、①日米両国の報告書の内容が酷似したことから、米国教育使節団報告書の影響を弱めかねないことを配慮し提出を控えた、②文部省は日米双方の報告書に掲げられた内容について消極的・否定的であったと推察しているが、裏づけはとれていない。後に、報告書の存在を知ったＣＩＥは、翻訳のうえ提出することを文部省に義務づけ、内容確認を急いだという。なお本書は、『戦後日本教育史料集成』（第一巻、六五―七四頁）に収録された資料を参照した。

（13）「教育勅語に関する日本側教育家委員会第二委員会のステートメント」（作成日時不明）には、「我々は新勅語が日本教育者の自主性を奨励し、日本の民主化を実現する最も効果的な道具となり、その結果、平和日本の樹立のためとなるであろうと固く信じる」と述べられている（土持、一九九一年、三三〇頁）。教育勅語渙発問題については、読売新聞戦後史班編（一九八二年）、鈴木（一九八三年）に詳しい。

（14） 沢登哲一によれば、「総ての会合の指導は米国側であって文字通り協力に始終する傾があったのは否定出来なかった」という（沢登、一九四六年）。

（15） 田中によれば、敗戦が色濃くなった昭和一九年末から親交のある知識人とともに終戦の促進と敗戦後の国家体制について話し合ったという。この会は「三年会」と呼ばれ、のちの雑誌『心』の同人グループの母体となった。メンバーのなかには、安部能成や前田多門らも含まれており、彼らの間で戦後日本に関するビジョンの共有があったことが理解される（田中、一九六一年、七二―七三頁）。むろん、知識人の間に考え方の相違は存在した。マルクス主義的な立場を採る知識人との間に違いがあったことは周知のことであるし、教育刷新委員会を主導した南原繁とたびたび論争したことも知られている。

（16） 久保義（一九八四年、三九三頁）。鈴木英一は、この委員会をＣＩＥの週間報告書の標題（CIE, "Weekly Report," 26 Apr. 1946, CIE Records, Box 5117.）を訳出して「日本教育制度分権化研究委員会」と呼んでいる（鈴木、一九八三年、一九〇頁）。本書では、トレーナー文書（国立教育政策研究所・国立国会図書館所蔵）に基づいてＣＩＥ教育課による初期の分権化構想を検討した久保義三の訳に従った。

（17） 地方教育行政改革に関する要綱案は『田中二郎文書』（国立教育政策研究所蔵）に収められている。

（18） 八月二六日のメモランダムには、米国教育使節団や日本側教育家委員会の報告書に即して改革を実施するはずの文部省がそれに従わず、独自に改革案を作成しようとすることへの不満が強く表され、このままでは、ＣＩＥ教育課と文部省が対立する可能性を否めないとしている（Trainor, "Memorandum: Mombusho, JEC, Education Division," 26, Aug. 1946, Trainor Collection, Box No. 33.）。

（19） "Functions - Educational Reform Committee, Mombusho, CIE," 28, Aug. 1946, Trainor Collection, Box No. 33.

（20） Trainor, "Memorandum: Fundamentals," 31, Aug. 1946, Trainor Collection, Box No. 33.

（21） "Memorandum: Japanese Education Committee," 2, Sep. 1946, Trainor Collection, Box No. 33.

（22） "Report of Conference: Special Conference of Nugent, Orr, Summers, Crew of CI&E with Minister Tanaka, Vice Minister Yamazaki, Abe, Nambara, and Teranishi," 4, Sept. 1946, Trainor Collection, Box No. 33.

(23) 田中は学校教育長時代から「保守反動」という罵声を浴びせられるなど、組合とは対立的な関係にあった(『日本教育新聞』一九四六年五月三、一八日)。田中が保守反動と批判されたのは、教育勅語を擁護したのみならず、公職追放の緩和に尽力したからであった(安倍、一九五九年、九五―九六頁)。

(24) 相良惟一「文部省の新しい機構と機能」(『文部時報』八九九号)。

(25) 「学校教育法要綱案」(『辻田力氏旧蔵文書』15―36)国立教育政策研究所蔵(以下『辻田文書』と表記)。『辻田文書』には、教育基本法や教員身分法、教育委員会法など教育基本法制にまつわる資料が多分に収められており、戦後教育史を知るうえで欠かせないものである。

(26) 一九四六年七月一八日付のCIEの会見報告書に、教育調査部審議課で「教育財政、教育法(educational law)、教育行政機構の改革案作成にあたりたい」と内藤が報告したことが記載されている点から、法案作成着手の時期が推察できる(古野、一九八七年、一七―一九頁)。

(27) 中央教育審議会「第一九特別委員会・第三回会議」一九六三年一一月四日(リール№47：国立公文書館所蔵)。

(28) 一般に教育基本法は田中耕太郎が法制化を主導したと考えられているが、安達の回顧にあるように、法制化の段階で主導権を握ったのはむしろ田中二郎であったと思われる。CIEから法案の修正を迫られた際、関口隆克が田中二郎が不在のため、法案の修正を行っていないと報告していることからも、このことが傍証されよう(Trainor, "Report of Conference: Basic School Law," 18, Nov. 1946, Trainor Collection, Box No. 28.)。教育基本法を田中二郎の立法技術的独創として捉え直す研究として、古野(二〇〇六年)が挙げられる。

(29) 「教育(基本)法要綱案(九月一四日付)」(『辻田文書』15―3)。なお、要綱案には、一案として「教育の目的は真理を探求し、人格を陶冶し社会の成員たるの自覚を備へたよい日本人を育成することにあること」という条項も同時に記されている。

(30) 「教育基本法要綱案(九月二一日付)」(『辻田文書』15―12、15―40)。

(31) 「教育基本法制定に当って考慮すべき事項(二一年九月二五日付)審議室」(『辻田文書』15―35)。

(32) 「教育基本法要綱案(九月一八日付)」(『辻田文書』15―2)。

(33) 「教育行政刷新に関する問題点(審議室)二一年一〇月二一日」(『辻田文書』15―32)。

（34）「教育行政刷新に関する問題点　二一年一〇月四日　官房審議室」（『辻田文書』15－33）。

（35）Trainor, “Memorandum: Basic Problems Involving J.E.R.C. and Ministry of Education,” 8, Nov. 1946, Trainor Collection, Box No. 33.

（36）Trainor, “Report of Conference: Regular Conference,” 12, Nov. 1946, Trainor Collection, Box No. 28.

（37）「中央教育審議会第一九特別委員会第三回会議」一九六三年一一月四日。

（38）Trainor, “Report of Conference: Basic School Law,” 14, Nov. 1946, CIE(A) Sheet No. 00691 / CIE(B) Sheet No. 02515.

（39）Trainor, “Report of Conference: Fundamental Law of Education,” 21, Nov. 1946, Trainor Collection, Box No. 28. ここに収められた第二案には、“authority” の上部空欄に “autonomy” と鉛筆書きされている。

（40）Trainor, “Report of Conference: Fundamental Law of Education,” 25, Nov. 1946, CIE(A) Sheet No. 00697 / CIE(B) Sheet No. 02515.

（41）Trainor, “Report of Conference: Fundamental School Law,” 2, Dec. 1946, Trainor Collection, Box No. 28.

（42）「教育基本法要綱案（一二月二一日付）」（『辻田文書』２－９）。

（43）「教育基本法案（一月一五日付）」（『辻田文書』２－14）。この法案では、「政治又は官僚的」という字句が鉛筆で削除され、さらに「独立して」という字句を「直接に」と修正している。一九四七年一月三〇日付で作成された英文の教育基本法案、DRAFT OF THE FUNDAMENTAL LAW OF EDUCATION（『辻田文書』２－４－２）には、“Education shall not be subject to improper control, but it shall be independently responsible to the people” と表記されている。“the people” を「人民」ではなく「国民」と訳すのは、憲法草案過程にもみられた。これにより国籍条項問題が生じるなど、戦後日本政治に問題を残した点であった。「独立」ではなく「直接」とした意図も検討に値するものといえよう。翻訳がもたらす差異に着目することは、比較研究を行ううえで重要な課題といえる。

（44）「教育基本法案に関し法制局で問題となった点」（『辻田文書』２－15）。

（45）『第九二回帝国議会衆議院教育基本法案委員会議録』一九四七年三月一四日。

（46）本書と同様の観点から教育の地方分権を論じたものとして、鈴木（一九八〇年、一九八一年）が挙げられる。

第4章　「教権」をめぐる政治過程

第1節　二つの教師像と「教権」

「教権」の制度化を急ぐ田中文相主導下の文部省は、その権利主体たる教師の身分保障をいかに行うかという難問を抱えた。彼らにすれば、教権とは、「師表」としての教師がもつ教育権であり、教員組合が主張する「教育労働者」としての権利保障は首肯しがたかったからである。組合に参加した教員の多くは、師表という職責を自覚してはいたが、一般官吏以下の俸給では経済的困窮を免れえず、職務に専念できない状況にあった。事態を深刻に捉えた組合は、教師を教育労働者と位置づけ、労働者としての権利保障を求める運動を強化した（沢田、一九六六年）。

教育労働運動の主たる担い手が共産党系の全教や社会党系の日本教育者組合（以下、日教）であったように、その運動は党派性を強く帯び、他の労働組合と連携して戦闘的な姿勢で政府と対立することも多かった。職責を忘れ、特定の党派のもとで自己利益の実現に努めることを望ましく思わない知識人や文部官僚は、組合の運動は教育の中立性の侵害にほかならないと厳しく批判した。[1] その一方、事態の沈静化には、待遇の改善が不可欠であったことから、彼らは教育予算の確保を喫緊の課題とした。ところが、それは困難極まるものであった。文部省の活動は制度的制約から自由ではなかったからである。

1　文部省の位置

行政機構上、文部省は、内務省と大蔵省の影響を排除しえないという制度的な脆弱性をもった。予算編成を担う大蔵省の関心はインフレの抑制にあり、均衡財政を崩しかねない教育予算は常に削減の対象となった。大蔵省の立場は、監督機関たるＥＳＳの後押しによっても強化されていた。ポツダム宣言に掲げられた諸条件を履行するために、経済、産業、財政、科学関係の政策についてＳＣＡＰに助言することを目的に設置されたＥＳＳは、経済の民主化を図るうえでも日本の財政を安定化させる必要があるとした。このため、過剰な財政出動を求める教育関連費用の計上には終始消極的であった。民主化の基礎は教育にあると考えるＣＩＥからすれば、ＥＳＳの指針は改革を遅延させかねないものであるため、再三の説得を試みた。とはいえ、ＧＨＱ部内の力学からすれば、それにも限界があり、教育予算は占領期全般にわたりＥＳＳ－大蔵省ラインにより削減された（オア、一九九三年、一八一頁）。

他方、文部省は、ＧＳ－内務省ラインとの対立も余儀なくされた。内務省は国政事務の執行に関する知事の裁量を幅広く認めることで、地域事情を斟酌しつつ、総合的な行政運営を行うこと、すなわち「総合行政」を戦前から志向しており（市川喜（一）、一九九一年）、文部省が主張する教育行政の独立について否定的な立場をとった。戦前、教育に関する人事行政の主要部分を内務省が握ることで、地方教育行政に関する所管を実質的には奪われたという苦い経験をもつ文部省はこれを問題とし、一般行政からの独立（教育の中立性の確保）を教育改革の主眼とした。具体的には、義務教育費の全額国庫負担制を敷くことで、財政面からの独立を果そうとした。しかし、その試みはGSに阻まれた。GSは、主要な歳出項目たる教育費を含む総合的な財政運営をしてこそ、健全な地方自治が育成されると考えたからである。文部省は関係方面に理解を求めたものの、GHQ随一の影響力を誇るGSとの折衝は困難を極め、CIE－文部省ラインはGS－内務省の支持する「総合行政」の前に幾度となく後退を強いられたのである（オア、一九九三年）。

このように、文部省は、それぞれの行政機関が支持する改革理念の相違にもとづく、GHQ部内および国内行政機関のセクショナリズムを克服することなしに、自らが望む改革を実現できないという状況におかれていた。なかでも改革の成否を左右する予算問題については、「CIE－文部省」対「ESS－大蔵省」・「GS－内務省」という構図が顕著であり、文部省は一層の困難に直面したのである。

2　仲介者としての政党

予算獲得の難しさは、教職員組合も理解していた。しかし、それが生活を左右する問題である以上、組合は労働基本権を行使せざるをえなかった。国内の保守的な勢力や地方軍政部はこれを強く批判したが、労働問題を統括するESS労働課は、労働組合の育成は日本の民主化にとって不可欠であるとして、官吏についても労働基本権の制限は極力回避されるべきだとした（コーエン、一九八三年a、第一二章）。労働課の指針は組合を奮起させ、労働争議の件数は増加の一途をたどった[2]。教職員組合についても、全教最大の下部組織である東京都教員組合が一九四六年一月二八日に敢行したデモを皮切りに、数々の争議が発生し、文部省との対決を顕わにした。五月三日には、全教が待遇改善、学校管理の是認、組合干渉への反対、団体交渉権の是認などを含む一六項目の要求を全国大会で確認し、翌四日に一五項目にわたる要求を安倍文相へ提出するなど、組合側は主張を強めるばかりであった。

この要求について、文部省は、共産党主導の教職員組合による学校管理は教育の民主化や文化国家建設を阻害するとして、「教員が労働組合と同様に考へていることは疑ひをもつ」「『全教』に対する干渉を止めることは出来ない」[3]と回答したうえで、省内で労働基本権の制限に関する検討を開始した。六月二四日の第九〇回帝国議会貴族院本会議では、吉田茂首相が「（教員が）国民ノ師表タル重要ナル地位ト其ノ責任ニ顧ミマシテ、自ラ其ノ行動ニハ厳格ナル規律ト、理性トガ要求セラルルコトハ当然デアリマス、之ニ関係シマシテ、団体権ノ禁止、又ハ制限ニ亙ラザル程度デ、労働法ノ適用ニ特例ヲ設ケルコトガ出来ルカ、出来ナイカ、成ルベク御趣旨ニ副ウテ研究致シマス積リデ居リマス」と発言しているが、実はこの時すでに、教員の罷業権禁止を労働関係調整法に織り込むことが検討されていた。吉田が「研究」という表現を用いたのは、労働基本権の制限についてGHQから了承を得ていないからであって、閣議では決定済みの事項であった[4]。しかし、この試みは労働課により阻止された。教職員組合に関する労働問題を担当したコーエンは、争議行為の禁止がおよぶ対象は職務内容が行政行為に関係するかどうかで決められるものであり、教員の争議権は当然に保障されるとした（竹前、一九八三年b、一四一頁）。CIEもそれを支持したことから（同、二七頁）、政府は罷業権の禁止を断念せざるをえなかった。

しかし、それと教職員組合の行動を是認することとは別問題であった。安倍文相の後任を務めた田中耕太郎は、労働争議は師表たる教師の職責からの逸脱でしかないとして、それを認めず、教職員組合に対しては強硬な姿勢を貫いた。全教の後身にあたる日本教育労働組合（以下、日教労）は、田中文相の言動から政府は機に乗じて労働基本権の抑制に乗り出す準備のあることを知り、共産党主導の運動に一層傾斜した。だがそのことは、田中文相の態度をさらに硬化させ、両者の関係をますます悪化させた。

これを危惧して調停に乗り出したのは、政党であった。八月三日の衆議院本会議に提出された各派共同提案による「文教再建に関する決議案」（大野伴睦ほか一七名提出）はその端緒といえる。決議案では、日本が国際的な承認を得るために文化国家として立ち上がることが宣言され、その達成に向け「教育の尊重と教育権の独立を強調し、以て政治に於ける『教育優先の原則』を確立」することが確認された。そして、「一、教育制度の根本的刷新のための特別の機関の設置」「二、教育の官僚主義化よりの解放殊に地方教育行政の独立」「五、戦災学校復興の促進並びに教育に関する設備資材の充実」「六、教職員正遇の断行と教育者養成機関の革新」などが謳われた。決議案をみる限り、知識人や文部省の主張と大差ないように思われるかもしれないが、そこには別様の意味もあった。

決議案の趣旨説明に立った日本自由党の竹田儀一は、政治における教育優先の原則の確立は、学校関連施設の復興や教育資材の補助、教職者の正遇に対する財政措置の断行を可能にすると述べた。そのうえで、良き人間のみが良き文教を創ることに鑑みれば、数ある課題のなかでも教職員の正遇の保障がとりわけ重要であるとして、今後は教師の職務の特殊性を認識し、彼らの生活保護と名誉尊重に資するとともに、新しい教育理念の普及を図り、教師の養成に努める必要があることを強調した。竹田の主張は、日本進歩党の有馬英二、社会党の高津正道、国民党所属の小会派代表伊藤恭一、無所属倶楽部の若林義孝らの支持するところであり、彼らは各党派共同で、教育優先の原則の確認と文教予算の大幅な増額を政府に要求した。すなわち、彼らは、教師を文化国家建設という職責に専念させる目的で、超党派的な決議をもって、教育改革の推進に必要な財政出動を促すという措置を講じたのであった。ESSの意向から不十分な予算しか組めない文部省にとって、これは願ってもないものであり、以後、各党派との連携が重視されるようになった。

その後、各党派の文部委員は法的拘束力のない決議を具現化することに向けて審議を重ねた。一〇月三日には、各党派の有志からなる文教振興議員連盟を発足させ、政治における教育優先の原則の下に各種政策を講ずることを決定した。会長には日本自由党の芦田均が、副会長には日本進歩党の長野長廣が就き、理事や常任幹事には、日本自由党の圓谷光衛、社会党の平野力三、協同民主党の船田享二、国民党の松原一彦や伊藤恭一らが名を連ねた(『政党年鑑 昭和二二年』二二―二三頁)。委員の多くは所属政党で影響力をもつのみならず、占領期全般にわたり教育政策を主導した人物であり、彼らを中心に文部委員会における超党派的合意の原則が占領期全般にわたり維持されることになった。のみならず、各党派の文部委員は、教育刷新委員会委員を兼任する芦田や圓谷などを通じて、教育刷新委員会と意思疎通を図ることで、国会という枠を超えた政策協調を可能にしたのである。

党派を問わない協調体制に、教員組合全国連盟(以下、教全連)を支持母体にもつ社会党が含まれたことは、一見、奇異に思われるかもしれない。しかし、それは教全連の性質を知れば、容易に理解される。日教の後身にあたる教全連は、労働争議を頻発させる全教や日教労系組合に否定的であった。教全連にしてみれば、教師は師表として新日本建設に務めることを第一義とする存在であり、職責を放棄してまで運動に専念することは首肯し難かったからである[5]。こうした態度は、各党派や文部省の支持するところであった。併せて、社会党自身、教育改革における文部省の積極的な役割を期待したことから、教全連や社会党は各党派や文部省、教育刷新委員会などと協働しながら改革に臨んだ。

3 文部省の策動と一九四六年の労働攻勢

予算上の制約から不十分な身分保障しか得られないことに起因する、文部省と教職員組合の対立は、教育改革を阻害しかねないことから政党により仲裁が図られ、正常化が目指されたわけであるが、それは容易なことではなかった。文部省も教職員組合もそれぞれの立場から独自の対応を行ったため、両者の対立はさらに深まり、事態の収拾を困難にしたからである。

教員身分法案作成の契機

超党派による「文教再建に関する決議案」が採択された一九四六年八月は、文部省が教育基本法案の作成を本格化させた時期でもあった。師表としての教師の教育権を確立する目的で教育基本法を起草したように、文部省は、職責の特殊性から教師には一般官吏と異なる身分保障が不可欠であるとして、教員身分法案の起草を企図した。法案は、国公私立の別を問わず、あらゆる教職員を対象にすることを予定したが、教職員組合については、労働組合法を根拠にした組合ではなく、「教員の使命に鑑みた特殊の組合」により生活保障を助長する方法を検討することが望ましいとした。教職員の身分保障を労働三法の適用外にしたいという文部省の意思は固く、教育基本法要綱案第四項の修正案文に「教職員は団結又は団体交渉その他の団体行動をなすことを妨げられない。但しそれは教員身分法の定めるところによらなければならない」という規定を挿入するほどであった[6]。

しかし、その実現は困難に思われた。労働課の意向に背く施策を実現させるには、CIEとの協同が不可欠であったが、学区制問題などをめぐり、文部省とCIEの関係はかつてないほどに悪化していたからである。こうした状況で法案を成立させるには、CIEから厚い信頼を得ている教育刷新委員会の支持が必要とされたが、弾圧立法に転ずる恐れのある法案に賛同できないとの反応が委員から示された[7]。文部省は委員の支持を得ようと務めたが、団結権に関する規定を教育基本法に挿入する案をほどなく撤回した[8]。教育刷新委員会に条文の撤回を申し出た日付（一一月八日）から推察するに、教育基本法に関する初協議がCIEとの間で決まったことに伴い、紛糾が予想される案件を事前に撤回するという戦略的な意図が働いたように思われる。

教育刷新委員会が文部省案に否定的だったこともあり、文部省は教員身分法案の審議を棚上げせざるをえなかった。しかし、これで文部省の施策が放棄されたわけではない。彼らは機会を窺っていたのである。そのきっかけを作ったのは、教職員組合の激しい運動であった。

現状打破を目指す日教労は、一〇月一八日に最低生活権獲得全国教員組合大会を開催した。全国教員組合大会と銘打たれたように、日教労は教全連系の組合にも参加を呼びかけ、組合の統一により運動の成果を確たるものにしようとした。結果として、教全連系の組合の参加は見送られたが、日教労は「全教職員大衆」の名で声明を出し、今後の参加を期待した。閉会後、日教労は全国教員組合大会（以下、全教組）名で大会で採択された、最低俸給六〇〇円の確保を含む七項目の要求の実現を目指して、政府と交渉を始めた。要求を受けた田中文相は、教権の独立を果すうえで教育者の待遇改善が不可欠であることを認めながらも、文部省として引続き努力すると述べるにとどまった[9]。これを正式回答と認めない全教組は、一一月六日の第二回大会で要求貫徹を目指すゼネストを決行するかどうかについて議論した（沢田、一九六六年、一五六―一五八頁）。時を同じくして、文相との会見に不満足であった教全連も闘争的な姿勢を強める方向に急転回した。穏健派として知られた教全連がゼネストを決行する可能性は低かったものの、基本姿勢の転換は全教組との提携を現実的なものにした[10]。

教職員組合と文部省の交渉決裂により、ゼネストが実施されかねないという事態を憂えた諸党派や教育刷新委員会は、待遇改善問題について文部省を詰問した。しかし、文部省は、教職員の待遇改善は国家予算との関係から考慮しなければならず、現在、大蔵省と折衝していると答えるのみであった[11]。教職員組合の要求が過当なものでないことは、大蔵省も認めるところであり、そうした状況でゼネストが決行されれば、政治責任問題を引き起こしかねないことから閣内調整が続けられた。にもかかわらず、ＧＨＱがそれを認めないために、予算の計上は躊躇された[12]。政府の事情を察した各党派は事態の打開に向け、相互に情報を提供しあうことで、正常化に向けた話し合いを進めた[13]。

他方、組合の側は新たな動きをみせた。全官公労との共闘を決定した全教組は、不当馘首反対、労働関係調整法の撤廃、団体協約締結の促進を加えた要求修正追加一一項目を一二月二日に文部省に提出し、直接交渉に乗り出した。ゼネスト決行の意思を固めた全教組は、文部省が全教組を労働組合法が認める団体交渉の相手として正式に認めることを意味する、現勢確認と労働協約の締結を文部省に迫るという強硬な姿勢を堅持した。これを避けたい文部省は、教職員の待遇改善と組合の現勢確認は別問題であり、現勢は調査中であるとした。賃上げも労働協約も交わさない文部省に全教組は「最悪の事態になっても責任は当局にあり」と交渉決裂の引導を渡し、数日にわたる会談を打ち切った。こうした局面にあっても田中文相は態度を変えず、逆に全教組を批判した。そこで全教組は、七日に交渉決裂宣言を表明し、九日に一部の学校で経営管理に突入した⒁。

深刻な事態を収拾すべく乗り出したのは、またしても政党であった。教職員組合の側と文部省の関係がさらに悪化した一一月下旬以降、日本進歩党や国民党、社会党は、政府は七月に教員の俸給を官吏と同水準に引き上げるという声明を出したにもかかわらず、その実施が不十分であり、最低賃金六〇〇円という組合側の要求は妥当であること、また、それらの点に鑑みれば、労働組合法の適用を受ける教員の争議権は否定できないとの見解を明示した。しかし、それが行使されれば、共産党主導の学校経営管理がなされることは明らかであり、そうした事態を回避するには、予算措置の断行が不可欠であることを重ねて主張した。各党派はこれまで恒常的にこの問題を検討していたこともあり、素早い対応をとった。交渉決裂宣言が出されて三日目の一〇日の第九一回帝国議会衆議院本会議では、各派交渉会の交渉の結果を踏まえ、国民党の松原一彦が教員ゼネストに関する緊急質問を行い、教育の正常化を図るために、六〇〇円要求の妥当性を再確認し、追加予算に計上して事態を収拾するよう政府に申し入れた。松原はさらに、諸党派は、真に教育者の立場に立った教員組合の育成を目的に、全教組と教全連を解体し統一することを政府が承認するのであれば、超党派からなる文教振興議員連盟の名で、斡旋の労をとる準備のあることを述べた[15]。これは、穏健派の教全連に統一の主導権を握らせることで、戦闘色の強い全教組系組合を職能的組合に転換させ、教育を正常化させるという考えによるものであった。

しかし、その試みは組合側の新たな動きにより阻止された。文教振興議員連盟による申し入れがなされた同日に、日教労は教全連、西日本教員組合協議会と会合をもち、単一組合の結成を確認したからである。主導権をめぐる問題から教全連は参加を見送ったものの、一二日には、日教労を中心とする統一組合「全国教員組合協議会」(全教協)が結成された。このため、政党による調停は失敗に終わった。彼らの要望した予算計上もGHQの意向から適わなかった。占領という特殊な権力関係の下で、政党の影響力にはやはり限りがあったというべきであろう。だが、事態収拾に向けた超党派的な動きは持続されたのである。

4 教員身分法案と労働協約

教職員組合による学校管理という事態は、教員身分法案に否定的であった教育刷新委員会の態度を一変させた。一二月六日の第一四回総会では、教師の身分保障や教職員組合について集中的に審議する第六特別委員会の設置が全会一致で採択され、日本自由党の芦田均、社会党の及川規、日本進歩党の森山ヨネ、国民党の中田栄太郎など現職議員を含む一三名が委員に選出された。政党所属委員がここに含まれていることで文部委員会との意思疎通が容易になることが期待された。そして、こうした構成は、法案審議の円滑化を図ることで、教育基本法や学校教育法とともに教員身分法案を第九二回帝国議会に上程したいという文部省の意向を後押しすることにもなった[16]。

第六特別委員会は、一二月一二日の初会合で、教員の扱いを論じたが、職責の特殊性から教師の身分保障は官公吏と別に扱うべきだとする意見が多数を占めた。おりしも文部省では、「学校教育法に定める教員(以下同じ)の身分を国、公、私立学校を通じて一本建とする。(学校は公の性格をもつものであって、国、公、私立の間に設立主体の相違の外に本質的差等は全くない。従って、国公立学校と私立学校との間で教員の身分上の差別をしない。即ち教員は官吏でも公吏でも、単なる私人でもなく、教員という特殊の公務員とする。）[17]」という指針を決めていたこともあって、第六特別委員会では、教師の身分は所属機関を問わず一律に保障されるべきだという立場から審議することを決めた。

一七日の第三回会議では、教員によるゼネストについても意見が交わされた。中田委員は、教員組合のゼネストを行政処分によって抑制できるかどうかを文部省係官（氏名不明）に質疑したが、係官は、教員の団結権と争議権は労働組合法と労働関係調整法によって保障されているため、行政処分は難しいと回答した。そこで、渡辺銕蔵主査は、教員を労働者とみなすことの是非を係官に問うた。係官は、文部省としては首肯しがたいものの、現行法はそれを許すものであり、その変更には新たな立法措置が必要とした。そのうえで、文部省としては、労働三法の適用を制限するという消極的な措置と教育者連盟の設置という積極的な措置を教員身分法に盛り込むことで、この問題に対処したいと述べた。教育者連盟とは、教員の特殊な使命にもとづいて結成される職能団体を予定したが、文部省がこうした組織を検討したのは、師表としての教師からなる教育者連盟に法的な権限を与え、彼・彼女らが教育行政に参加する途を開く一方で[18]、教育労働者としての活動を抑制するためであった。

二六日の第六回会議では、教員身分法と労働法の関係について、A案「現状維持：無条件に労働基本権を承認する」、B案「現業官吏型：労働組合法第四条、労働関係調整法第三八条にもとづく制約を附す」、C案「労働三法の適用を一切排除する」のいずれを選択するかが審議された。C案は理想的であるものの、実施に無理があると判断した委員会は、A案とB案について検討した。労働基本権の制約に世論が否定的であることを知る政党関係者は、教育労働者という理解に不賛同でありながらもA案を支持した。他方、政党政治から自由な立場にある委員はB案を支持したことから意見が割れ、最終的な判断は総会に委ねられた。ところが、総会でも結論が得られず[19]、第六特別委員会に差し戻された。

一九四七年一月二一日の第七回会議では、A案を前提に審議することが固まりつつあったが、しばらく会を休んでいた芦田均が第六特別委員会が作成した中間報告そのものに疑義を呈したことで、議事はまたしても膠着した。というのも、中間報告には、「教員連盟はその目的を達成するため団体交渉をなし又は団体協約を締結することができるものとすること。団体交渉によってその目的を達成することができないときは、教育委員会の調停又は仲裁を要求することができるものとすること。但し教育を停廃せしめる争議行為をすることはできないものとする[20]」という記載が含まれていたからである。政治に長ける芦田からすれば、団体協約が制度化されれば、連盟は当然にそれを利用し、そのことが起草理念とは程遠い結果をもたらしかねないことを容易に予想できたことから、団体交渉権は労働組合法が対象とするものであり、教員連盟で扱う事項ではないとして削除を求めた。渡辺主査がこれに強く反対したことから、会議は紛糾したが、最終的には、「一、教員の争議行為は、教員の特殊な身分を考へると好ましくないが、さりとて教員に労働組合法に規定する争議権を認めないことは考慮を要する。二、争議行為は別として、教員の特殊な身分を考へると、教員は単にその地位の向上を図り経済の興隆に寄与することのみを目的とした労働組合法による組合とは別に、左のような目的をもつ教員組合（仮称教員連盟）を組織することが望ましい[21]」と修正された中間報告が二四日の総会に提出される運びとなった。第六特別委員会の審議が、師表としての権利と教育労働者としての権利を分けて規定することの難しさを示したように、文部省の企図する教員身分法案の作成は困難をきわめる作業となった。

他方、全教協は教育労働者としての権利保障を求めて、二・一ストへの参加の意志を固め、一斉蜂起を呼びかけた。ゼネストが決行されれば、国内の混乱は避けられないことから、マーカットESS局長は日本政府に大幅な賃上げを公約させ、ストの撤回を命じた。全教協や官公労はこれに抵抗したものの、一月三一日に出されたマッカーサーの公式声明により二・一ストは回避された（コーエン、一九八三年b、八九―九二頁）。

第一次吉田内閣は事態の収拾を図れなかった責任をとり、田中文相を含む三閣僚を更迭したが、実は、ここに第三章に残した問いの答えが見出される。教権の独立を何よりも重視する田中耕太郎は、教師の身分保障を図るための施策を考案し実施を試みたが、その権利保障は師表のためのものであって、組合が求める教育労働者のためのものではなかった。妥協を許さない田中の態度は組合運動を過激にさせるばかりで、両者の溝は政党をもってしても埋められず、状況の改善は田中の退陣によるしかなかったのである。

田中の更迭劇に示されたように、教育改革の円滑な実施には、二つの教師像をめぐる対立に何らかの妥協を見出さなければならなかった。田中の後任として文相に就いた慶應義塾大学の高橋誠一郎は、教育の正常化に向け、二月一〇日に全教協と初会合をもち、団体協約の締結に向けた協議の実施を確約した。一月足らずの審議を経た三月七日には、荒木正三郎全教協委員長と高橋文相との間で、現職専従職員の容認、単一組合結成後のクローズド・ショップ制の容認、争議運動の容認、組合員の政治運動の容認や生活保障のための給与制度の確立などを内容とする労働協約が正式に調印された。これを皮切りに、三月一一日には、教全連の河野正夫委員長と高橋文相の間で、また、都道府県においてもそれに準じた労働協約が次々に締結された。

ただし、この協約は有効期限が六カ月と限られており、文部省は有効期日までに教員身分法案を成立させ、以後の身分保障は法律によって規定することを企図した[22]。緊急避難的措置とはいえ、労働協約の締結に納得のいかない教育刷新委員会は、三月二六日の第二八回総会で、教員の特殊な職務と地位に鑑みた場合、身分保障は労働協約ではなく、第六特別委員会で審議中の教員身分法案の趣旨に則る必要があるとして、同法の迅速な成立などを求める意見書を内閣総理大臣に提出することを決定した。一連の動きは、労働争議問題を境に教育刷新委員会が教員身分法案の作成に積極的になり、文部省と協力してその法制化を急いだことを表している。他方、政党は党派によって違いがみられた。そこで以下に、労働協約の締結と同時期に開催され、教育基本法案や学校教育法案を審議した第九二回帝国議会教育基本法案委員会における政党の態度を確認しておこう。

5 国内の反響と超党派的合意の素地

新憲法の下で実施される初の総選挙に向け、合同の機運を高めた日本自由党と日本進歩党は、法案の審議と採択を両党連名で行うことを決めており、その態度は教育基本法案委員会でも遵守された。両党は、師表としての教師のあり方を示した教育基本法第六条[23]を支持する一方で、教育労働者の権利保障を要求する組合に厳しい態度をとった[24]。法案審議の過程で、学校経営管理などの逸脱行為の抑制と教育の正常化を保障する根拠を教育基本法にもたせるよう主張したことなど[25]は、保守政党が抱く教師像とそれにもとづく施策と実態が乖離していたことをよく表している。

他方、社会党は教育労働者の権利保障を要求した。支持母体たる教全連の労働協約締結を念頭におけば、これは当然の主張であり、教員の身分は「教員の自覚と責任と、それから教員組合その他の団体的な一つの自助練磨によって、運営においてそれを期していく」べきであり、法的制約はそれを阻害するとした[26]。しかし、組合による実力行使については否定的であった。社会党は、教師の主たる使命は文化国家の建設にあり[27]、教育労働者としての権利を振りかざすことで、教育を阻害する行為は逸脱でしかないとしたからである。政策イデオロギーの幅広さから、社会党内には二つの教師像が並存しており、いずれに重きをおくかについて一致をみていなかった。しかし、教育関係議員の多くは教師を有識専門職とみており、そのことが保守政党や文部省との政策協調を可能にしたのである。

社会党と同様の立場をとったのは、国民党、協同民主党、無所属倶楽部の合同により発足した国民協同党（以下、国協党）であった。民衆運動と自治により経済的不平等を克服し、社会的自由の獲得を目指す、協同主義の精神を基本理念とする国協党は、教育の自治を重視し、労働協約の締結を積極的に支持した。だがそれは、一党一派に偏らない限りにおいて認められるもので、社会の安定を阻害する闘争行為は否定された[28]。

協同主義が社会主義と民主主義の止揚を目指す理念であるように、国協党は日本自由党・日本進歩党と社会党の間に位置することで、政策協調を図ることができた。小会派である国協党の役割をイデオロギー的位置のみから説明することは、不十分と思われるかもしれない。しかし殊、教育の分野に関しては、彼・彼女らには、それを保障するだけの専門性があった。国協党には、教職員組合に直接与しない教育関係者が多数籍をおき、中立的・専門的な見地から教育改革に対する提言を積極的に行った[29]。組合と距離をおきたい保守政党にすれば、これは望ましいことであり、両者は円滑な関係を築いた。社会党にしても、教育の自治や労働協約の締結を支持する国協党との政策協調は容易であった。学校教育法案の審議過程で、義務教育における教員俸給の全額国庫負担を含む希望意見を付すことを三月二〇日の衆議院教育基本法案委員会に共同提案したように、教育現場の要求に応える点でも両党の政策は一致した。このように、国協党はイデオロギー的に中道に位置するのみならず、教育に関する専門性を十分にもつことで、超党派的合意を形成する要となったのである。超党派からなる文教振興議員連盟の議長を国民党の松原一彦が務め、イニシアティブをとってきたことは、適例といえよう。

総じてみれば、帝国議会を担った日本自由党、日本進歩党、社会党、国協党はいずれも師表という教師像を少なからず共有することで、「教権」の確立を制度理念とする教育基本法を全会一致で採択したのである。しかしながら、教育労働者の権利保障をどのように扱うべきかという問題は先送りにされた。教職員組合が労働協約の継続を望むことは当然予想されたことから、国協党と社会党は俸給の全額国庫負担を求めることで、教師が教育労働運動に過度に傾斜するのを抑えようとした。しかし、事態は急変しつつあった。教育刷新委員会や文部省が労働協約の再締結を望まないことを知った教職員組合は、四月の総選挙で組合系の議員を多数選出させることに心血を注いだ[30]。保守的な教育代議士では真の民主化は図れないという主張は多くの支持を集め、全教協のみで一二議席を獲得するという躍進をみせた。その結果、国会の勢力図は教職員組合を含む新たなものに書き換えられた。これに拍車をかけたのは、六月八日に発足した日本教職員組合（以下、日教組）の登場であった。全教協と教全連を統一させた日教組の主導権は、共産党系の全教協にあったことから、社会党系の教全連も左傾化した。社会党にしても得票力をもつ組合の意向は無視できず、結果として、左にウィングを伸ばしたのである。

総選挙の影響はこれに止まらず、教育関係議員を多数抱えた国協党にも及んだ。教職員組合による地盤の切崩しもさることながら、芦田均を中心に結成された民主党に久保猛夫や伊藤恭一をはじめとする有力議員が流出したことで、弱体化を余儀なくされたからである。だがそのことは、人的つながりによって国協党と民主党の政策協調を促すという効果を同時にもたらした。連携相手の民主党は、幹部の長野長廣や竹田儀一をはじめとする教育通を多数擁しており、国会審議を主導する立場にあった。したがって、帝国議会で国協党が果した役割を、新憲法下の国会では、民主党や国協党などからなる第二保守党勢力が担うことになったのである。

では、新たな布陣を組んだ国会において、「教権」はいかに制度化されたのであろうか。詳細は後章に譲ることにして、次節では、教権の制度化をめぐる政治過程に関する理解を促すために、国内諸アクターが有した理念とその配置を整理しておきたい。

第2節　戦後教育の対立軸

―超党派的合意の図式―

日米の共同作業を前提にした教育改革は、民主教育の確立という共通の目的を掲げながらも、その定義を違えることで制度のあり方を別様のものにした。アメリカ側は国民の教育権を実現する手段として、日本側は文化国家建設の下位目的として、教師の教育権を位置づけており、日米それぞれの政策担当者が予定する改革案には、大きな隔たりがあった。しかし、両者は教師の教育権を保障することが改革の成否を分かつ鍵になるという点では一致をみた。教師の教育権という概念が両者の違いをあいまいにする役割を果したのである。ゆえに、日本側政策担当者は、「教権の確立」を改革の主眼にすることができたのである。

1　二つの対立軸

だが、国内も一枚岩ではなかった。第二章で示したように、「伝統－近代」・「国家－社会」という二つの軸は日米の対立の位相を示すものであったがこれは同時に、「教権」をめぐる国内の対立を表すものでもあった。日米の教育改革の理念を分かつ軸となった「伝統－近代」軸は、国内では、教師像を分かつものとなった。すなわち、国内では、伝統的な価値にもとづく「師表」と、近代的な価値にもとづく「教育労働者」を分ける基準となったのである。二つの教師像は異なった身分保障のあり方を生みだしたことから、「伝統－近代」という軸は、教師の身分保障に関する立法を行うたびごとに前面に出され、政策争点となった。労働基本権の保障と制限はそれをよりよく表す問題で、基本的人権の保障と教師の職責をいかに関係づけるかが主要な問題となった。

他方、「国家－社会」軸は教育行政のあり方を示す基準となった。具体的には、教権を保障するための教育行政制度を集権的なものにするか、分権的なものにするかを計る指標となったが、それが前面に現れるのは、教育委員会制度を設計する段階になってからのことであった。日米の次元では、教育権の所在を争う指標となった「国家－社会」という軸が「集権－分権」に焼き直されたのは、日本では、教育権の源泉を文化国家に求めたからである。つまり、教育を国家的行為とみる日本では、「国家－社会」という軸は、系統性のとれた分権化をどの程度進めるかという分権化の度合いを示すものとなったのである。

日米の教育観の違いを示す「伝統－近代」・「国家－社会」という二つの対立軸は、改革を基礎づける価値と主体を、すなわち、異なる次元の特徴を表している。しかし、これらは教権という日本特有の理念をいかに制度化しようとするのか、という諸アクターの態度を表す軸として捉え直すことが出来ることは、右に述べたとおりである。教権という改革理念の制度化のパターンを示す二つの軸を交差させると、国内の党派的配置もこの平面上に表すことができる。本書は、この二軸で区切られた四つの象限を、それぞれ「伝統的保守主義」「伝統的自由主義」「社会主義」「自由主義的民主主義」と区分する（図４－１）。以下に示すように、各象限は教育政策のヴァリエーションを表している。

　伝統的保守主義は「国家－伝統」を基調とする。伝統的保守主義が予定する「国家」とは、文化国家を指し、師表としての教師がその実現にあたるとされる。具体的には、道徳を重視する伝統的精神や共同体精神の涵養、人格教育の実施などが教師の使命とされるが、そうした職責は教授の自由が保障されなければ果せないと考えられている。ゆえに、ここでは、教育行政の一般行政からの独立や、一部の社会勢力や特殊利益による不当な支配の排除などからなる、教育の中立性の確保が重視される。ただし、この中立性も国家との関係から理解されたことに留意する必要がある。というのも、伝統的保守主義では、教育の中

図４－１　教育政策に対する４つの基本態度

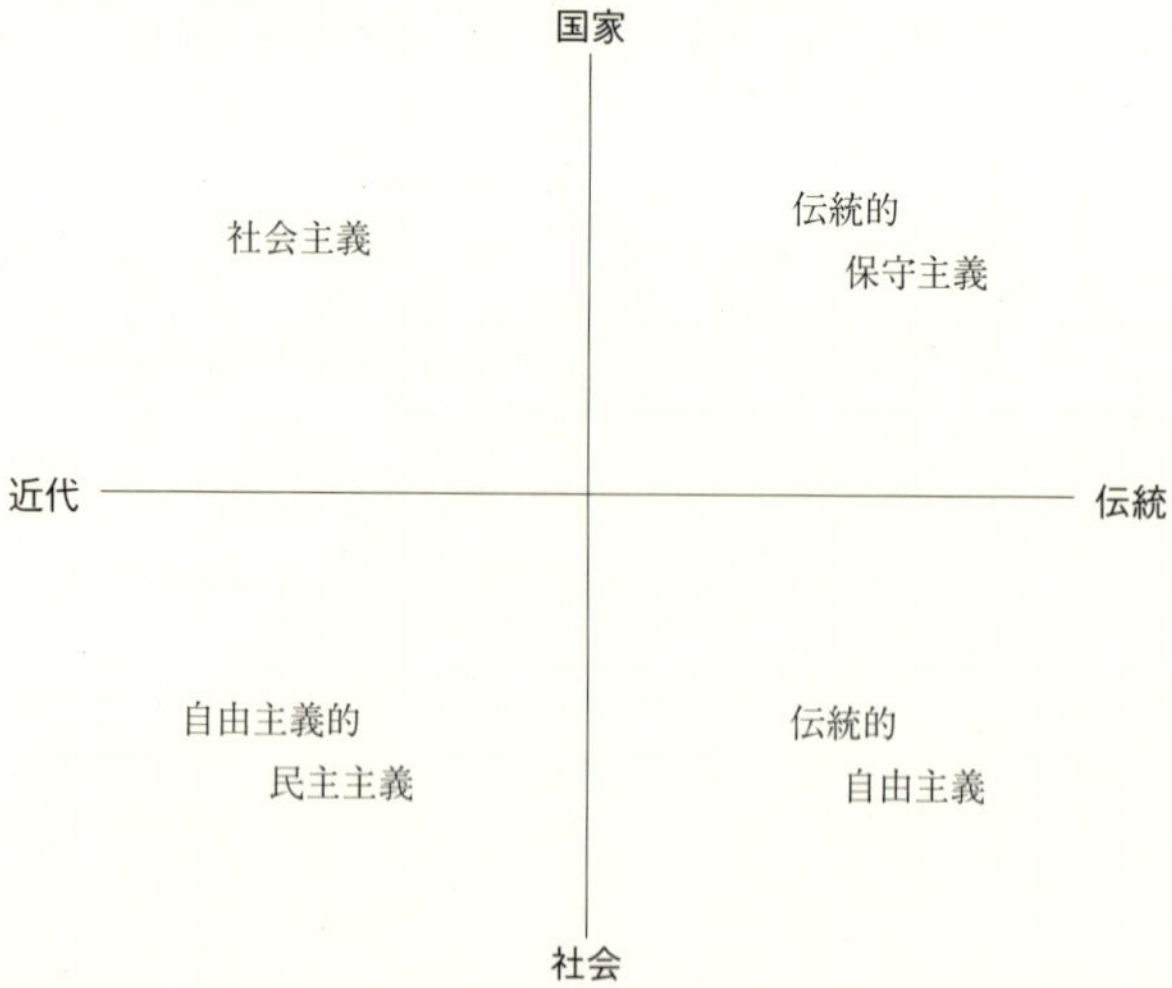

立性は地方分権によって保障されるのではなく、むしろ最終責任を国家におく、系統的かつ集権的な制度によって保障されると考えるからである。

伝統的自由主義は「社会－伝統」を基調とする。ここでは、教師を伝統的価値に由来する師表とみるとともに、有識専門職（プロフェッション）であることが重視される。師表や有識専門職という定義は、教師の職責や職業倫理に注目する点で一致するが、後者は教師という職業を成り立たせている専門的な知識や技能に着目し、外部に対して自律と自治を強く求める点で違いをみせている。したがって、教師に師表として社会を主導する役割を期待しつつ、彼・彼女らを有識専門職とみる伝統的自由主義では、教育行政の運用に教師の専門性を反映させること、すなわち、教育の自治が重視されることになる。留意したいのは、ここで求められる自治は住民によるものではなく、教師による教育の自治を指す点である。この点を踏まえれば、伝統的自由主義が求める、教育行政制度の地方分権化とは、教師による教育の自治が可能になる範囲内での分権を指すことがわかる。ゆえに、ここでは、教育行政における系統性は必ずしも否定されず、むしろ教育の自治を保障するために、積極的に肯定される。伝統的保守主義が重視する教育の中立性の確保は、その意味で、伝統的自由主義からも支持される。

社会主義は「国家－近代」を基調とする。社会主義における「国家」は、社会主義や共産主義など特定の体制を志向する。この体制理念のもとでは、教師は教育労働者と定義され、あらゆる基本的人権をもつとされる。ゆえに、不当な支配の排除を求める教育の中立性の確保が支持される。他方で、社会主義は教育の分権を希求する。というのも、分権は旧来の保守的な教育制度を否定し、教育の人民管理を実現する手段とされるからである。したがって、社会主義の求める分権は、あくまでも社会主義「国家」の倫理を前提にしたものといえよう。

自由主義的民主主義は「社会－近代」を基調とする。ここでは、教師は基本的人権を有する教育労働者であり、社会の一構成員とされる。のみならず、自由主義的民主主義では、教育を社会的行為とみることから、現場で教育を実践する教師は教育行政の主体である地域住民に対して責任を負うとされる。換言すれば、ここでは、社会的成員の参加を可能にする分権型の教育行政制度が要請されるのである。

これらの教育政策のヴァリエーションは、いわば理念型であり、現実の事象には、これに一致しない側面も含まれている。しかしその一方で、理念型は諸アクターの関係や争点の理解を容易にする。そこで次に、この理念型を念頭におきながら、教育改革の担い手それぞれの基本姿勢を整理し、諸アクターの関係を論じておきたい。

2　教育改革の担い手たち

教育改革の青写真を描いた知識人は「教権」という理念を再発見し、その制度化を目指した。それは、異なる理念を支持するＧＨＱに阻まれることも多かった。しかし、その態度は必ずしも一方的なものではなかった。自主改革を尊重するＧＨＱの態度は、法案の最終審議を国会に委ねるという形で示された。したがって、教権を制度化できるかどうかは、国会の判断、すなわち、政党間の動態から決められることも多かった。この過程を具体的に検討することは後章の課題となるが、その関係を知るためにも、まずは教育改革の担い手たちの特徴を、二つの対立軸から引き出される特性に関連づけて整理したい。

ＧＨＱと国内行政機関

教育改革におけるＧＨＱの基本的な立場は、自由主義的民主主義にあった。しかしながら、具体的な施策については、教育改革を担当したＣＩＥ、地方行政を統括したＧＳ、財務の要となったＥＳＳの間に違いが見られた。ＣＩＥは、教育の民主化を図るためにも、国民の教育権の確立を第一義とした。そして教育の中立性を確保しながら教育行政の地方分権を進め、国民に対する責任を明らかにすることを具体的な施策とした。一方、ＧＳはＣＩＥの予定する地方分権を支持しながらも、教育行政を一般行政から独立させることに強く反発した。能率的な地方行政の運営と健全な地方自治の育成には、総合行政の実施が何よりも必要と考えるGSにしてみれば、地方行財政に混乱をもたらしかねない教育行政の独立は支持できなかったからである。GSが優位に立つGHQ部内の力学を念頭におけば、CIEが自局の主張を通すには、独自財源の確保が急がれた。しかし、ここでもCIEの意図は、日本経済の安定を図ることを主務とするESSにより阻まれた。ESSにとっては、費用対効果を即時に得られない教育政策に莫大な財源を割くことは非合理的で、特定の政策に偏することなく総合行政を図ろうとするGSの立場の方が支持できたからである。

自由主義的民主主義の理念にもとづいて作成された第一次米国教育使節団報告書に掲げられた諸政策の実現を目指すCIEにとって、GSやESSの存在は改革を断行する上で最大の障害であり、両機関から譲歩を引き出すために粘り強い折衝を続けた。ところが、その過程は理念をめぐる対立を伴ったことから、CIEが主張を後退させる局面もたびたび見られた。したがって、教育改革の過程を分析する際には、CIEが支持した施策が他の行政機関との関係でどのように変化したかを問わなければならないことが理解されよう。GHQ部内の力学が教育政策を左右したという視角は、国内の政治過程を分析するうえでも有効である。なぜなら、その力学は、文部省と内務省、大蔵省の対立に還元されたからである。

文化国家建設と教権の確立を主眼とする文部省は、伝統的保守主義に位置した。師表としての教師の身分を保障する教員身分法の作成と教育の中立性の確保を重視したことは、その証左といえる。教育行政が特定の党派性を帯びることを嫌う文部省は、政治的中立性の確保を強調したが、それ以上に、一般行政からの独立を重視した。文部省の態度は、包括的な権限を前提に総合行政を志向する内務省統制に服したという戦前の経験によるところが大きかったことはすでに指摘したが、そのことはCIEと異なる改革像を文部省に描かせた。すなわち、それは、地方の教育行政を中央行政から独立させるのではなく、文部省が指揮監督権を保ちながら地方と協働関係を築き、系統性のとれた教育行政機構を確立することを予定したのである。

だがそのことは、二方向からの反発を呼び込んだ。一つは、総合行政を希求するGSと内務省の抵抗であり、巨額な財政出動を要請する政策上の性質が均衡財政を志向するESSや大蔵省の支持を遠ざける結果になった。もう一つは、教育の地方分権を望むCIEとの対立であった。CIEと文部省は、中立性の確保という点で立場を同じくしながらも、教育を社会的行為とするか、国家的行為とするかという点で根本的な認識を違えたために、制度設計の段階で、国民の教育権と教権のいずれを優先させるかをめぐり、時に対立したのである。GHQおよび国内の関係行政機関との対立を恒常的に迫られる文部省が自ら望む施策を実施するには、社会的支持の調達が不可欠であり、政策決定過程においては、教育刷新委員会や政党、社会団体との連携が必要であった。

知識人・緑風会

行政機関のなかで比較劣位にある文部省を支え、数々の改革を後押ししたのは、知識人であった。占領期の教育改革で知識人が主要な役割を果したのは、一九五二年八月一二日に党人である岡野清豪がその任に就くまで文化人が文部大臣の職を務めたからであり、文化人文相を多くの知識人が支援し続けたからであった。前田文相の私的ブレーン集団の形成はその端緒にあたるが、公職追放などとの関係から、占領初期の段階には、文部省の要職に多くの民間人が抜擢されたことも大きかった。くわえて、日本側教育家委員会および教育刷新委員会という公的機関の設置が知識人の役割を一層高め、オールド・リベラリストと呼ばれた知識人たちの国家観や理念が戦後教育に埋め込まれた。

しかし、文部省と知識人の立場が常に一致したわけではない。教育基本法の立案過程でみられたように、両者は時に対立した。知識人の思想的配置は伝統的保守主義にとどまらず、伝統的自由主義や社会主義に位置する者も複数いたため、そのことが文部省との不協和をもたらした。とはいえ、その多くは調整可能なものであり、文部省と知識人は占領期全般にわたり協働して改革の任を務めた。

教育改革における知識人の役割は、改革理念や政策知識の提供に止まらなかった。彼らは、政党間の対立を緩和する役割も果したのである。政党横断的な広い文脈が非公式の調整を可能にしたが、そうした調整は超党派的合意を形成する際に、とりわけ重要なものとなった。中核に位置したのは、一九四七年の第一回参議院通常選挙の直後に無所属議員を中心に結成された緑風会であった。戦後の国会改革の支柱として創設された参議院は、「良識の府」として、政争やイデオロギー対立を超えた、自由な討論の場であろうとすることで独自性や存在意義を見出そうとしたが、緑風会はその理念を体現する存在と見られた（内田、一九九〇年、大山、一九九七年）。「一人一党」や「是々非々」を方針としたように、緑風会は「会員は政治に関する自己の意見を拘束せられる事がない[31]」ことを会則に掲げており、各人が良識に従って自由な立場で審議することを旨としたからである。緑風会は参議院でのみ存在する政党であったが、結成後一月あまりで在籍議員は九六名となり、参議院第一党の地位を獲得した。このため、政府与党は緑風会の支持なくして円滑な議会運営を図られず、政策提携が鍵とされた。片山哲内閣から一九五四年一一月の申し入れまで、緑風会がすべての政権に閣僚を送ったのは、緑風会が参議院のキャスティング・ボートを握る存在だったことを意味するが、彼らはあくまでも個人の資格として入閣した。つまり、ここでも、独自性を追求する緑風会の姿勢が貫かれたわけで、閣僚がたとえ緑風会所属の人物であったとしても、是々非々の態度を採り続けた。

教育政策に限れば、緑風会は第二次吉田茂内閣の文相に下条文麿や高瀬荘太郎を輩出し、参議院文部委員会の委員長職を得るなど主要な地位を占めた。緑風会所属議員は貴族院や官僚出身者が多かったが、伝統的保守主義に分類される知識人を多数得たことで、教育政策に関する見識を兼ね備える人物を文部委員会委員に選出することができた。参議院文部委員会では、各委員が自由な立場で討議し、政府案に問題があれば、彼らの高い専門性をもって修正を迫ることがしばしばみられた。併せて、良識、自由、中立を尊ぶ緑風会の中道的な立場は、教師像の相違に起因する保革の対立が生じた際にも、妥協案を独自に示すことで各党派を結びつけ、超党派的合意の形成を可能にしたのである。政策の実行可能性を重視する緑風会のバランス感覚は、超党派的合意を促すのみならず、GHQとの関係や省庁間対立から不十分にしか教権の確立をなしえなかった法案を漸進的に改善させる原動力となった。そこで次に、緑風会と同様に、伝統的保守主義に位置した日本自由党の特徴を確認しておこう。

日本自由党[32]

鳩山一郎を中心に結成された日本自由党は、天皇を中心とする家族的国家という伝統的な国家観をもち、[33]「偏狭固陋なる国家思想を排除して、君民一体の日本的民主思想を確立[34]」するために、「平和愛好の自由なる人格完成を図ること[35]」を教育の目的とした。この立場は、吉田茂が総裁に就任した後も変わらなかったが、吉田は伝統的保守主義の立場にある知識人を文相に就けるなどして、改革の多くを文部省や教育刷新委員会に委ねたこともあって、彼自身の意向が政策に直接反映されることはあまりなかった。裏を返せば、教育政策における知識人のイニシアティブは、吉田の態度によっても保障されたといえよう。

けれども、それは党全体の態度ではなかった。内務省や大蔵省出身の議員を多く抱える日本自由党の施策は、内務省系統機関や大蔵省の意向を強く反映し、異なった改革像をもつ教育関係議員は圧倒的に不利な立場におかれた。文部省が作成した法案が閣議を通らないことや、閣議決定を得て国会に上程された法案を自由党が覆すなどの事態を認めざるを得ないという局面も見られた。これらの点を念頭におけば、教育政策に対する日本自由党の態度を知るためには、伝統的保守主義という位置づけのほかに、セクショナリズムに起因する党内対立を同時に検討する必要があるといえよう。次に、保守政党の系譜に分類される民主党についてみておこう。

民主党㊱

民主党の前身たる日本進歩党は、「個人自由の思想が責任観念と表裏一体たるの実を明かにして、自治の精神を昂揚し、以て剛健なる社会を建設する」㊲ことを目的に結成され、この実現に向け、「個人の自由を尊重し、協同自治を基調として、人格を完成し、世界平和の建設と人類福祉の向上に精進」㊳することを教育の目的とした。日本進歩党の宣言や綱領をみる限り、その精神はアメリカン・デモクラシーに通ずるように思えるが、他方で、同党は君主立憲を前提とする国体護持を強く求めており、日本自由党と同様に、根幹に家族的国家という伝統的な国家観をもっていた。その意味で、日本進歩党の教育観は、「社会－伝統」を基調にする伝統的自由主義であったといえる。この教育観が民主党に継承されたことは、党の宣言から知ることもできる㊴。

伝統的な精神を殊の外重視する態度は、民主党の総裁であり、教育刷新委員会委員としても活躍した芦田均にもみられたが、それは、教育勅語に代表される伝統的な精神のうえに近代的な精神を移入することではじめて、内なる民主化が達成されるとの認識に拠っていた㊵。こうした理解は、伝統的保守主義者のみならず、社会党を主導した森戸辰男や西尾末廣の教育観に通じていた。また、彼らとは戦前からの交友関係もあったため、保革を問わない政策上の連携が容易であった。民主党は、社会主義や自由主義の精神を止揚した「人間愛の実践を基調とする人道主義的世界観㊶」を有する国民党を包摂したことで、中道的な思想的地位を表明することが可能になった。これによって、人的ネットワークを頼りに政策協調を促すという民主党の機能はいっそう強化され、保革をつなぐ政策ブローカーとしての役割を得た。

愛国心にもとづく内なる民主化を目指す民主党は、民主化を伸展させる技能や専門性をもつ有識専門職として、教師が職責に専念できるよう、教権を確立することが重要であるとした。教師の基本的人権の保障や積極的な身分保障、教育の自治の尊重や教育行政制度の分権化などがそのための施策とされたが、これらはいずれも有識専門職による主体的な教育実践を保障するための手段であり、私的利益の実現に向けた権利の濫用は否定された。またそのことから、民主党は文部省の指揮監督を一定程度許容した。民主党の力点が教育の自治におかれたことに鑑みれば、伝統的自由主義を支持する民主党は伝統的保守主義と社会主義の中間に位置したといえよう。

国民協同党

民主党と同じく、伝統的自由主義の立場をとった国協党は、協同主義社会の実現に向け、教師が自己の専門性をもとに地方の文化向上に努め、地域住民との連携を通じて協同自治を強化することを期待した[42]。すなわち、国協党は、地域住民による教育行政の運用と多様性の尊重を求めたわけであるが、それには、内務省や大蔵省統制の排除が不可欠であるとして、財政権を伴う教育行政の独立を当座の課題とした。こうした理解は、民主党よりはむしろ自由主義的民主主義の立場をとるＣＩＥの主張に合致したが、地方の極端な財政格差が国協党の望む改革を許さなかった。そこで、国協党は教育の機会均等を図ることが喫緊の課題であるとして、財政の平準化を目指した。しかし、そのためには、国全体の立場から教育計画を検討し、助言監督する機関が必要であったことから、国協党はその権限を文部省に認めた[43]。

中央と地方の円滑な関係を前提に自治の強化を目指す国協党の態度は、日本自由党や民主党との協調を可能にした。他方、そうした協働関係は教育の自治を実現する手段とされたことから、ＣＩＥや革新勢力から支持を得ることもできた。くわえて、既に述べたように、有識専門職である教師こそ、国民運動を先導する師表たる資格をもつと考える国協党は、党員に教職員組合と距離をとる教育関係者を複数擁していた。彼らのもつ高い専門性とイデオロギーにおける中道的な立場が政策ブローカーとしての役割を可能にし、民主党と並んで教育改革を主導する立場にあることを周知させたのである。それでは次に、片山・芦田両政権にわたり民主党や国協党と並んで連立政権を担った社会党の教育観を概観しておこう。

社会党

社会党の教育観は、概ね社会主義に位置づけられるが、しかしそれは伝統的保守主義や伝統的自由主義と相容れないものではなかった。戦後改革の指針を文化国家建設に求める点では一致をみており[44]、保守政党との協調の可能性は十分にあった。だがそれも一筋縄ではいかなかった。社会党は、片山哲・西尾末廣らの旧社会民衆党系（右派）、浅沼稲次郎らの旧日本労農党系（中間派）、鈴木茂三郎、高津正道、加藤勘十らの旧日本無産党系（左派）という異なる系譜を抱えており、それがイデオロギー対立や政策対立を常態化させたからである（中北、一九九八年）。教育についても、そうした相違が教師像をめぐる対立を党内に生じさせ、時にそれが超党派的合意を危うくさせる要因にもなった。社会党の分裂に至った占領後期には、そうした対立がとりわけ顕著になったが、教育政策に限れば、克服可能なものであった。保革対立が強調されがちな占領後期においても、左派右派を問わず、改革路線は維持強化された。占領期の教育政策は右派に主導されたので、その特徴を確認しておこう。

議会政治を通じた社会変革を目指す社会民主主義的な立場をとる右派の思想は、伝統的な精神と人道主義や自由主義思想を尊重する伝統的自由主義と親和的であり（大嶽、一九八八年、一八八―一九二頁）、そのことが教育刷新委員会や文部省、および、民主党や国協党をはじめとする諸党派との政策協調を志向させた。その一方で、教師を文化国家建設を担う師表とみる右派は、教師を教育労働者と位置づけ、戦闘的な態度でその権利保障を求める左派や日教組と距離をおいた。しかし、それでは党内分裂を避けられないことから、党の実力者であり、中間派に位置する森戸辰男に教育政策を主導させた。この人選は連立の相手にとっても、党内にとっても望ましいものであった。森戸の幅広い交友関係は保守政党や知識人との連携を促し、戦前の思想的弾圧に屈しなかった経歴は党内外から保革を問わない支持を集めたからである。では、社会党の教育観を代弁した森戸の思想とは、どのようなものであったのだろうか。

森戸は、戦後日本の向かうべき道として、政治的基礎として民主国家を、経済的基礎として社会主義国家を、社会的基礎として平和主義国家を体現する文化国家の建設を掲げた。これは文化的な使命を軽視してきた社会党への警鐘であるとともに、真の社会主義国家の建設には、民主主義を知る主体的な個人の育成が不可欠との認識によるものでもあった。しかし、それが容易でないことを知る森戸は、真の近代化は伝統的価値を継続的に発展させることから始まるとして、それを教育現場の指針の一つにした[45]（森戸、一九四七年）。このように、森戸も伝統的保守主義や伝統的自由主義に位置する知識人と同様の理解をもち、教師に師表としての役割を期待したわけであるが、その一方で、「有識専門職者」という定義を伝統的自由主義者以上に自覚的に強調した。彼は、党内で対立をもたらしかねない、師表と教育労働者という二つの教師像を架橋する教師像の提起を意図的に試みたからである。

森戸が教師を「有識専門職者」としたのは、特殊な職責を負う教師の権利に一定の制約を設けるためであった。教育刷新委員会で審議された団結権はその一例といえるが、森戸は、職業選択の自由をもつ個人は、教職に就く段階で職責に伴う権利の制約を承認している点を踏まえて、教職員組合は階級組織ではなく、職業的機能にもとづく同職者団体として機能する必要のあることを強調した。しかし、権利の制約を一方的に許したわけではない。他の労働者と同じく、教師も職に対する正当な報酬を得る権利をもち、国家はそれを保障する義務を負うことを重視する。つまり、森戸は、教師が「有識専門職者」としての職責を果すうえで欠かすことのできない、積極的な身分保障を国家に要請し、そのうえで、教育の自治を最大限に尊重することを求めたのである（森戸、一九五九年、四五―五一頁）。こうした主張は党内で共有されたのみならず[46]、共産党主導の教職員組合の運動を懸念する勢力から幅広い支持を得た。結果として、森戸が文相を務めた片山・芦田両中道政権下の教育政策は、社会主義とも伝統的保守主義とも連携のとれる伝統的自由主義を基調に立案され実施されたのである。

ところが、そうした姿勢は第二次吉田茂内閣以降、徐々に変容を遂げた。日教組の発足に伴い、組合に参加する教職員が教育労働者という自己認識を強めたことや、中道政権の動揺を契機に党内勢力が変化したこと、森戸の議員辞職などが相俟って、党内の政策選好が社会主義に軸足をずらしたからである。もちろん、そのことが教育政策を一八〇度転換させたわけではない。右派と同様、左派もまた教権の確立を目指して、改革路線の継続に尽力した。しかし、力点に変化が生じたことは否めなかった。左派が主張する教権とは、師表以上に教育労働者としての権利を意味したことから、伝統的保守主義や伝統的自由主義が示す解釈と相違をもたらす一方で、共産党や日教組との距離を縮め、政党間配置を少しずつ変化させた。左派社会党が日教組と連携して、教育労働運動や平和運動に邁進し、それが高い得票につながるという事態は、自由党を焦らせ、議席獲得をめぐる保革対立という要素を教育政策にもち込んだ。だがそうした党利党略が教権の確立に向けた超党派的合意を維持させた側面もあり、占領後期の教育政策は複雑な様相を呈した。したがって、占領中期以降の教育政策は、継続と変化という二つの側面から慎重に検討される必要があるといえよう。

共産党と日教組

最後に、日教組を傘下に収めた共産党について確認しておこう。弾圧の時代を経て合法政党として認められた共産党は、ブルジョア民主主義革命の遂行と社会主義の完成、民主主義的人民共和政府による統治を標榜し、その完成に向け、因習に囚われる人民を解放し、共産党イデオロギーを注入することを教育の使命にした(47)。このことから、共産党や日教組の教育観を社会主義とみなすことができる。

共産党や日教組は教育労働者の権利保障を求め、教育労働運動を積極的に展開したものの、教育改革に資する施策を具体的に示すことは稀であり、その役割は非常に限られていた。むしろ、強硬な態度が時に超党派的合意の形成を妨げた。とはいえ、共産党や日教組が専ら労働運動に軸足をおいたことで、かえって知識人や他党派は改革の主導権を握ることができた。共産党や日教組にしても、教権の保障は間接的な利益を教育労働者にもたらしたことから、その施策を概ね容認することが可能であった。彼らもまた超党派的合意を基調としたのである。

3　諸アクターの配置と対立軸に起因する争点

以上の分析から明らかになった諸アクターの態度を、「国家－社会」・「伝統－近代」の二軸で区分される四つ

図4－2　戦後教育政策の対立軸と諸アクターの配置

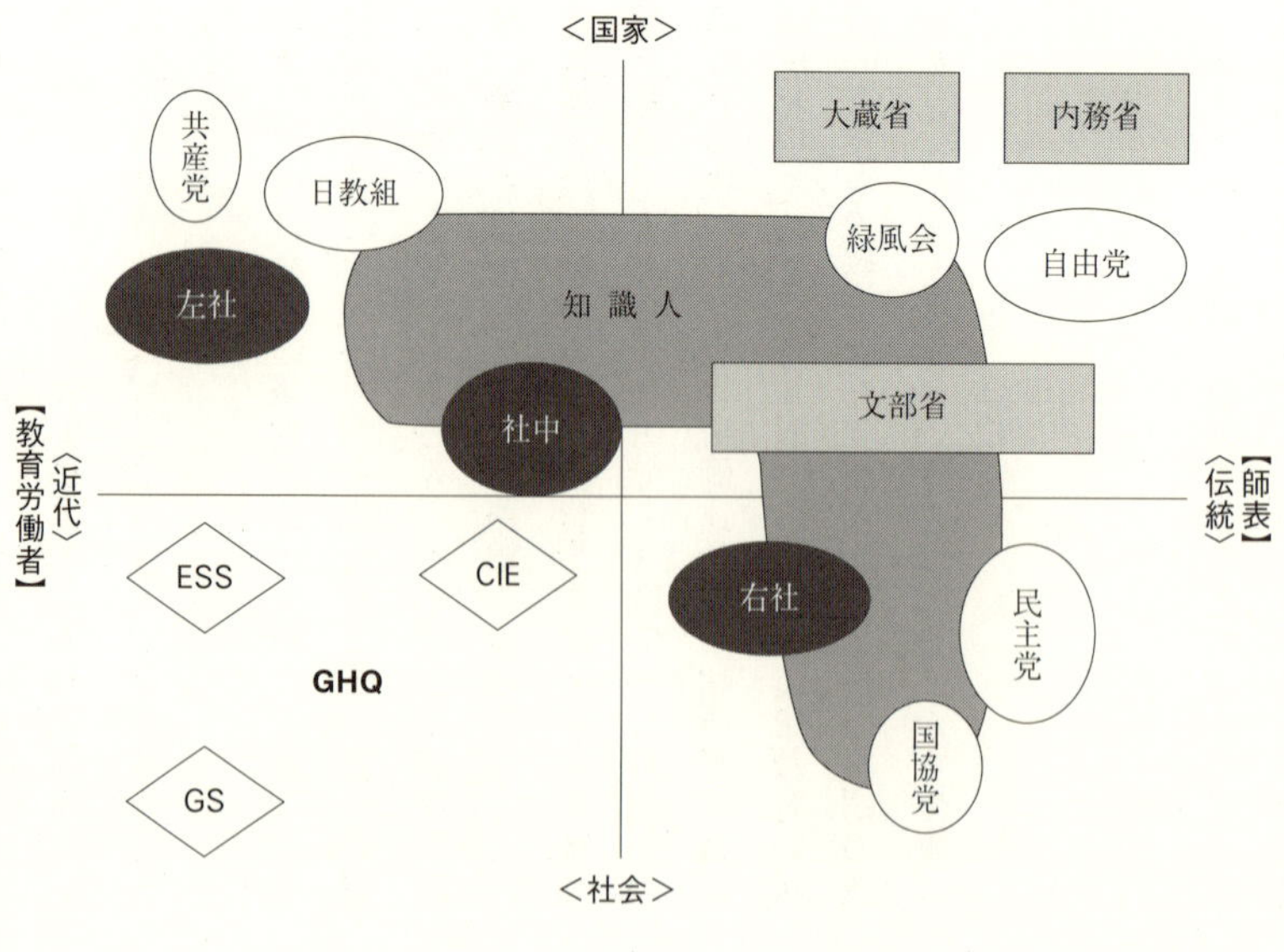

の象限（図4－1）に配置したものが、図4－2である。図に示されたように、日本の政治的アクターは、伝統的保守主義、伝統的自由主義、社会主義という三つの象限に分散している。これまでみてきたように、占領期の教育改革は保革対立というよりはむしろ、超党派的合意を前提に教権の制度化を目指すものであった。一般には保革対立という観点から説明される占領期の教育改革が超党派的合意を基調に進められたのは、「文化国家」という世界観と「教権」という日本特有の理念を諸アクターが共有したことに加えて、伝統的自由主義に位置するアクターが伝統的保守主義と社会主義をつなぐ政策ブローカーとして機能したことに因っている。要するに、実際の政治の場は、第二保守党（民主党、国協党、緑風会）や社会党右派・中間派の存在により超党派的合意が担保されたのである。

教権の確立が制度理念として社会的に明示されたのは、後続法規を規定した教育基本法が施行されてからのことであったが、ここでは、本章のむすびに代えて、教育基本法が予定した諸制度には、いかなる争点が含まれていたかを簡単に述べておきたい。

まずは、教員の身分保障に関する法律である。教育基本法第六条（学校教育）で、国公立学校の教員は全体の奉仕者とされた。この点について、文部省審議室が「（教員は）教育者としての特殊の使命に鑑みて、一般労働者とは異なったものをもっているから、その団結権についても特別の考慮が必要ではなかろうか」と述べたように（教育法令研究会、一九四七年、一〇二頁）、教員の身分保障は教員が本来的にもつ基本的人権にどのような制約を課すかという問題と不可分の関係にあった。審議室の発言は、教員を特別公務員とすることで、国家公務員法とは別に教員身分法により、その身分を規定したいという文部省の意向を示唆したが、国家公務員法の適用から除外することは、GSの強い反対で再検討を余儀なくされており、法制化は困難と思われた。のみならず、教員の身分保障については、教育基本法第八条（政治教育）に規定された、教師の政治活動の自由をどこまで認めるかについても論を分かつ状態にあり、国家公務員法や地方公務員法の立法過程や修正過程でたびたび問題となった。教育基本法案の審議過程においても、教師の政治活動の自由を認めるべきだとする意見は党派を問わず聞かれたが、教職員組合が党派性を帯びた教育を行うことに議論が及ぶと、最低限の制約は必要とされたことから、審議は紛糾し、明確な結論は得られぬまま先送りにされたからである（同、一一八―一一九頁）

要するに、ここに示された対立は、師表という職責の特殊性と公務員としての身分、そして、教育労働者という立場をいかに関係づけ、その権利保障と制約を行うかに端を発する問題であったといえる。教師の身分保障をめぐる混乱はこれに止まらず、俸給問題と関連することで、解決をますます難しくした。文部省が用意した教員身分法案が教育公務員特例法として制度化されるまで、二年の歳月を費やしたことは、問題の根深さを象徴する。くわえて、学校教員の多くは公立学校の教員であったことから、国家公務員法や教育公務員特例法のみでは、その身分保障は完結せず、地方公務員法や教育委員会制度、財政制度のあり方にも規定されたのである。なかでも教育委員会制度の導入は、教育刷新委員会や文部省の企図した身分保障制度を大幅に修正させた。

日本側の政策担当者が学校教員の身分を、国公私立の別を問わず、教員身分法案一本で規定し、保障しようとしたのは、教師の身分保障の最終的な責任は国家にあるとの認識に拠っていた。教権の確立に向け、文教関係者が義務教育費の全額国庫負担を求め続けたのも、こうした理解にもとづいている。ところが、国民の教育権を重視するＧＨＱは、教師の身分保障に関する責任も地域住民の代表によって構成される地方の教育委員会にあるとして、身分法の一本化を認めなかった。教育を社会的行為とみるアメリカと国家的行為とみる日本の政策担当者の間で、教育行政に対する責任の所在について見解が異なったことは、理解に難くない。両者の相違は、教育委員会に対する文部省の関与のあり方をめぐって顕著となった。この対立は教育基本法第十条をめぐるＣＩＥと文部省の対立に由来しており、教育委員会法の立案過程も含め、日本側の政策担当者はおりにふれて制度の再解釈や再修正を目指すことになる。

教育委員会制度の導入に象徴されるように、教育行政の地方分権はＧＨＱにより強硬に進められたが、そのことは教育財政についても新たな問題を引き起こすことになった。アメリカの教育行政は、一般の行政区画とは異なった行政単位である教育区で行われることが多く、教育財政を賄うために、教育税など独自の財源をもつことも稀でなかった。アメリカのように教育委員会が教育に関する権限と財源を伴って事務を執行することは、理想的であるものの、敗戦間もない日本の財政事情はそれを許さず、義務教育費国庫負担制が継続された。だがそのことは、文部省、内務省、大蔵省の間で財政をめぐる激しい争いを生じさせた。教権を確立するうえで教育財源の確保は欠かせないことから、教育関係者は全額国庫負担制の導入を強く主張した。しかし、その試みは、総合行政を支持する内務省や均衡財政を志向する大蔵省に阻まれ、半額国庫負担を維持することが精一杯であった。地方自治の充実を求めるシャウプ勧告によって、国庫負担制が廃止された占領後期の改革は、教権を根幹から崩しかねず、教育関係者にとっては、「教育の中立性」と「総合行政」という政策理念をめぐる対立をいかに克服し、財源を得るかが課題となったのである。

総じてみれば、教師の身分は、国家公務員法・地方公務員法、教育公務員特例法、教育委員会法、義務教育費国庫負担法など、複数の制度により規定され保障されることになった。相互に連動するこれらの教育関係法は、いずれも漸進的な修正を前提に制度化されており、教師の身分保障は事あるごとに争点化され、皮肉にも教師の身分は不安定な状況におかれることになったのである。これらの点に注目しながら、第五章では、教権を保障する制度がいかに制度化されたかを論じたい。そのうえで、第六章では、それらがいかに修正されたのか、またその際に、理念（アイディア）は政治過程にどのような影響を与えたかに着目しながら、占領後期の改革を検討していきたい。

（1）「教員組合ニ関スル件」（『文部行政資料』第三集、三七一－三七三頁）。
（2）労働省の統計によれば、一九四五年の労働争議の件数は、九月三件、一〇月三二件、一一月六六件、一二月一四一件であった。これと軌を一にして労働組合加入者も増加の一途をたどった（沢田、一九六六年、九九頁）。
（3）『週刊教育新聞』一九四六年五月一八日。
（4）教職員の罷業権禁止は、労働組合法（第四条第二項）や労働関係調整法（第三八条）を策定する際にも審議され、労働関係調整法の立案過程では、閣議決定も経たという。しかし、それはGHQの意向により撤回された（教育刷新委員会「第六特別委員会・第三回議事速記録」一九四六年三月一七日（第八巻、四七六頁））。
（5）『時事通信・内外教育版』一九四六年一〇月三〇日。
（6）教育刷新委員会「第一特別委員会・第八回議事速記録」一九四六年一一月一日（第六巻、一一六頁）。
（7）同右（第六巻、一一七頁）。
（8）教育刷新委員会「第一特別委員会・第九回議事速記録」一九四六年一一月八日（第六巻、一二七頁）。
（9）『週刊教育新聞』一九四六年一〇月二二日、『時事通信・内外教育版』一九四六年一一月六日。
（10）『時事通信・内外教育版』一九四六年一一月二〇日。
（11）教育刷新委員会「第一一回総会議事速記録」一九四六年一一月一五日（第一巻、二五八頁）。
（12）教員組合側の要求の妥当性については、石橋湛山蔵相も認めており（『時事通信・内外教育版』一九四六年一一月一三日）、閣内で調整が進められた。一二月一七日教育刷新委員会第六特別委員会の第三回会議で、文部省の係官が大蔵省との折衝に併せて、閣議でも交渉がすすみ、予算計上の方向にあることを述べたことから（第八巻、四七二頁）、予算化を撤回させたのはGHQであるとみて間違いがないように思われる。
（13）国民党は、早川崇・松原一彦を中心とする対策委員会で審議を進め、進歩党は芦田均の協力を得て、党の教育委員会で検討を行い、社会党は教育刷新委員会の森戸辰男と及川規、文部委員の高津正道らを中心に議論した（『週刊教育新聞』一九四六年一二月九日、『日本社会新聞』一九四七年三月三日）。
（14）『時事通信・内外教育版』一九四六年一二月一一日。
（15）『時事通信・内外教育版』一九四六年一二月一八日。

(16)　教育刷新委員会「第六特別委員会・第一回議事速記録」一九四六年一二月一二日（第八巻、四三七―四三八頁）。
(17)　「教員身分法（学校教員法）の方針（措置要領）」（『辻田文書』4―1―1）。
(18)　「教育者連盟を設けんとする理由」（『辻田文書』4―1―1）。
(19)　教育刷新委員会「第一八回総会議事速記録」一九四七年一月一〇日（第二巻、一三―二〇頁）。
(20)　本書の記述は「第六特別委員会報告（昭和二一・一二・二七）」（『辻田文書』4―1―1）に準じた。
(21)　『教育刷新委員会会議録　第二巻』五九頁、「第六特別委員会中間報告（昭和二二・一・二四）」（『辻田文書』4―1―1）。
(22)　教育刷新委員会第二七回総会（一九四七年三月一四日）における日高第四郎学校教育局長の発言や、剱木亨弘学校教育局次長の発言（『第九二回帝国議会衆議院教育基本法案委員会議録』一九四七年三月一四日）を参照のこと。
(23)　文部省調査局が作成した「第九二回帝国議会に於ける予想質問答弁書「教育基本法案」関係の部　一九四七年三月一二日」に、第六条の答弁文が「『自己の使命を自覚し』とあるが、そこに『教育者の使命』ということが当然意味せられるのであって、いはば師表たる使命を自覚しというに等しいのである」と記されたことからも、そのことが理解されよう（「教育法案関係2―33」『辻田文書』）。
(24)　自由党の圓谷光衛は、労働協約の締結は教育改革を阻害するばかりでなく、脅威となるとした。そして、教育者は単なる労働者でないことを明らかにし、正常化を図るための措置を即座に講じるよう文部省に求めている（教育刷新委員会「第二七回総会議事速記録」一九四七年三月一四日［第二巻、二一二頁］）。
(25)　上林山栄吉は教育基本法第八条政治教育の規定で、教員の政治運動を取り締れるかどうかを質疑している（『第九二回帝国議会衆議院教育基本法案委員会議録』一九四七年三月一四日）。また、左藤義詮は学校教育法第九条の教員の欠格条件にゼネストに関する事項を挿入するべきだとして、その可能性について日高学校教育局長に質疑している（同、一九四七年三月一八日）。
(26)　永井勝次郎の発言を参照した（『第九二回帝国議会衆議院教育基本法案委員会議録』一九四七年三月一四日）。
(27)　社会党「結党大会における宣言」（『政党年鑑　昭和二二年』）一五八頁。
(28)　中田栄太郎の発言（『第九二回帝国議会衆議院教育基本法案委員会議録』一九四七年三月一四日）や伊藤恭一や

松原一彦の発言（同、一九四七年三月一九日）、および、矢部貞治「協同主義と新憲法」、日本協同組合協会「協同組合と経済建設－解説」（日本協同組合協会『協同主義』第一〇号、一九四七年六月）などを参照した。

(29) これは文教振興議員連盟の構成から明らかにされる。加盟議員総数二三五名の内訳は、日本自由党五九、日本進歩党六五、社会党二〇、協同民主党四二、国民党三三、無所属倶楽部一六名であった。所属議員総数に占める割合を念頭におけば、小会派が教育に長けたことが理解されよう。なお、協同民主党は総勢四五名中、四三人が名を連ね、国民党に至っては全議員が参加した（『政党年鑑　昭和二二年』二二三頁）。

(30) 『週刊教育新聞』一九四七年三月二四日。

(31) 緑風会「会則」（『日本政党史辞典（上）』）四四五頁。

(32) 日本自由党は、一九四八年三月一五日に日本自由党および民主クラブを解散して「民主自由党」を結成した。その後、一九五〇年二月一〇日に民主党連立派（第十控室）が合流し、三月一日に党名を「自由党」に変更した。

(33) 「結党大会における鳩山総裁の挨拶」（『政党年鑑　昭和二二年』）一二四頁。

(34) 日本自由党「緊急政策」（『政党年鑑　昭和二二年』）一一九頁。

(35) 日本自由党「宣言」（『政党年鑑　昭和二二年』）一一七頁。

(36) 日本進歩党は、一九四七年三月三一日に自由党の一部と合同し、「民主党」を結成した。民主党はその後分裂を繰り返し、一九五〇年四月二八日に民主党野党派（第九控室）と国民協同党、新政治協会の三派が合同して「国民民主党」を結成した。国民民主党は、一九五二年二月一一日に「改進党」と改名した。

(37) 日本進歩党「宣言」（『政党年鑑　昭和二二年』）一四六頁。

(38) 日本進歩党「綱領」（『政党年鑑　昭和二二年』）一四六頁。

(39) 民主党「宣言綱領」（『政党年鑑　昭和二三年』）二〇八－二〇九頁。

(40) 教育刷新委員会「第一特別委員会・第二回議事速記録」一九四六年九月二五日（第六巻、二四・二九－三〇頁）。

(41) 国民党「綱領」（『政党年鑑　昭和二二年』）二一六頁。

(42) 船田享二「国協党の文教政策」（『時事通信・内外教育版』一九四七年三月二六日）。

(43) 船田享二「建設省と文部省」（『時事通信・内外教育版』一九四七年七月三〇日）。

(44)　日本社会党「結党大会における宣言」(『政党年鑑　昭和二二年』)一五七―一五九頁。同様の趣旨は、『日本社会新聞』(一九四六年八月一四日)などで繰り返し表明されている。
(45)　教育刷新委員会「第二回総会議事速記録」一九四六年九月一三日(第一巻、二八―二九頁)、「第一特別委員会・第二回議事速記録」(第六巻、三〇頁)。
(46)　『日本社会新聞』一九四六年七月一三、一四日、田原春次「学校の地方分散」(『社会思潮(一)』)。
(47)　共産党「原則綱領」(『政党年鑑　昭和二二年』一九四頁)、「第五回党大会宣言(要旨)」(同、一九七頁)、「大会における二つの決議(要旨)」(同、二〇一―二〇二頁)。

第5章 「教権」の制度化

―片山内閣から第二次吉田内閣―

第1節 教育委員会法をめぐる政治過程

民主化の一支柱とされた教育行政改革は、その前提から日米に大きな隔たりがあった。一九四五年一二月二一日に文部省が作成した「地方教育行政機構刷新要綱案」で、「地方教育行政機構ヲ根本的ニ刷新シ之ヲ内務省系統ヨリ分離セシメ現在地方長官ヲ第一次監督官庁トスル中等学校、青年学校、国民学校及各種学校等ヲ直接文部大臣ノ監督下ニ置キ教権ノ確立ト文教施策ノ円滑ナル遂行ヲ期セントスル[1]」と述べられたように、日本にとって、改革の主眼は、教育の中立性の確保と文部省による系統立った分権化におかれていた。行政機構の改革に関する具体的な構想は、田中文相主導下の文部省で進められたが、そこでまず起案されたのは、学区制の導入であった。しかし、その試みは、学区制は中央統制を許すことになると考えたCIEによって阻まれ、教育委員会制度の導入が強要された。しかし、その過程のすべてが「押しつけ」だったわけではない。CIEは、制度設計に関する議論を教育刷新委員会に主導させることで自主改革を尊重しようとしたのである。

1　教育刷新委員会・第三特別委員会の審議

文部省と同様に、教育の中立性の確保と系統性のとれた地方分権こそが教権を保障すると考える教育刷新委員会は[2]、教育委員会制度の審議に戸惑いをみせた。欧米通と呼ばれた彼らでさえ、理解が十分でなかったからである。このため、審議を担当した第三特別委員会は、米国教育使節団報告書を基調に、教育委員会制度が日本に適合的かどうかを判断し、不適当であればこれを修正するという消極的な態度で法制化に臨まざるを得ず[3]、政策イニシアティブは限られていた。しかし、制度移入の妥当性を検討した第三特別委員会の審議過程を検証することで、教育委員会制度に対する日米の理解の一致と差異を知ることができる。第三特別委員会の審議で問題にされた事項の検討を通じて、この点を明らかにしておこう。

第一に問題とされたのは、教育委員会の構成であった。アメリカの教育委員会は、その多くが公選の委員によって構成され、教育行政全般にわたる事項を審議し議決する。人事を始め、教員の身分保障も当然にその対象となることから、被雇用者である教員には被選挙権が認められず、素人統制（layman control）の原則が徹底される。しかし、それでは行政の非効率化が生じることから、教育の専門家である教育長[4]とその下にある事務局が、議決機関である教育委員会からの統制を受けながら教育行政を執行する。このように、アメリカの教育委員会制度は、教育の民主的統制を体現するものであり、かつ、専門性と効率性を配慮した制度であるといえる。

ところが、第三章で指摘したように、当時の日本では、素人統制に対する理解を欠いていた。日本における教育の自治とは、教師による自治を指したことから、教師の被選挙権を否定する考えにはなじみが薄く、日本側教育家委員会の議論でも被選挙権が容認されていた。しかし、第三特別委員会はこれを認めなかった。日々、過激化する教職員組合に対する警戒から、第三特別委員会は、教育委員会は教育に関心をもつ一般市民から構成されるべきで、教員を委員にする必要はないとして、一般市民による公選制の採用を目指したからである[5]。にもかかわらず、第三特別委員会は、その審議の過程で、現職教員の被選挙権を容認する方向に傾いていった。素人統制の徹底が阻まれた理由は、教育委員と教育長および一般行政との関係が問題になったからである[6]。この一般行政との関係が第二の論点であった。

第三特別委員会の審議と時を同じくして、ＧＳと内務省は地方分権に関する施策を独自に検討した。地方における「総合行政」の実現を改革理念に掲げる両機関は、教育予算も例外なく予算編成の決裁権者である知事に従うとする一方で、教育行政を統括する教育長の地位についても、その身分が公吏である限り、地方自治法の適用を受けるとした[7]。内務省の意向から、教育行政が一般行政からの介入を受ける可能性のあることを察知した第三特別委員会委員は、教育委員会に専門家や教員を含めることで教育長の独断を排することを真剣に検討するようになった。そして、教育長の地位は地方自治法ではなく、地方行政法（教育委員会法の前身となる法案）によって規定されることと[8]、現職教員の被選挙権を容認することを当面の課題とした。このように、教員の被選挙権は、教育行政の中立性を確保する目的で容認される方向に動いたわけである。

第三に問題となったのは、教権の確立に欠くことのできない「教育財政の独立」であった。日本では、一九一八年に市町村国庫負担法が導入されて以降、義務教育費は地方自治体と国庫により負担されてきた。地方財政は統括官庁である内務省の影響を排除しえないことから、文部省は教育の中立性を確保するために、普通地方公共団体に教育税の賦課徴収を認めることで教育財政を独立させようとした[9]。だが、それは日本の財政能力に鑑みた場合、教育財政は一般行政の財政需要との関係から調達方法が検討されるべきだとするＧＨＱにより否定された。そこで文部省は、一九四六年一一月一三日の第八回会議で、「一定額確保の権限を教育委員会に与える法的措置をなす」とともに、財政調整を図るために、イコーリゼーション・ファンドを設置することを新たに提言した。同席した内務省の担当官は、教育財源の問題は財政需要と負担の関係から流動性をもたせるべきだとして、この案に強く反対した。第三特別委員会は、文部省の主張する教育税の創出を最終的な目的としたものの、当面の課題は教育財源を実質的に確保することにあるとして、内務省の考えをひとまず支持した。そのうえで、「一、教育費は府県及市町村の負担とするも一般財政に対して教育費として必要なる金額を要求することが出来る権限を教育委員会に与えること」、「二、将来地方の教育費の増加すべきことを考慮して地方の財源を涵養するため適当なる租税種目を地方に委譲すること」、「三、地方の歳入を以て充足し得ざる教育費に就ては国庫より之を補助すること。但し此の場合には地方の財力の不均衡を匡正する意味を含ましむること」という対案を示した[10]。改革の緊急性から現実路線をとったこの選択を、教育刷新委員会はのちに後悔することになる。なぜなら、占領中期以降、教育財源の確保は困難を極めるばかりか、一般行政からの介入を受け続けたからである。

教育財源に関する問題は、教育委員会の設置単位という第四の問題と複雑に絡みあいながら、主要争点の一つとなった。一般の行政区画とは異なる特別の区画（教育区）に設置されるアメリカの教育委員会制度と異なり、日本では、都道府県や市町村という一般行政区画に教育委員会の設置を予定したため、教育関係者をのぞいて財政権の独立は必要不可欠の喫緊の課題とはされず、あいまいにされてしまいがちであったからである。くわえて、総合行政を志向する内務省は、教育行政を独立させずに、内務大臣―都道府県―市町村という命令系統の中に組み込み、その理念を地方自治法に反映させようとした。文部省はこれに対抗して教権の独立を保障する、日本の事情に適合的な地方の教育行政制度の確立を急いだ。その構想は、教育委員会制度を法制化する事前準備として、文部省審議課が作成した「地方教育行政機構一覧表⑪」から知ることができる。

　アメリカの制度を参照して作成された一覧表には、州を都道府県に、地方（local）を市町村に対応させて、それぞれに教育委員会を設置するとした。ところが、そこには、アメリカにはみられない、府県を横断する地方教育委員会と文部省の諮問機関にあたる中央教育委員会の設置が同時に予定されていた。地方教育委員会とは、数府県を単位とする区域に設置されるもので、「府県単位の教育行政においての教員人事の規模の狭少《（ママ）》、教育内容、教育財政の不均衡等を地方的に是正⑫」することを目的とした。国と府県の中間機関として地方教育委員会の設置が予定されたのは、一般行政からの独立を果し、系統性のとれた教育行政機構の確立を目指した田中文相が固執した大学区構想に起因するものと考えられるが、それと併せて、都道府県や市町村の教育委員会が地方自治法の適用を受けると想定されたことも大きかった。そこで、文部省は系統性を保持するために、地方教育委員会は「官治《（ママ）》行政としてこれを行う⑬」とすることで、内務省の影響を排除しようとした。「地方教育行政に関する法律案」（一九四七年一月一五日付）の「第六章　教育行政の監督」に「第八三条　市町村教育委員会及び都道府県教育委員会は、第一次において地方教育総長の監督をうけ、第二次において文部大臣の監督をうける」（荻原、一九九六年、四二頁）とされたことは、それを示している。同時に設置が予定された中央教育委員会は、地方の教育行政の円滑化を図るために、専門的な助言指導をなすための機関と位置づけられており、ここでも系統性が重視された。このように、文部省は、市町村や都道府県に教育委員会を設置することを認めながらも、それらが内務省統制に服さぬよう、官制たる地方教育委員会の設置を独自に考案し、系統性を保持することで、教権の独立を目指したのである。

2　教育委員会法の立案過程

　文部省は、教育刷新委員会の建議などを斟酌しながら「地方教育行政に関する法律案」をまとめ上げると、一九四七年一月一七日に関係官庁に意見を求める文書を送付し、二月一〇日には、CIEとGSに提出した。文部省が独自に考案した地方教育委員会はCIEによって否認されたため[14]、官制機構による統制を取り止めざるをえなくなった。だがこれで、文部省が系統性の保持を断念したわけではなかった。四月三〇日に新たに示された「地方教育行政法要綱案」、およびそれを修正した「地方教育委員会法要綱案」をみる限り、官制こそないものの、文部省の意図が一貫していたことがわかる[15]。

例えば、要綱案第四章に示された「教育委員会協議会[16]」は、地方教育委員会のような監督権限をもつものではないが、教育事務の共同処理や連絡調整を主たる任務としている。だがそれ以上に注目したいのは、「第五章　教育委員会の監督」において、第六十九条「地方教育委員会（注　市町村教育委員会と都道府県教育委員会の総称）に対する行政庁の監督は地方教育行政の自治を尊重する精神に則り、この法律の定めるところに従ってのみ、これを行うことができる[17]」として、内務省を牽制している点であろう。このことは、第七十条に「市町村教育委員会は、第一次において都道府県教育委員会の監督をうけ、第二次において文部大臣の監督をうけること。都道府県教育委員会は、文部大臣の監督をうけること」とした点からも明らかである。ここでも文部省の指揮監督を認めることで、系統性の保持に努めたのである。内務省はこの法案に強い反対をみせたものの、七月一四日には、地方教育委員会法案が政府原案として発表された。ところが、CIEはそれを承認せず、国会への提出は先送りにされた（荻原、一九九六年、七〇頁）。併せて、地方教育委員会法案については、地方自治法の完成を優先させるべきだとするGSの主張により、法案審議は中断を迫られた[18]。

法案に対するCIEの公式回答と希望意見が示されたのは、一二月に入ってからのことであった。二日にCIEから示された意見には、文部省の指揮監督権の削除が求められ、地方の教育委員会に対する文部省の統制の一切が否定された[19]（同、七〇頁）。その結果、文部省は監督規定を断念せざるをえず、それを排除した修正法案（一二月二八日付）を二九日にＣＩＥへ提出し、回答を待った。文部省と教育刷新委員会は、一九四八年一月に、ＧＳやＥＳＳとの協議を経た修正事項をＣＩＥから受け取ったが、その内容は、日本国民の民主化の程度や財政事情などを考慮すれば、実行可能性はきわめて低いと思われたことから、文部省と教育刷新委員会第一〇特別委員会は、さらなる修正を検討することを決めた[20]。

第一に問題となったのは、設置単位であった。ＧＨＱは、従来から設置を予定した都道府県、市、東京都特別区にくわえて、町村を対象にすることを勧告した。教育行政の運用は基礎的自治体で行うとするアメリカ側の理解からすれば、これは当然のことであったが、日本の町村は教育行政の担い手として狭小すぎたことから、設置が難しい場合には特別学区を敷くことも併せて提起された[21]。日本側は、この提案について、町村設置は財政的に不可能であり、特別学区も支持できないとして廃案を希求した[22]。

第二に問題とされたのは、所管事務であった。教育の自治という原則から、所管事務の多くを市町村に委ねるべきだとするＧＨＱに対して、文部省は、脆弱な財政状況と教育委員会の自主財源を欠く状況に鑑みて、高等学校の所管や人事権は都道府県以上で行うのが妥当とした[23]。所管事務を市町村教育委員会に委譲したいＧＨＱは、教育費は国庫負担金、国庫補助金、地方分与税法にもとづく移転財源、地方公共団体による自主財源、法律に定める特殊の教育税によって賄われるものとするとして、財政上の独立が保障されるような制度の提案に努めた[24]。しかし、文部省は、「教育税については未決定」、「教育税については約束をのばすこと」と慎重な態度をとった[25]。これは、教育税の導入が阻まれたという従前の経験にもとづくものであり、彼らは実質的な財源の確保を目指して、予算に関する事項の修正を求めた。そしてこれが第三の問題となった。

教育予算の編成について、ＧＨＱは、「教育委員会は歳出歳入に関する書類を作成し、それを議会に送付すること」とし、文部省は「首長」に提出するとした。両者の違いは、予算編成権者が誰かにもとづくものであった。変則的な二元代表制を採る日本では、予算案を議決する地方議会以上に、予算案を編成する首長の影響が強かった。教育予算の確保を図りたいのであれば、予算編成の段階でその意向を反映させる必要があることから、文部省は、「(教育予算を議会に提出するとするGHQ案は)、かえって(教育)委員会、知事、議会の三者の権限を不明瞭にすることになって、必ずしも教育権の確立を保障しない。三者の権限を明瞭にすることが、かえって委員会の権限を確立するとともに行政上合理的である」[26]として、現実的な教育予算の確保に努めた。

第四に問題とされたのは、委員の選任方法であった。GHQは公選制の導入を当初から強く望んだが、国内の民主化の程度を知る文部省や教育刷新委員会は、公選制の採用は段階を踏む必要があるとした。第一〇特別委員会の審議でも、当面は経過的措置として任命制を採用するべきだとする意見が多数を占め、素人統制の原則と整合性を図るために、「経済、宗教、労働、文化、婦人等の各界のものについて知事、市長が議会の同意を経てこれを任命する」という案を練った[27]。ところが、任命制は住民自治の本旨に反するという意見も出されたことから[28]、任命制案を一度棚上げし、公選制を議論した[29]。しかし、その審議においても、民主化の程度が不十分で、ボス支配に陥りやすい地方の政治風土を考慮すれば、間接選挙が妥当であるとの判断がなされたため、議題の中心は教育委員会の構成に移された。

検討に際して、第一〇特別委員会は、教育委員会の構成は、教育行政を運用する地方政府、教育関係者、国民の三者関係を基礎にすることを確認した。一般行政からの独立を重視する教育刷新委員会で、地方政府関係者が考慮されたのは、教育委員会が財政権をもつことをGHQが認めないからであった。独立した財源をもたない以上、教育予算の確保は長との折衝に委ねられる。ゆえに、教育委員会は行政手腕をもつ人物を含むことが望ましく、行政官僚や議会関係者の枠を設定した。併せて、第一〇特別委員会は、第三特別委員会が否定した現職教員枠を提起した[30]。これは、民主主義に不慣れな国民による教育行政の運用を専門的に助言する必要があるとの判断にもとづくものであった[31]。一連の提案に対して、CIEは、趣旨は理解できるものの、容認は難しいとした[32]。回答を受けた教育刷新委員会や文部省は、最低でも第一回選挙は任命制か間接選挙にすべきだという意見を曲げず、折衝は平行線をたどった。

第五に問題とされたのは、委員の報酬と職務関連費用の支給に関するものであった。CIEは委員の無報酬を勧告したが、文部省はこれに強く反発した。公選制の採用は、ただでさえボス支配に陥りやすい地方の政治風土を強化する恐れがあるうえに、これに無報酬という条件が重なれば、教育に関心をもつ人物がいたとしても、財政的事情から立候補できず、結果として一層のボス支配を招きかねなかったからである。そこで審議課は「委員の選挙と無報酬制度の不適当とする諸点」を作成して、国情に適う修正を強く迫った[33]。

CIEから譲歩を得るために、文部省は五月一一日に、詳細な理由を付した意見書を提出し[34]、一四日には「教育委員会法案に対する文部省の意見（大臣案）」を携えた森戸辰男文相がニュージェントCIE局長との会見に臨んだ。森戸文相は、文部省として修正を望む諸点として、「一、教育委員会は都道府県、市、東京都の特別区、人口一万以上の町村及び学校区に設置すること。但し特別学校区に関する立法措置は更に調査研究の上定めその実施は二年の間これをのばすこと」、「二、教育委員会の委員の選任方法は、直接公選を原則とするも第一回の選挙に関しては教育刷新委員会の建議の方法によること」、「三、教育委員会の所管学校の範囲を限定しないこと」、「四、教員の任免の最終的決定は府県教育委員会がこれを行うこと」、「五、教育予算は委員会で発案し、知事（市町村長）を通して議会の決定によること」を挙げ、これらを了承することを強く求めた[35]。ニュージェント局長は、委員の選任方法として公選制を留保することは、日本が国家的にも国際的にも民主主義の域に達していないことを表明することになるとして、否定的な態度をみせた。そして、CIEとして、これを検討するものの、最終的な決定はSCAPが下すと述べて、会見を終えた[36]。

会見で手応えを得られなかった文部省は、ＣＩＥと連日にわたる協議を続けた。二六日には、ルーミスが六月一日までに必要な修正を終え、最終案をＧＨＱに提出するよう命じた。指示を受けた文部省は、六月一日に法案をＣＩＥとＧＳに提出したうえで内閣に送付した。七日には、ルーミスから文部省案に対する最終回答が示されたが[37]、そこには、いくつかの妥協がみられた。設置単位については、市町村設置の原則を堅持したものの、町村設置が二年以内にできない場合には、さらなる延期が可能であるとした。選任方法については、政府提案を公選制にすることを強要する一方で、それが議会で否決された場合には、その意見を尊重するとした。所管学校や人事権については、町村の教育委員会が設置されてから再審議に付すとして留保した。予算については、ＧＨＱ案を撤回し、文部省案を採用した。文部大臣の指揮監督権についても、「法律に別段の定めがある場合の外、文部大臣は、都道府県委員会及び地方委員会に対し、都道府県委員会は、地方委員会に対して『行政上』の指揮監督をしてはならない」という規定に『運営上』という字句を加えたうえで許容した[38]。閣議では、文部大臣の指揮監督権を一層強化すべきだという意見が強く、修正が検討された[39]。だが、ＧＳがそのすべてを否定したため、最終案ではＣＩＥの勧告も排除され、指揮監督権を一切排除する「法律に別段の定がある場合の外、文部大臣は、都道府県及び地方委員会に対し、都道府県委員会は、地方委員会に対して指揮監督をなしてはならない」という規定に改められた。

ＣＩＥの態度に軟化がみられたのは、ＧＳが内閣の主張を認める方向に傾いたからであった[40]。ルーミスによる最終回答を受けた内閣は、八日の閣議で承諾できない事項を検討し、「教育委員会法案に関する日本政府の意見」を付した最終決定を一〇日にＣＩＥへ提出した。主たる内容は、①町村設置は五年以内に段階的に実施すること、特別学校区の導入に猶予をもたせること、②公選制の採用は第三回以降にし、第一回は指名推薦、第二回は間接選挙もしくは公選制のいずれかを選択すること、③高等学校の所管は都道府県・市町村の並立の原則を認めること、教員の任命は不均衡が是正されるまでの間、政府委員が所管すること、④予算については財政法第十七、十九条の規定を採用することであった[41]。意見書は法案に反映されなかったものの、法案そのものは、一一日にGS、ESS、CIEの最終的な承認を得て、一五日に国会への提出が許された。上程にあたり、GSとCIEは、国会審議の場で法案が修正された場合、それを承認するとした[42]。これにより、法案の審議は国会に舞台を移したのである。

3　教育委員会法案をめぐる国会審議

審議は六月一九日の衆議院文教委員会において開始された。森戸文相は、法案は「教育は、不当の支配に服することなく、国民全体に対し直接に責任を負って行われるべきものである」という教育基本法第十条の趣旨を体現したものであるとして、委員の理解を求めた。しかしながら、教権の確立という教育理念を共有する各党派の委員は、文部省がCIEから修正を余儀なくされた事項を、問題にし、再修正を迫ったのである。

文教委員会がまず問題にしたのは、設置単位や所管事務に関する事項であった。各党派の委員は、GHQが希望した人口一万以下の町村についても教育委員会を設置することについて、財政的な裏づけがないままに設置を強行しても、事務は遂行されないとして、町村設置を否定した[43]。教職員の人事権者である教育委員会の財政的な脆弱性は、被雇用者である教職員の身分を不安定にすることで、教育内容を低下させる恐れがあったからである[44]。教師の身分保障と設置単位に関する問題は、これに止まらなかった。アメリカの教育委員会は、人事権者と財政権者の一致を前提にしたが、日本では、財政上の理由から不一致を余儀なくされた。法案は給与権者を知事としたが、給与の半額は国庫が負担することから文部大臣もその責を負った。他方、人事権は教育委員会が所管した。法案は団体交渉の相手を不明瞭にすると日教組が指摘したように[45]、人事権者と財政権者の不一致は、教師の身分を不安定にさせるとの見方が支配的であった。そこで、文教委員会は、任命権者と給与負担者を一致させる目的で、給与を負担する都道府県の教育委員会に人事、給与、労働組合に関する事項を所管させることを確認した[46]。

教師の身分保障に関する問題は、これに限らず、教育委員会の核心すなわち国民の教育権を体現する素人統制の原則にまで及んだ。教育刷新委員会と同様に文教委員会でも、民主主義に対する国民の理解が不十分な状況で素人統制の原則を採用しても、それが円滑に機能しないばかりか、不当な支配をもたらしかねないことが問題にされた。[47]民主教育からの逸脱を判断し、それを是正するのは教育者にほかならないことから、文教委員会は教員の被選挙権の容認を求めた。[48]教権を実質的に確立させるためにも、現職教員の被選挙権は不可欠であるという主張は、党派を問わず支持されたが、[49]同様の認識は委員の報酬についても示された。文教委員にしてみれば、無報酬制は資産選別を招くばかりか、委員の意欲を削ぎかねず、教育長や事務局の独占的な運営を許し、教権を危うくすると思われたからである。[50]

素人統制がかえって教育長と事務局による統制を招きかねないという懸念は、国内の至る所で聞かれた。[51]教育長は、教育委員会の統制を受ける反面、教育委員会と地方公共団体の長をつなぐ存在でもあるため、教育長と首長が結託すれば、財政面から教育委員会が統制されかねないと考えられたからである。そこで、教育長と教育委員会の関係を解釈の余地なく定めることが課題とされた。ところが、「教育長は、教育委員会の指揮監督権を受け」るとする第四十二条と、教育委員会の事務執行は「教育長の助言と推薦」を要するとする第四十九条の規定は、解釈しだいで両者の関係を一八〇度違えさせることから、文教委員会は助言という名目で教育長が実質的な統制を行う可能性を事前に排除するためにも、第四十二条の趣旨に沿う修正を求めた。[52]その結果、第四十九条は「教育委員会は左の事務を行う。但し、この場合において、教育長に対し、助言と推薦を求めることができる」と改められたのである。[53]

教権の確立を主眼とする文教委員会は、一般行政からの独立を図るために細心の注意を払ったが、同時に系統性を重視した。政府案は、独立の行政機関である教育委員会は上級機関をもたないとしたが、そのことは、地方の教育委員会が教育基本法に背く行為をしても、それを是正する機関をもたないことを意味したからである。民主自由党（以下、民自党）の水谷昇は、これを教育の民主化を阻害する重大な制度上の欠陥であるとして、国情の違いを考慮せず、教育行政の全面的な地方分権を行うことは時期尚早であると強く批判した[54]。同様の指摘は社会党の松本七郎からもなされた[55]。松本が問題にしたのは、第五十四条第二項「法律に別段の定がある場合の外、文部大臣は、都道府縣《ママ》委員会及び地方委員会に対し、都道府縣《ママ》委員会は、地方委員会に対して指揮監督をしてはならない」という規定について、ＣＩＥが「法律」を「この法律」に、「指揮監督」を「行政及び運営に関する指揮監督」に改めるよう、要請したことについてであった。つまり、松本は、文言を「この法律に」とすれば、「文部大臣の責任、権限というものが非常に薄くなる」ことを懸念したのであった。文部大臣の権限を著しく制限する修正は、文部省も望むところではなく、答弁に応じた辻田も「『この』というふうな字を入れることは断然反対でございます」と述べている。このように、教育委員会に逸脱行為があった場合、それを是正する権限を文部省に与え、文部行政の系統性を保持するという考えは、文部省のみならず各党派の文教委員にも広く共有されていた。そこで文教委員会は、ＣＩＥの修正を排除し、制定法第五十五条第二項を「法律に別段の定がある場合の外」としたのである。

　このように、衆議院の文教委員会では、教権の確立に向けた法案の修正審議が進められ、七月四日には、政府原案に対する修正を超党派的合意のもとに施した。主な修正は、次の六点である。第一の修正は、教育委員会の設置単位を都道府県と五大都市にとどめたことである。しかし、それは、全面設置による混乱を事前に抑制するための暫定的措置とされた。文教委員が町村設置を否定した点を斟酌すれば、国会という場においても、市町村設置というＧＨＱの原則を覆せなかったことがわかる。だがその一方で、文教委員会は、ＣＩＥが指示し政府原案に挿入された、人口一万以下の町村を特別学校区に編成することを排除することには成功した。これにより、法案施行後の課題は、いつ、どのように市町村設置を行うかになったのである。

　同様の問題は、第二の人事に関する修正でも生じた。先に述べたように、文教委員会は任命権者と給与負担者の一致を重視し、市町村への人事権の委譲を見合わせるべきだとしたが、ＧＨＱから了承を得られなかった。そこで文教委員会は、「校長及び教員の任免、給与等の人事その他共通する必要な事項を決定するために、都道府縣《ママ》内の地方委員会と都道府縣《ママ》委員会が連合して協議会を設けることができる」という修正を加え、人事の公正な運営と待遇の均衡適正を図ろうとした。すなわち、協議会の設置は、人事について市町村の意見を反映する機会を制度的に保障することと、広域的な人事の実施を可能にすることを目的にしたのであり、これにより、市町村設置にともなう弊害を抑えようとしたことがわかる。

第三の修正は、現職教員の被選挙権の容認にあった。これは、他の公職で現職立候補が認められているにもかかわらず、教育委員会にのみ、それが禁じられていることは妥当性を欠くとの判断からであったが、[56]真の理由は別にあった。文教委員の多くは、温情主義的な風潮が強い地方で教育行政を円滑に機能させるには、教師が自ら行政に参画し、教育改革を牽引する必要があると考えたからである。そこで彼らは、雇用関係を念頭におけば否定されるはずの現職教員の被選挙権を、当選後に現職を退くのであれば禁止の根拠に当たらないとして容認したのである。

第四の修正は、地方財政の負担軽減という目的から、教育委員会の経費について国庫補助を認めた。第五の修正は、教育委員会委員の有償制の容認であった。第六の修正は、教育長と教育委員会の序列を明示することであった。一連の修正は各派共同でなされたこともあり、修正案は民自党、社会党、民主党、国協党、小会派の超党派的合意により採択された。翌五日には、参議院文教委員会でも修正案と修正案を除く政府原案が全会一致で可決・採択され、教育委員会法は七月一五日に公布された。

4　制度移入に残された問題―再解釈の限界

以上のことから、文教委員会の審議は、文部省がＧＨＱとの折衝で後退を余儀なくされた問題を再争点化させる過程であったことがわかる。教育刷新委員会や文部省によって作成された法案は、ＧＨＱの指導を恒常的に受けたため、アメリカの教育委員会制度を日本型に再解釈した要綱案は、いずれも修正され、そのほとんどが政府原案に反映されることはなかった。だが、国会審議は違っていた。ＧＳが国会における法案の修正を認めたことから、文教委員会は比較的自由に審議を行い、その過程には、日本側政策担当者の理解が端的に示されたのである。

教育委員会制度の導入にあたり、日本側は歴史的経緯の相違から、その移入は漸進的になされることが望ましく、またそれにより実行性が保障されるとした。ＧＨＱはこれに理解を示しながらも、市町村設置と直接公選制の採用については、一切の妥協を示さなかった。このため、日本側はこの二点を受容した上で、日本に適合的な制度設計を試みた。そこで重視されたのも、やはり「教権」であった。国民の教育権の体現を目的とする教育委員会制度の導入に際して、日本側が教権という異なる理念に頼ったことには、いくつかの理由があった。

第一の理由は、民主化の程度であった。再三指摘したように、日本の民主化を促すには、牽引役となる教師の力を借りる必要があった。とはいえ、被雇用者である教師に被選挙権を認めることは制度上問題もあり、ＧＨＱは、教育委員になることと、民主教育を実践することは別問題であるとした。この指摘は日本側政策担当者にも納得できるものであったが、彼らは、このような民主化の問題にも増して、財政上の理由から内務省統制が復活することを懸念した。文部省は、中央―地方の協働関係にもとづく系統性のとれた制度を創出することで、教育の中立性を確保しようとした。しかし、その試みは総合行政を希求する内務省によって一蹴された[57]。この状況を打開するには、教師の被選挙権を容認して「教権の確立」を図るほかに途はなく、文教関係者は国会決議を通じてＧＨＱを納得させたのであった。

第二の理由は、今述べた「教育の中立性」の確保に求められるが、それはまた教育財政の脆弱性という第三の理由とも関連した。戦前の日本では、教育に対する不当な支配は人事、財政を通じてなされたことから、審議では、財政問題の解決なくして「教権の独立」はありえないとする主張が一般的であった[58]。ところが、その解決は困難を極めた。地方の教育財政問題は、文部省、大蔵省、内務省およびその後続機関にあたる地方財政委員会や地方自治庁の利害が錯綜するのみならず、CIE、ESS、GSといったGHQ部内のセクショナリズムが重なることで、非常に複雑な調整を強いられたからである（オア、一九九三年、一七九－一八三頁）。こうした状況で、教育の分権化と機会均等を全国的に保障する財政制度を確立することは、容易ではなかった[59]。教育委員会法で教育財源に関する事項が挿入されなかったことは、これを象徴する。

このように、不十分な点を残しながらも、日本側政策担当者は、国民の教育権を体現するアメリカの教育委員会制度を移入する過程でその理念を可能な限り教権に置き換え、日本型に再解釈することに少なからず成功した。ところが、運用の段階で深刻な問題に直面した。教育の民主化と教育の中立性を図る手段として容認された教師の被選挙権は、有識専門職および師表に与えられた権利であった[60]。しかしそれが、教育労働者の権利とされれば、被選挙権は自己利益を実現する手段となることで、被選挙権を容認する正当性を損なわしめるからである。社会党の文教委員が教育労働者としての権利を前面に打ち出す日教組を戒めたのも[61]、こうした事態を懸念してのことであった。

だが皮肉なことに、文教委員会の不安は的中しつつあった。一九四八年一〇月五日の第一回教育委員会委員選挙では、全国平均投票率は四三・三％であり[62]、国民の理解が不十分なこともあって選挙活動を組織的に行った日教組系委員が全国の教育委員の四〇％を占めるという結果に終った。もちろん、これのみで超党派的合意が崩れたわけではない。こうした事態は、ある程度予想された。しかし、当選者の七五％を教育関係者が占めたことは、教育委員会の趣旨に反するものであった[63]。GHQの望まない状況で、教育委員会が特定の思想に指導されたり、教育労働者としての権利保障を実現する場となるようなことがあれば、法改正は必至であった。独善に陥ることなく、教育委員会を機能させられるかどうかは、教師の身分保障のあり方に左右されかねない状況であった。

第２節　教育公務員特例法をめぐる政治過程

教権という理念を支持する日本が、アメリカに由来する教育委員会制度を導入することは、国民の教育権という理念にもとづく制度を日本的に再解釈し直す過程であった。教育理念の相克は、他の行政機関が支持する理念や利益との対立を内在させることで、複雑な様相を呈した。渦中にいたＣＩＥ教育課のオアが「相違する見解を調停するには多くの妥協が必要となり、それらはやがて、この法律の重大な弱点となって現れること」となったと回顧しているのは、問題の本質を衝いている（オア、一九九三年、一八九頁）。

他方、教育委員会法と時を同じくして、作成された教員身分法案は、日本側が独自に起草したものであり、その意味で教権を純粋に制度化したものであった[64]。このことは、調査局審議課で教員身分法案の作成を担当した宮地茂の、ＣＩＥは身分法案の作成に否定的であり、それを肯定するようになったのは、国家公務員法の附則に特例法の作成が認められて以降のことであったという回想からも傍証される（高橋寛、二〇〇六年、一〇〇頁）。しかし、その過程は単純なものではなかった。国家公務員法から独立した身分保障を嫌うＧＳの公務員課の意向が教権の制度化を阻んだからである。のみならず、教師の身分は、国家公務員法にくわえ、地方公務員法や教育委員会法など複数の法律に規定されることを予定したため、いずれの法律が上位するかをめぐりＧＨＱや国内の官庁の間で激しい論争が繰り広げられたのである。

１　教員身分法案の作成と国家公務員法

教育基本法第六条により、教師は「全体の奉仕者」すなわち公務員と定義された。しかし、その職務は、厳格な服務規律と積極的な身分保障を要する、特殊なものであることから、文部省や教育刷新委員会は、一般官吏とは別に独立した法律を設けることを企図した。[65] 一九四七年四月二八日付で文部省が作成した「教員身分法（学校教員法）要綱案[66]」は、そうした試みの一つであった。

要綱案は、教師を「教育を通して全体に奉仕する公務員であって、一部の奉仕者でない」とする一方で、その適用は国公私立を問わないとした。私立学校教員が対象とされたのは、教員の不安定な地位と不適正な待遇が職責を後退させ、教育本来の目的を阻害すると考えられたからである。[67] 私立学校への依存度が高い日本では、この問題は深刻で、対応を迫られた文部省は私立学校教員を公務員として扱うことにした。[68] 民事的な雇用契約の適用を除外するために文部省が用いた論拠は、職責にもとづく特殊な雇用関係を創出することであった。[69] 要綱案第四条では、「教員は、師表たるにふさわしい性行（資質）を具え、その職責に必要な学識のある者でなければならないこと」を任用の基本的な要件とし、「教員は師表たるにふさわしく清廉に身を持し、職務の内外を問わず、その信用を失うような行為をしてはならない」という服務規律が付された。職責の特殊性から身分を規定するという指針は、「教員の身分はその重大なる職務に基き尊重されなければならないものであって、この法律による外は、その身分が侵されることはない[70]」という第七条に結実し、これを根拠に私立学校教員を適用の対象としたのである。

しかし、文部省は一括規定が否定される恐れを払拭できずにいた。フーバー顧問団が作成した国家公務員法の草案（通称、フーバー草案）は、教員を一般職とすることで一律にその適用がおよぶとしたからである。国家公務員法との関係を含めて法案を再検討せざるをえなくなったという事情は、身分保障を規定した第八条が「（教員の身分は）この法律によるものでなければその身分が侵害されることはないこと」（五月二〇日案）から「この法律により身分が保障されること」（五月二三日案）と修正されたことからも推察される。[71] 文部省は、教員身分法を除く一切の法律の適用を除外する規定を断念せざるをえなかったものの、国公私立学校の別を問わず、教員の身分法案を一本化する姿勢を堅持した。だが、それはＣＩＥの指示により再検討を余儀なくされた。

教育課のトレーナーは、ＣＩＥの公式見解ではないとしながらも、文部省案の問題を次のように指摘した。私立学校教員を公務員とすることは、私学の本質に反するのみならず、私立の自律性を阻害すると考える。文部省は一本化の根拠を「公の性質」に求めているが、それは「公共的性格」という意味でしかなく、学校がただちに公の支配に属するとはいえない。以上のことから、私学教員を公務員として国公立学校教員と同一に扱うことは、健全な民主主義社会の原則に反するといわざるをえない、というのである。

この発言について、文部省は職務の特殊性から国公私立学校の教員を同一に扱うことの何が民主主義に反するかと質したものの、トレーナーは私立学校教員を公務員として扱うことは望ましくないと述べるだけであった[72]。

両者の見解の相違は、教育行政に対する責任の所在について異なる理解をもつことに起因した。地域社会もしくは私立により学校教育が担われてきたアメリカでは、学校教育に対する責任を国家が負うという認識は希薄であった。他方、日本では、教育は国家的事業と解された。ゆえに、公共の福祉を実現し、教育の機会均等を保障するのは国家であり、その対象は国公私立を問わないとすることで[73]、教師の身分保障の一致は妥当なものとされた。この理解がいかに堅固であったかは、ＣＩＥから意見を受けた後に作成された六月五日付の修正案において、「私立学校の教員は法令によって公務に従事する職員とみなす[74]」（雑則追加一）とされたことからも窺い知れる。しかし、それはＣＩＥの許すところではなく、文部省は私立学校教員を除く「国立、公立学校教員法要綱案」の作成に動かざるを得なくなった。

新たな要綱案を作成するうえで、文部省が注意を払ったのは、国家公務員法との関係であった。ＧＨＱとの関係から、私立学校を含む単独立法の作成を断念せざるを得なくなったものの、その趣旨を最大限に活かしたい文部省は、「国家公務員法に対する意見[75]」を作成し、行政調査部と内閣法制局に提出した。具体的には、「教員の任用、資格、昇進、分限等については、その性質上一般官吏と異なる点が多い」ため人事院による人事行政の適用から外すこと、「大学については、学問、研究の自由の立場から大学の自治を侵さぬこと、高等学校、中学校、小学校については、特に教育の民主化、教育の地方分権的見地から、又教員の職務の特質から特例を設けたい」ということが述べられた。持論の法制化に向け、文部省は関係方面との折衝を意欲的に行ったが、なかでも国家公務員法の作成にあたり教員法を別途に制定すべきだとする行政調査部公務員部長の浅井清[76]との調整に力点がおかれた。それと並行して、七月一日には「国、公立学校教員を国家公務員法（案）の適用より除外すべき理由[77]」を、一四日には「国立、公立学校教員法要綱案」と「国立、公立学校教員を国家公務員法（案）の適用より除外すべき理由とその対策（大臣案[78]）」を関係方面に提出し、支持を求めた。

適用除外の主たる理由は、教員の特殊な職責は身分の独立性が保障されてはじめて果されるため、序列的な身分にそぐわず、一般官吏と異なる職務評価が必要であること、教育の民主化を実現するために、教育行政は教育委員会制度の活用が望まれること等が挙げられた。そのうえで、文部省は国家公務員法のうち積極的な身分保障に関する規定の適用は認められるものの、全面的な適用は妥当でないとして、次の二点を代替案とした。

「一、公務員法の適用　公職中より教員を除外する。

この場合には、公務員法とは全々別に国立、公立学校教員法（仮称以下同じ）を制定するか或は一応公務員法の特別法として教員の特則のみについて国立、公立学校教員法を制定し一般官吏と共通な点は公務員法を準用する。

二、公務員法の適用　公職中に一応教員を含める。

この場合には教員の特則について公務員法中に規定するか或は教員については公務員法に定めるものの外、他の法律（国立、公立学校教員法）によることを記う《ママ》。

右一及二の何れによるかは公務員法の構想が未知であるため直ちに決し兼ねるが、要は一般官吏とは異なった教員の特別な点が考慮されることを希望する次第である。」

国内の関係機関の間ではいずれの代替案を採用するかについて意見が割れたものの、GSのケーディス次長の承認の下、フーバー草案の「日本化」が許された後に作成された七月二三日の国家公務員法第四次案以降、教員の身分保障に特例を設けることについては了解が得られつつあった。そこで文部省は詰めの作業を急ぎ、九月九日に「国立、公立学校教員法要綱案」（九月八日付）について省議了解を得たのちに、CIEに提出した。ところが、CIEとGS公務員課は国家公務員法との同時上程を見送らせた。学校教員の人事、免許制度に関する権限の所在を曖昧にしていることに加えて、起草中の教育委員会法や免許法、地方公務員法などとの兼ね合いを図ることなしに、法制化は難しいと判断されたからであった（高橋寛、二〇〇六年、九九―一〇二頁）。このため、この代替案は国家公務員法附則第十三条により「（学校教員は）その職務と責任の特殊性に基いて、この法律の特例を要する場合においては、別に法律又は人事院規則を以て、これを規定することができる」ことが認められながらも、制度化は先送りにされたのである。これに不満を覚えた各党派の文教委員は、国家公務員法の採択に際して、教師の身分保障に関する特例法の即時成立を求める附帯決議をなし、次の一手を俟った。

2　政令二〇一号と教育公務員の任免等に関する法律案

各党派からの支持を得た文部省は身分法の成案を急いだ。だがそこには、先に締結した労働協約の再締結を避けたいという意図も隠されていた。国家公務員法に則して労働協約を修正するという閣議決定（八月二一日付）を受けた日教組は、予算事項や勤務条件を協約の対象外とすることや、クローズド・ショップ制の不容認などを掲げた内容に憤慨し、団体交渉の打ち切りを一一月一八日に宣言した直後、中央労働委員会に提訴するという強硬手段に出た[79]。事態を憂えた教育刷新委員会は、教員連盟の設置や教育会への改組などにより、教職員組合の穏健化を図るべきだとして、その可否を文部省に質した。森戸文相は労働協約の行き過ぎを認め、それを是正する旨を述べたものの、教育刷新委員会の主張を組み入れることはCIEとの関係で困難だとした[80]。そこで教育刷新委員会は、連絡委員会を通じてCIEに事態の改善を求めた。日教組に手を焼くCIEは措置を講ずる予定であると返答し[81]、二の足を踏んでいた教員身分法を容認する方向に動き、文部省との折衝を本格化させた[82]。しかし、両者の目的は明らかに異なっていた。一二月六日には、ルーミスがGS公務員課との協議を経た教員身分法の内容を示唆し、国家公務員となる教員と地方公務員となる教員を明確に区分することや、人事に関する権限を明瞭にすることを求めているが、それに併せて、労働基準法との関連や団体交渉の対象事項にも発言が及んでいる。一六日には、「教員の人事については、教員組合はこれに関与すべきでない旨を何らかのかたちで明記すること[83]」が求められているが、これらのことから、GS公務員課やCIEは権限の明確化と組合運動の抑制という消極的な目的からそれを許可したのであり、教員の積極的な身分保障を目指す文部省と隔たりがあったことがわかる。

とはいえ、許可を得た文部省は、「教育公務員の任免等に関する法律案」の作成を急いだ。法案の目処がついた一九四八年四月には、教育の地方分権が実現するまでの間は現行の労働協約を延期すべきだとする中央労働委員会の提言を踏まえ、期限つきで延期を認めるという妥協案を日教組に提示した[84]。延期が暫定的な措置にすぎないことに日教組は不満を覚えたものの、受諾に応じたことで、労働協約は七月六日まで延期されることになった[85]。差し迫る期日を前に、文部省は法案の完成を急ぎ、六月七日に閣議決定を得た。国家公務員法附則第十三条を根拠とする法案は、国立学校教員を国家公務員、公立学校教員を地方公務員と区分する一方で、教師は「教育を通じて国民全体に奉仕する」という特殊な職責を負う存在であるとする基本方針が堅持され、「教育公務員の任免、分限、懲戒、服務及び研修」に関する規定は、一般職と区別されるべきであり、本法により規定されるとした。

国家公務員法が施行された後も、教員の身分保障を単独立法でなそうとしたことには相応の理由があった。附則第十三条は、「特例は、この法律の第一条の精神に反するものであってはならない」とするのみで、特例法との関係を明示していなかったからである。ここに着目した文部省は、教育公務員に対する他の法律の適用を「この法律及びこれに基く命令又は他の法律に定めるものを除く外、国家公務員法（第二十四条では、地方公共団体の職員に関して規定する法律）の定めるところによる」（第二十三条）[86]とすることで、特例法が国家公務員法に優先するという解釈を可能にしたのである。だが、この規定は法案作成の段階で全文削除され、「この法律に定める規定は、すべて、国家公務員法又は別に地方公共団体の職員に関して規定する法律に定める規定に従属する」という規定を付して、七月二日の衆議院文教委員会に提出される運びとなった。

国家公務員法が母法で特例法が子法にあたるという従属関係を明記した修正は、内閣法制局や地方財政委員会およびＧＨＱの意向によるものであった。修正案を教育刷新委員会がいち早く批判したように[87]、それが文部省の本意でないとしても、閣議決定を経た法案の国会審議が紛糾することは想像に難くなかった。しかし、それは必ずしも文部省にとって不利なものではなかった。国会審議を通じて理想的な修正が施される可能性も残されていたからである。だがそうした望みも突如として失われた。ＧＨＱが国家公務員法の改正そのものに乗り出したからである。

国家公務員法案の作成を主導したフーバーは、ストライキ禁止規定の挿入を強く望んでいたが、官公労を支持母体とする片山内閣により、その規定は外された。修正に激怒したフーバーは再修正をくり返し求めたが、ＧＨＱ部内の賛成が得られず、叶わぬままであった。ところが、修正の機会は期せずして訪れた。民主化という観点から労働基本権の行使を容認したマッカーサーが、日々激化する官公労によるスト攻勢が経済の安定化を妨げることを嫌い、公務員の労働基本権の取り扱いを再検討する方向に動いたからである。しかし、修正は容易でなかった。労働三権の保障を主張する労働課のキレンと抑制を主張する公務員課のフーバーの対立は数度にわたる会議を経ても妥協点を見出せず、最終結論が期待された七月六日の会議も物別れに終わったからである。判断を迫られたマッカーサーは、労働運動の放置は日本の経済復興を遅延させるとして、スト禁止を含む書簡を単独で芦田均首相に送付した（竹前、一九八二年、コーエン、一九八三年b）。

マッカーサー書簡を受けた芦田内閣は、七月三一日に政令第二〇一号を公布施行し、公務員の争議権の否認と団体交渉権の制限を行った。対象は国公立の学校教員にもおよんだことから、文部省は、八月一四日に労働協約協定・申合せ等の無効、組合事務専従者の否認、争議権の禁止、団体交渉権の制限、政治的活動の制限などを記した「政令第二〇一号の解釈と取扱等について」を通達した。急転直下の事態を受けた日教組は、即日、非常事態宣言を発令し、対決姿勢をみせた。文部省の通達についても拘束力なしとしたうえで、教育公務員を一般職とすることの是非を問い、争点化させた[88]。

刻々と変化する事態は、上程中の「教育公務員の任免等に関する法律案」そのものの妥当性を問題にした。教育刷新委員会の総会で国家公務員法の改正が法案に与える影響を問われた辻田調査局長が、法案が公務員法に従属する点に変わりはないものの、文部省としてはマッカーサー書簡の内容を法案に織り込む必要はないと考えており、今後は関係省庁との調整にあたると答弁したように、文部省は従来どおりの立場を堅持した。それでも、国家公務員法の改正が法案そのものを危うくするという懸念は残された[89]。同様の不安は各党派からも示され、文教委員会では、法案の重要性に鑑みた場合、その審議は国家公務員法の改正問題が決着した後に再開されるべきだとして継続審議が決められた[90]。

3　教育公務員特例法の制定とそこに残された問題

ところが、芦田内閣は退陣を余儀なくされたことから、国家公務員法の改正と教育公務員法案に関する審議は、一〇月一九日に発足した第二次吉田茂内閣に委ねられることとなった。森戸文相の後任には、緑風会の下條康麿が就任したが、田中耕太郎など文教通の知識人が多数所属する緑風会の出身であることや、森戸と個人的な親交をもつことなどから、下條はそれまでの教育政策を継承することを確約した[91]。懸案の教育公務員に関する法案についても「教員は特殊の公務員にはちがいないが、しかしふつうの公務員とは違うから、そういう点で特例をもうける要がある」と従来どおりの指針を堅持した[92]。

国家公務員法の改正と教育公務員特例法案

一九四八年一一月一二日に開かれた教育刷新委員会の第八三回総会では、審議が中断された教員の身分法案が再び議題に上がったが、教員を一般職に就く公務員と同一に扱うことは妥当性を欠くため、教育公務員法案を単独立法として上程すべきだとする意見が特別に示された。単独立法案を支持する声は各党派の文教関係議員からも聞かれ、国家公務員法の改正法案を審議した第三回国会の人事委員会では、おりにふれてこの問題が論じられた。

政府提出の「国家公務員法の一部を改正する法律案」は、国家公務員に対する労働三法の適用排除、政府に対する同盟罷業その他の争議行為および罷業的行為の一切を禁止、オープン・ショップ制の原則にもとづく団結権の容認などを内容にした。共産党や社会党は、法案は基本的人権を侵害するとして厳しく批判したが、教師を対象としたことについても抗議した。教師を教育労働者とする両党にすれば、これは当然の主張であったが、同様の批判は教師を師表もしくは有識専門職とみる民主党や国協党などからも示された[93]。特殊な職責をもつ教師は「他の公民のもつ一切の特権と機会とを与えるべきである」とする米国教育使節団報告書の勧告が当然に遵守されるべきだとする考えが、教育関係者の間では支配的だったからである。一一月二四日の衆議院人事委員会で、社会党の相馬助治から国家公務員法案における教育公務員の立場について質疑を受けた臨時人事委員会（人事院の前身機関）の浅井清臨時人事委員長は、教育公務員に関する法案は文部省の範疇だとしたうえで、法案作成の経緯と臨時人事委員会の見解を次のように述べた。教育公務員法の形態は、国家公務員法の適用を除外する単独立法案と国家公務員法附則第十三条にもとづく特例法案とが想定され、政府においても様々な意見が出されたが、最終的には特例法という形で上程する予定である。ただし、個人としては、「この教育公務員と申しまするものは、なるべく大幅に国家公務員法から除外して独自の立場でやりたい」と考える、というのである。相馬はこの発言を受け、翌二五日の人事委員会で下條文相に見解を求めた。答弁に応じた下條文相は、教職員も公務員である限り国家公務員法の適用を受けることは妥当であるとしながらも、任免等については別途措置が必要であることから特例法を上程する予定だとした。

浅井臨時人事委員長の発言や文部省の態度の変化に象徴されるように、教育公務員法は特例法という形態を採らざるを得ない状況にあった。しかし、それは当初からではなかった。国家公務員法の改正にともない撤回された「教育公務員の任免等に関する法律案」に代わるものとして文部省が作成し、一一月九日に閣議決定された「教育公務員特例法案」では、国家公務員法と特例法の関係は教育公務員特例法が優先し、規定のない部分について国家公務員法の適用を受けるとされた[94]。特例法が上位するという規定は、単独立法が許されない状況で文部省のなしうる最善の策であり、この規定により単独立法と変わらない自律性をもたせようとしたのである。

しかし、それは労働三法の適用をすべて除外しようとするGSの意図に背くことから、第三回国会への提出に見送りが命じられた。特例法を成立させたい文部省と臨時人事委員会は、その直後から折衝を再開したものの、GSは「教員に対して特例を設ける必要がない、国家公務員法だけでいい」という態度を崩さなかった[95]。その後、GSは特例法起草の許可を与えはしたが、両者の議論は平行線をたどった。こうした状況が続いたのは、法案を成立させたいのであれば、第二十三条を「この法律中の規定が、国家公務員法の規定に矛盾し、又はてい触すると認められるに至った場合は、国家公務員法の規定が優先する」という内容に修正するようGSが迫ったことに、文部省が応じられなかったためであった（木田、一九八七年、二四二頁）。

両機関の膠着状態は、法案の上程が予定された一二月一日を過ぎても成案に至らないという事態を引き起こした。迅速な法制化を望む各党派は文部省を非難し、即時の上程を求めたが、それは叶わなかった。膠着を打破したい国協党は、八日の衆議院文部委員会に独自法案を提出するという行動に出た。予想外の展開に動揺を隠せない政府は、GSの要求を呑むことでGHQの許可を得、教育公務員特例法案を即日、国会に上程した。二法案が提出された衆議院文部委員会では、その扱いが協議され、国協党案を撤回して政府案を審議することにした[96]。

だがその審議は、解散総選挙の期日との関係でわずか四日という時間しか与えられなかった。これまでの経緯を考えれば、審議の先送りは法案の存立を危うくすると考えた各党派の文部委員は、今国会での成立を目指した。国協党の松原一彦は、期日内で審議を終了させるために、最低限修正が必要と思われる箇所を事前に指摘し、各党派共同で修正を施すことを提案した。これに賛同した新自由党の久保猛夫は、円滑な協議を行うために、各党で別途に打合せをすることを委員長に申し出た。提案を受けた民自党の圓谷光衛文部委員会委員長は、委員の賛同を得られたことを確認したうえで、各党より一名ずつ委員を選出し、共同修正案を作成することが一〇日の文部委員会で決められた。

文教振興議員連盟の参加者を多く抱える文部委員会は、文化国家を建設するうえでも、教師に対する積極的な身分保障は欠かせないとした。ところが、政府案は国家公務員法の適用を前提にした特例法であり、複合的な身分保障が教師の身分をさらに不安定にさせることから支持できなかった[97]。これを改善するには、GSが強要した第二十三条の規定を超党派的合意により排除し、単独立法にすることが求められたが、それは事前に阻止された。特例法以外の形態を一切認めないとするGHQの意向が文部省を介して小委員会に伝えられたからである。同様のことは、教師の研修を定めた第十九条にも妥当した。文部省と文部委員会は、教師は研修を受ける権利と義務を負うため、費用負担を法律に明記すべきとしたが、義務的経費の拡大を嫌う大蔵省とＥＳＳなどにより拒否された。[98] このため、小委員会が扱える事項には限りがあったが、そうした条件にもかかわらず、小委員会は可能な限りの修正を試みた。

第一の修正は、第三十三条の「公立学校の学長、校長、教員及び部局長について必要があるときは、別に地方公共団体の職員に関して規定する法律が制定施行されるまでの間は、政令で、国立学校の学長、校長、教員又は部局長の例に準じ、特別の定をすることができる」という文言に関するものであった。第三条の規定により、公立学校の教員は地方公務員とされ、その身分を規定する根拠法は後日制定予定の地方公務員法とされた。ところが、第三十三条は、一般の地方公務員にはない、国家公務員法の適用を公立学校教員に求めており、教員の権利に様々な制約を付すことを予定した。条文による権利の侵害はこれにとどまらず、政令次第で不当な支配がおよぶ余地を残したことから、文部委員はこれに強い懸念を抱き、公立学校教員に対する国家公務員法の適用を除外することが妥当であるとして、「国立学校の学長、校長、教員又は部局長の例に準じ」という字句を削除する修正を施した。第二の修正は、第十四条の休職規定について、休職中の生活を保障するために、「俸給の全額を支給することができる」を「給与の全額を支給する」とした点にあった。

修正は民自党、社会党、民主党、国協党、新自由党からなる各派共同提案として、一二日の衆議院文部委員会に提出され、文部委員会は修正案とそれを除く政府原案を全会一致で採択した。さらに民自党を除く各党は、単独立法を目指して適宜修正することを希望し、会を終えた。翌一三日には、参議院文部委員会で議決に付され、共産党を除く各党の賛成を得て採択された。衆参両院の本会議でも同様に可決されたことから、教育公務員特例法は一九四九年一月一二日に公布される運びとなった。

残された争点

いくつかの問題を抱えながらも、教育公務員特例法が施行されたことは、前田文相以降、懸案事項であり続けた教師の身分保障に関する制度が確立したことを意味する。第一次吉田内閣では文部大臣を、第一回国会以降は参議院文部委員長を務めていた田中耕太郎は、一九四八年一二月一四日の参議院本会議で、教育公務員の職務は倫理的、学問的、文化的方面と関係し、その活動は個性を帯びた創造的なものであることから、一般職に適用される縦の命令系統には馴染まず、国家権力による統制を制限し、教育界に広範な自治を認めることで「教育権の独立」を確保する必要がある。このような目的から教育公務員特例法案が上程された、とその趣旨を説明した。田中の発言にあるように、また、特例法の原型となった教員身分法案の作成を担当した宮地茂が、法案は「純国産」と回顧したように（木田、一九八七年、二四五―二四六頁）、法案の根底に「教権」という理念があることは明らかであった。だがそれを裏返せば、理念を共有しないＧＨＱにしてみれば、法制化に固守する日本側の態度は理解しがたく、そのことが意見の相違や対立をもたらしたといえる。

しかしその一方で、理念を共有し党派を問わず身分法の作成に尽力した日本側にも教師像の相違に起因する対立があり、足並は必ずしも揃っていなかった。教権を師表の権利とみる立場からすれば、教育労働者の権利保障を強硬に訴える教員組合の態度は容認しがたいものであった。とはいえ、彼らも教師のそうした行為が生活苦によることを承知しており、積極的な身分保障こそ教育を正常化させるとして、身分法の早期成立を望んだ。くわえて、教師が文化国家建設という国家的な使命を果すためにも、教育の自由をはじめ教師の諸権利は尊重されなければならず、教師の自主的な活動を制限する国家公務員法の適用は職責を妨げるという立場を、民自党、民主党、国協党、社会党右派の文教（文部）委員たちが貫いたことは、教育労働者という教師像に固執する社会党左派や共産党を含めた超党派的合意を可能にする素地を提供した。教育刷新委員会の委員や衆議院文部委員長を務めた民自党の圓谷が、労働協約を主張し強硬的な態度をとる日教組を批判しつつも、短期的な見地から教師の権利に制約を付すことは望ましくないとした発言はこれを象徴するが、教権をなにより重視する文部委員会は、将来的に教育の中立性を侵害しかねない国家公務員法の適用は当然に排除されるべきだとの見解を示し続けた。

ところが、GHQはそうした主張を許さず、教員の身分は国家公務員法の規定を第一義的に受けることとなった。こうした状況の下で、衆議院文部委員会が教育公務員の権利を現行制度の枠内で最大限に尊重する修正を行ったことは、上述のとおりである。彼らの修正はそれに止まらなかった。地方公務員である公立学校の教員は、政治的行為を制限した国家公務員法第百二条の適用から除外されるとしたことで、公立学校教員は団体協約締結権と争議行為の禁止以外の労働基本権が保障され、政治活動の自由が認められたからである。全教員に占める公立学校教員の比率を考えれば、修正の意義は大きかった。だが、そこにも問題は残されていた。修正は、地方公務員法が制定されるまでの暫定的な措置にすぎず、地方公務員法の条項しだいで公立学校教員の身分を一八〇度転換させることもできたからである。旧内務省系統機関は、地方自治は「総合行政」の観点からなされるべきだとの立場を堅持しており、そこでは公立学校教員も一般公務員と同様の扱いを受けるべきだとする意見が主流であった。地方公務員法案の作成は地方自治庁が第一義的に行うとされたことは、教育関係者にとっては不安材料であった。教師の身分を確実に保障するために彼らは特例法を単独立法に修正する新たな方策を求めざるを得なかったのである。

（1）「地方教育行政機構刷新要綱（案）」一九四五年一二月二一日（『辻田文書』3－136－1）。荻原は、同様の趣旨が一九四五年一一月二〇日付の「画一教育改革要綱（案）」に確認されると指摘している（荻原、一九九六年、一二五頁）。
（2）教育刷新委員会「第五回総会議事速記録」一九四六年一〇月四日（第一巻、九九－一〇一頁）。
（3）教育刷新委員会「第三特別委員会・第一回議事速記録」一九四六年一〇月九日（第七巻、三一－四頁）。

(4) 教育委員会制度に馴染みのない日本では、"superintendent" の訳語が定まらず、教育刷新委員会や文部省の審議では、「教育長」や「教育総長」などさまざまな訳語が当てられた。本書では、訳語による混乱を避けるため、引用字句を除いては、教育委員会法で用いられた「教育長」に統一表記する。

(5) 教育刷新委員会「第三特別委員会・第二回議事速記録」一九四六年一〇月一一日(第七巻、三六―三八頁)。

(6) 第三特別委員会の中間報告を参照のこと(教育刷新委員会「第一四回総会議事速記録」一九四六年一二月六日(第一巻、三二二頁))。

(7) 教育刷新委員会「第一六回総会議事速記録」一九四六年一二月二〇日(第一巻、三七二、三七六頁)。

(8) 教育刷新委員会「第三特別委員会・第一五回議事速記録」一九四六年一二月一八日(第七巻、一二三―一二五頁)。

(9) 「地方教育行政に関する法律案」(『辻田文書』3―139)。

(10) 教育刷新委員会「第三特別委員会・第八回議事速記録」一九四六年一一月一三日(第七巻、一二一―一二四頁)。教育予算に関する平等性と国庫負担の問題については、一九四六年一一月一五日の第九回会議でも同様に議論された(同:一四〇―一四一頁)。

(11) 審議課「地方教育行政機構一覧表」一九四六年一二月一二日(『辻田文書』3―122)。翌一三日の教育刷新委員会第一五回総会では、この案を前提に議論されている(第一巻、三三一―三三二頁)。

(12) 「地方教育行政に関する法律(案)概要」(『辻田文書』3―155)。

(13) 「地方教育行政に関する法律(案)概要」(『辻田文書』3―155)。同様の問題は、「現行地方教育行政機構上欠陥ト看做サル諸点」(『辻田文書』3―115)においても指摘された。なお、「地方教育行政に関する法律案(第二案)要綱」(一九四七年二月一五日)(『辻田文書』3―137)には、都道府県および市町村の教育委員会は地方自治法の適用を受けるとされる一方で、地方教育委員会は「官制」とするとされた。つまり、文部省の統制が及ぶ範囲内で制度設計を行うという態度が継承されたのである。

(14) 「教育委員会法案制定経過の要旨」(一九四八年四月)(『辻田文書』3―95)。教育刷新委員会の第三七回総会(一九四七年六月二〇日)で、「地方教育委員会法案」の趣旨説明を行った増田幸一文部省調査局調査課長によると、CIEは、都道府県―市町村教育委員会に対する指揮命令権を地方教育委員会に認めることは、中央統制を許すことになるとして、要綱案を作成した調査課に、地方教育委員会を合議制の行政機関とし、その目的を都道府県－市町村の教育委員会を援助することに改めるよう指示したという（第三巻、一〇頁）。

(15)「地方教育行政法要綱案」一九四七年四月三〇日付（『辻田文書』3－140）、「地方教育委員会法要綱案」一九四七年五月二〇日付（『辻田文書』3－141）、「地方教育委員会法要綱案」一九四七年五月二六日付・一九四七年六月二〇日付（『森戸辰男関係文書』リール5）。これらの要綱案の規定内容はほぼ同様である。そこで筆者は、六月二〇日案を中心に検討を行った。

(16) 教育委員会に関する教育行政機関の関係については、調査課が作成した「地方教育委員会組織図」（『辻田文書』3－114）を参照のこと。

(17) 五月案の第六十四条、六月案の六十九条（「地方教育委員会要綱案」『森戸辰男関係文書』リール5）。

(18) GHQ/SCAP, Education Board, Weekly Report, 1947.6.27. 教育刷新委員会「第四一回総会議事速記録」一九四七年一〇月三日（第三巻、九二頁）。

(19) "Suggestion For Redrafting The Bill For City And Prefectural Boards of Education," 1, Dec. 1947, Trainor Collection, Box 17.

(20) 教育刷新委員会「第五二回総会議事速記録」一九四八年一月一六日（第三巻、二八〇頁）。

(21)「地方教育委員会法に対するCIEの追加意見　一九四八年二月」（『辻田文書』3－124）。

(22) 第一〇特別委員会の案では、GHQの意向を汲んで次のような事項が掲げられた。「四、数ヶ町村を包含する学区制度は左の理由により不適当と考える。」「1、地方教育団体の区域の一部に学区制をとることは人為的にすぎ、財政的、行政的にこれは支障が多い。」「2、新制高等学校、特に職業学校の配置が不均衡である現在のまま学区制度をとることは教育の機会均等を阻害する」。教育刷新委員会「第一〇特別委員会・第一二回議事速記録」一九四八年四月二日（第一〇巻、二四七頁）。

(23) 文部省が一九四八年四月二六日付で作成した「教育委員会法案要趣」は、『森戸辰男関係文書』に収録されている。同文書は、要綱案を再修正したもの（日付不明）も収録している（『森戸辰男関係文書』リール4&7）。

(24)「教育委員会法案訂正に関する司令部側の助言　一九四八年四月一九日」（『辻田文書』3－95）などを参照した。

(25)「教育委員会法案要趣」、「修正教育委員会法案要趣」（『森戸辰男関係文書』リール４＆７）。

(26)「教育委員会法案に対する文部省の意見（大臣案）」一九四八年五月一四日（『辻田文書』３—99、『森戸辰男関係文書』リール７）。

(27) 教育刷新委員会「第一〇特別委員会・第一二回議事速記録」一九四八年四月二日（第一〇巻、二四七頁）。

(28) 議論の経緯は、一九四八年四月二三日の第六六回総会における矢野貫城主査の発言から窺い知れる（第四巻、四七—四八頁）。これを議論した「第一〇特別委員会・第一三回議事速記録」は現在欠本とされているため、具体的な内容は他の回の委員会会議から推察するよりほかに方法がない。

(29) 教育刷新委員会「第一〇特別委員会・第一四回議事速記録」一九四八年四月一二日（第一〇巻、二五六—二六一頁）。

(30) 教育刷新委員会「第一〇特別委員会・第一五回議事速記録」一九四八年四月一六日（第一〇巻、二七〇—二七三頁）。なお、会議では、ＣＩＥが提示した現職教員の被選挙権の制限について少しばかり言及されているが、矢野主査は「その問題には触れないでおこうと思っているんです」と判断を棚上げしている（同、二七三頁）。

(31) 第一〇特別委員会では、ＣＩＥやＧＨＱ諸機関の立場を考慮しながらも、基本態度はそれにとらわれることなく教育刷新委員会独自の見解から案を捻出するという立場にあった。第一四回会議上、矢野主査が「アメリカは勝手にいうことをいうからこっちも勝手に決めて折衝は文部省に一任する」と述べたのは、こうした態度を表している（同、二五二頁）。同様の発言は、「第六四回総会議事速記録」一九四八年四月九日（第四巻、一五—一六頁）にもみられる。

(32) 教育刷新委員会「第六七回総会議事速記録」一九四八年五月七日（第四巻、六〇頁）。

(33) 文部省調査局審議課「委員の選挙と無報酬制度の不適当とする諸点」一九四八年一月七日（『森戸辰男関係文書』リール７）。

(34)「教育委員会法案に対する文部省の意見（次官案）」一九四八年五月一〇日（『辻田文書』３—100）。

(35)「教育委員会法案に対する文部省の意見（大臣案）」一九四八年五月一四日（『辻田文書』３—99）。

(36)「メモ：昭和二十三年五月十四日（金曜日）」（『森戸辰男関係文書』リール２）。

(37) ＣＩＥの修正は、「教育委員会法要綱案（昭和二三・六・一〇閣議決定）」に辻田が書き込んだメモ、「教育委員会法の修正」、「件名　法案の必要な修正について—教育委員会法」を参照した（『辻田文書』３—131）。

(38)　CIEは、"no administrative control"を"no administrative nor operational control"とすることを勧告している。「教育委員会法の修正」（『辻田文書』3－123）。

(39)　「教育委員会法要綱案（昭和二三・六・一〇閣議決定）」（『辻田文書』3－131）の裏面に書かれた辻田のメモを参照した。

(40)　GHQ/SCAP, Education Board, Weekly Report, 1948. 6. 3.

(41)　「教育委員会法案に関する日本政府の意見案」（『森戸辰男関係文書』リール7）。

(42)　GHQ/SCAP, Education Board, Weekly Report, 1948.6.18.

(43)　『第二回国会衆議院文教委員会議録』第一三号、一九四八年六月二一日。

(44)　『第二回国会衆議院文教委員会議録』第一三号、一九四八年六月二一日。

(45)　日教組「要望書（案）」一九四八年四月一九日（『辻田文書』3－30）、『週刊教育新聞』一九四八年五月六日・一三日・二七日、『第二回国会衆議院文教委員会公聴会議録』第一号、一九四八年六月二九日。

(46)　『第二回国会衆議院文教委員会議録』第二三号、一九四八年七月二日。衆議院文教委員会の各党派の委員は、市町村設置反対という点で概ね一致した。

(47)　国協党の黒岩重治や民主党の伊藤恭一の発言を参照した（『第二回国会衆議院文教委員会議録』第一五号、一九四八年六月二三日）。

(48)　久保猛夫の発言を参照した（『第二回国会衆議院文教委員会議録』第一四号、一九四八年六月二二日、第一六号、一九四八年六月二四日）。

(49)　新自由党の久保猛夫、民自党の圓谷光衛、社会党の野老誠、国協党の黒岩重治などの発言を参照した（『第二回国会衆議院文教委員会議録』第一四号、一九四八年六月二二日、第一六号、一九四八年六月二四日）。

(50)　黒岩重治、久保猛夫や社会党の田淵実夫・松本七郎の発言を参照した（『第二回国会衆議院文教委員会議録』第一七号、一九四八年六月二五日）。

(51)　国協党の黒岩重治は、この点を「実際において命令監督の権限をもたない教育長が、助言によって委員会を左右するということになりますと、これはゆゆしい問題であると思います」と指摘している。指導行政についての危惧は、専門性の有無から生じたものであり、ここに現職教員の被選挙権を認めようとする動機があったといえる（『第二回国会衆議院文教委員会議録』第一三号、一九四八年六月二一日）。

(52) 例えば、新自由党の久保猛夫や民自党の水谷昇の発言などを参照のこと（『第二回国会衆議院文教委員会議録』第二二号、一九四八年七月一日）。

(53)『第二回国会衆議院文教委員会議録』第二五号、一九四八年七月四日。

(54)『第二回国会衆議院文教委員会議録』第一三号、一九四八年六月二一日。

(55)『第二回国会衆議院文教委員会議録』第二四号、一九四八年七月三日。

(56) 圓谷光衛の発言を参照した（『第二回国会衆議院文教委員会議録』第一四号、一九四八年六月二二日）。

(57) たとえば、教育刷新委員会「第一五回総会議事速記録」（一九四六年一二月一三日）における内務省係官の発言や「第一六回総会議事速記録」（同月二〇日）における飯沼一省内務次官の発言などを参照のこと（第一巻、三三三―三三四、三七四―三八二頁）。

(58)『週刊教育新聞』一九四八年七月一日、文部省文教研究会編（一九四八年、五六―五八頁）。なお、衆議院文教委員会の法案採択においても、各党派は財政問題の解決が不可欠であることを確認し、教育目的税の創出などが社会党や新自由党の委員から提言された（『第二回国会衆議院文教委員会議録』第二五号、一九四八年七月四日）。

(59) 内藤誉三郎「教育財政の現状」（『時事通信・内外教育版』一九四八年八月五日）。

(60) 参議院文教委員会でも、現職教員の被選挙権は「文化国家建設」という観点から承認されるべきだという意見が支持された（『第二国会・参議院文教委員会会議録』第一一号、一九四八年七月五日）。

(61)『第二回国会衆議院文教委員会議録』第二五号、一九四八年七月四日。

(62)『朝日新聞』一九四八年一〇月七日。

(63)『時事通信・内外教育版』一九四八年一〇月一四日。

(64) 教員の身分保障に関する立法過程については、羽田（一九八〇―一九八五年）、嘉納（一九九二―一九九三年）、久保冨（二〇〇五年）に詳しい。

(65) 教育刷新委員会総会決議「教員の身分、待遇及び職能団体に関すること」（第一三巻、六〇―六一頁）。

(66)「教員身分法（学校教員法）要綱案」一九四七年四月二八日（『辻田文書』4―1―1）。
(67)「私立学校教員の現状」（『辻田文書』4―1―1）。
(68)「私立学校教員を公務員とした場合」（『辻田文書』4―1―1）。
(69) 文部省は、労働基準法の適用のみを受ける私立学校教員は、最低限の身分保障しか受けられないこと、教職という特殊な使命をもつ教師に、一般の労働者と使用者との間で用いる準則を適用することは不適当であるとする立場から、教師に関する身分規定を一本化する必要があるとした。「私立学校教員の身分待遇等について特則を設けない場合の問題点」一九四七年五月一六日（『辻田文書』4―1―1）。
(70) 要綱案には、その文末表現を「この法律によってそれが保障される」とする案も併記されている。だが、五月二〇日付の要綱案では、上記の内容に統一されている。このことから、文部省は「教員身分法」一本で身分保障することを支持していたことがわかる（『辻田文書』4―1―1）。
(71)「教員身分法（学校教員法）要綱案」五月二〇日案・五月二三日案」（『辻田文書』4―1―1）。
(72)「教員の身分、待遇に関する問題の経過について」「私立学校教員を公務員とすることについてのＣＩＥの私的見解」（『辻田文書』4―1―1）。
(73)「公立学校教員を公吏とする場合の問題点（国、公立学校教員の身分を同一にすべき理由）」一九四七年六月一六日（『辻田文書』4―1―1）。
(74)「学校教員法要綱案」一九四七年六月五日案（『辻田文書』4―1―1）。
(75)「国家公務員法に対する意見」（『辻田文書』4―1―1）。
(76) 六月五日案には、辻田の手書で「浅井部長は教員法の制定を要望す」という字句が挿入されている（「学校教員法要綱案」一九四七年六月五日案（『辻田文書』4―1―1）。
(77)「国、公立学校教員を国家公務員法（案）の適用より除外すべき理由」（『辻田文書』4―1―1）。
(78)「国立、公立学校教員を国家公務員法（案）の適用より除外すべき理由とその対策」（『森戸辰男関係文書』リール4）。
(79)『週刊教育新聞』一九四七年一〇月八日、一五日、二九日、一一月二六日。

(80) 教育刷新委員会「第四四回総会議事速記録」一九四七年一一月一四日(第三巻、一三一―一三五頁)。
(81) 教育刷新委員会「第四五回総会議事速記録」一九四七年一一月二一日(第三巻、一四七―一四八頁)。
(82) 教育刷新委員会「第五四回総会議事速記録」一九四八年一月三〇日(第三巻、三〇二頁)、「第五五回総会議事速記録」一九四八年二月六日(同、三二三―三二四頁)。
(83) 『辻田文書』(4―1―16)。
(84) 『週刊教育新聞』一九四八年四月一五日。
(85) 文部省「団体協約の有効期限に関する暫定措置について」(『文部行政資料』第四集、九七―九八頁)。
(86) 「教育公務員の任免等に関する法律案」(『森戸辰男関係文書』リール1)。
(87) 教育刷新委員会「第七二回総会議事速記録」一九四八年七月九日(第四巻、一五七頁)。
(88) 『週刊教育新聞』一九四八年八月五日、一二日、一九日。
(89) 教育刷新委員会「第七五回総会議事速記録」一九四八年七月三〇日(第四巻、二二四頁)、「第七九回総会議事速記録」一九四八年九月二四日(同、二七二頁)。
(90) 『第二回国会参議院文教委員会(第二国会継続)会議録』第一号、一九四八年九月二〇日、『第二回国会衆議院文教委員会議録』第二八号、一九四八年一〇月八日。
(91) 『週刊教育新聞』一九四八年一〇月二八日。
(92) 『時事通信・内外教育版』一九四八年一一月一一日。
(93) 各党派の意見については、『第三回国会衆議院人事委員会議録』第一五号、一九四八年一一月三〇日を参照のこと。
(94) 『時事通信・内外教育版』一九四八年一一月一八日。
(95) 教育刷新委員会「第八四回総会議事速記録」一九四八年一一月二六日(第四巻、三四五―三四七頁)。
(96) 『時事通信・内外教育版』一九四八年一二月一六日。
(97) この点に関する社会党、新自由党、国協党、民主党などの意見は、『第四回国会衆議院文部委員会議録』第二号(一九四八年一二月九日)、第三号(一九四八年一二月一〇日)に詳しい。
(98) 『第四回国会衆議院文部委員会議録』第四号、一九四八年一二月一一日。

第6章 「教権」をめぐる攻防
——第三次吉田内閣——

第1節 教育改革路線の継承とその障害

第二次吉田内閣が片山・芦田両中道政権の積み残した課題を片づけるという消極的な活動に終始したのに対し、第三次吉田内閣は講和・独立に向けた施策を矢継ぎ早に行うなど積極的な姿勢をみせた。政策の主眼は経済の安定化と地方税財政改革におかれたが、これは冷戦の進展に伴い、アメリカが日本を極東の兵器廠と位置づけ、経済的自立を重視したからであった。だが、そのことは教育改革の継続を危うくさせた。新学制や教育委員会制度の運営は莫大な費用を要する割に、即時的な効果を得られないとの判断から削減の対象とされたからである。改革路線を維持するには、GHQや大蔵省、地方財政委員会・地方自治庁等から了承を得る必要があり、文部省は苦境に立たされた。結論を述べれば、占領後期の教育政策は、GHQの政策転換によりその自律性は大きく損なわれ、他の政策と無関係ではいられなくなったのである。

1 「教権」と教育予算の確保

それがいち早く現れたのは、新学制発足にともなう六・三予算の確保であった。義務教育費の国庫負担という概念になじみの薄いアメリカからすれば、教育費は地方が負担すべきものであったが、日本の財政事情を斟酌すれば、それを否定することは難しかった。日本では、戦前から義務教育費の一部を国庫が負担していたこともあって、保護者や教育関係者の間では、全額国庫負担を求める声が多かった。だが、大蔵省や地方財政委員会は異なる立場をとった。両機関は、教育の機会均等を図るのは国家の責務であるという観点から、国庫負担の有用性を認めはしたものの、国庫への過度の依存は教育の独立や地方分権を阻害するとして、その抑制を再三求めた。[1]文部省やCIEは、地方自治体が六・三予算に耐えられるほどの財政能力をもたないことは周知のことであり、国庫による補助がなければ教育の民主化は図れないとして、国庫負担制の維持拡充を強く求めたものの、ESSやGSから支持を得られず、教育財政の第一義的な責任は地方にあるとの見方が支配的になった。

このように、教育費をめぐる問題はセクショナリズムの影響を大きく受けたわけであるが、それは「教権」、「総合行政」、「均衡財政」という理念をめぐる対立の過程でもあった。そこで次に、義務教育費国庫負担制の変容を概観しながら、この問題を検討していきたい。

緊縮均衡財政と義務教育費問題

国庫負担の抑制は、一九四八年七月の義務教育費国庫負担法の一部改正に伴う「定員定額制」の導入から始まった。日本では、一九四〇年以降、市町村立小学校教員の俸給は府県負担とし、その支出実額の定率（二分の一）を国庫が負担するという「実員実額制」が採用されてきたが、この制度は給与水準のばらつきを許すものであった。戦後改革により地方自治が強化されるようになると、自治体の多くは教育の民主化に対する国民の期待に応えるべく教育費の捻出に努めた。だがそのことは、給与水準の格差を著しく広げたり、財政規模を拡張させたりした。これに歯止めを掛けたい大蔵省は、実員実額制の見直しを迫るようになった（市川・林、一九七二年、二五九―二六〇頁）。文部省は国庫支出額に上限を付す措置に反対したものの、大蔵省の意向が優先され、国庫が負担すべき教職員の範囲、定員、給与の額は政令で定めるという定員定額制が導入され、一九四九年四月から実施された。

教育財源を確保したい文部省は、積極的な財政措置を講ずる根拠となる学校財政法を制定することで対処しようとしたが[2]、それも日の目をみることはなかった。要綱案を発表した三月に、経済安定九原則の遵守を義務づけるドッジ・ラインが示されたことで、法案の撤回を強いられたからである[3]。他方、この指令は大蔵省にとって願ってもないものであった。均衡財政を求める大蔵省からすれば、教育費の削減が望まれたが、与野党や社会的な批判を考えると、実施が躊躇された。しかし、そのディレンマはドッジ・ラインという外的圧力によって自動的に解決された。昭和二四年度予算を緊縮均衡財政の立場で作成することを要請されたＥＳＳは、大蔵省に新規事業の一切を否定するよう強く命じた。緊縮均衡財政に対するＧＨＱの強い姿勢は、米国対日援助見返り資金の使途を経済再建に限定するといった点にも現れた。二二日にドッジより内示された一九四九年度予算案は、大蔵省原案よりも歳出が削減されており、対象は義務教育費にまで及んだ。

ドッジ・ラインが示されて以降、教育刷新委員会と文部省はＣＩＥやＥＳＳに六・三予算の確保を強く働きかけたが、それと併せて、三月二四日の衆議院文部委員会では「六・三制完全実施のための予算確保に関する決議案」が全会一致で採択されるなど、予算確保に向けた動きが本格化した。六・三制の第一義的な運営主体である地方自治体も民自党に陳情を繰り返しており、政府もそれを無視することは難しかった。三〇日の地方行政委員会では、池田勇人蔵相が六・三制にかかわる予算の確保に尽力したいという旨を発言しているが、ドッジ・ラインの縛りはきつく、吉田内閣は批判を覚悟で、教育費の一割削減と六・三制建築費補助金の全額削減を含んだ本予算案を四月四日に上程せざるをえなかった[4]。四月一六日に国協党が衆議院運営委員会に提出した「六・三制教育費の予算化に関する決議案」を民自党を除く各党派が支持したものの、決議案の本会議提出を民自党が否決したことなどは、予算編成におけるドッジ・ラインという制約の強さをよく表す例といえる。

ところが、民自党内の足並は不揃いであったため六・三予算を復活折衝にもち込む余地が多分にあった。そこで、衆参両院の文部委員会は超党派的決議をもって六・三予算の計上を政府に申し入れることを討議し、民自党の文部委員がこれに同調したことで、二六日には衆議院で「六・三制の完全実施に関する決議」が、二八日には参議院で「六・三教育制度完全実施に関する決議」が採択された。五月一三日には、教育刷新委員会が「六・三制の完全実施に関する建議」を蔵相、文相、経済安定本部総務長官、地方財政委員会事務局長に送付するという措置をとった。このように、教育関係者は超党派的合意をもって政府に圧力をかけることで、GHQから妥協を引き出そうとした。しかし、それも適わなかったことから、教育関係者は税財政改革を実施する目的で来日を予定している、税制使節団（シャウプ使節団）との折衝を通じて教育費を確保する途に望みをつないだ。交渉を前に、文部省は教育調査要綱をもとに地方教育財政に関する調査を開始し、使節団を説得するに足る材料を揃えようとした[5]。

文部省の脆弱性と予算措置の限界

教育費の大幅削減を伴う一九四九年度予算は各種の施策に支障を来したが、GHQが要望した教育委員会の市町村設置も例外ではなかった。対応を迫られた文部省は、一九四九年五月一九日に公布・施行された教育委員会の一部を改正する法律で、「(五大市を除く) 市町村の教育委員会の設置は、昭和二十七年十一月一日までに行わなければならない」として、設置期日の猶予を二年延期する措置を図ったが、それらはいずれも場当たり的なものにすぎず、抜本的な解決ではなかった。そもそも地方教育行財政について文部省が関与できる範囲が非常に限られていたからである。危機的な状況の改善を望む教育関係者は、文部省の権限を強化することでそれを果そうとしたが、それは困難極まるものであった。文部省の権限を大幅に削減し、それを教育委員会に委譲することはGHQの決定事項だったからである。

しかし、日本側はそれに納得したわけではなかった。文部省の所管事務を外的事項に限る、いわゆるサービス・ビューロー化を望むGHQに対し、日本側はかねてより文部省が教育政策の責任主体であり続けることを望んでいたからである。改革に付随する膨大な行政事務を系統立てる必要が日本側にこうした主張をもたせたが、教育行政の分権化を系統性を保持したまま行うためには、文部省による助言が不可欠との認識が根底にあった(6)。CIEはこれを否定したものの、文部省の権限をなくしては改革は成就しないとの批判が国内各所から出された。両者の議論は平行線をたどり、田中文相期から森戸文相期にかけ、複数の草案を出しては却下されるという状況が続いた(オア、一九九三年、一八七―一八九頁)。このやりとりに一応の決着がついたのは、一九四八年に施行された教育委員会法によってであり、第五十五条第二項に「法律に別段の定がある場合の外、文部大臣は、都道府県委員会及び地方委員会に対し、(略) 行政上及び運営上指揮監督をしてはならない」と定められたため、文部省の権限は著しく制限された。第五回国会に提出された文部省設置法案にもその指針は貫かれていた。

だが、そうした状況にあっても、日本側の主張は変わらなかった。一九四九年五月九日の衆議院文部委員会で、法案の趣旨説明を行った高瀬荘太郎文相の「文部省というものは国全体に対する教育の問題を考えて、適当な基準をきめ、指導、助言を与えることが必要であり、また国全体に関連する教育の法令案、あるいは予算案等につきましては、どうしても文部省が必要であるというような立場で、文部省はどうしても解消してはならないという結論」に至ったとの発言に示されたように、教育関係者の多くは文部省の積極的な役割を認めており、法案の趣旨は概ね肯定的に捉えられた[7]。現行の制度では、地方の教育委員会が所管する事項に問題が生じても、文部省はそれを統制できず、結果として責任の所在が曖昧になることや、教育費の削減に伴う人員整理が自治体単位で行われていることに関与できないことなどは、教育政策を危うくし、ひいては文化国家建設を難しくするとの理解が一般的であったことも、そうした認識を強めさせた。地方教育行政に対する文部省の権限強化を求める意見は、保革を問わず出されたものの、CIEの指針に背くことから認められず[8]、文部省の任務は「指導助言」や法令案・予算案の作成などに限られたのである（鈴木、一九七〇年、五九八－六〇六頁）。

文部省設置法の公布から一ヶ月経った六月三〇日に、教育関係者が危惧した事態が生じた。教育費による地方財政の逼迫を嫌った地方自治庁が、都道府県知事に対して、定員を超す教員の俸給を単独地方費で賄うことは、地方財政法第二条に違反し、第二十六条に抵触するため、年度末までに整理するよう通牒を出したからである。教育委員会が財政権をもたない以上、予算編成権をもつ知事への通牒は大きな意味をもつことから、野党や日教組は、地方自治庁の行為は教育の自主性を侵害するとしてその撤回を求めた[9]。要望を受けた地方自治庁は、通牒は財政的見地に立つもので、自主性を侵害するものではないとして撤回を拒絶した[10]。各党は早急の解決を求め、通牒の是非を八月以降の衆参両院の文部委員会と地方行政委員会で審議し、九月一四日に民自党の中島守利地方財政委員会委員長が地方自治庁に是正を申し入れた。ところが、地方自治庁はこれに応じなかった。社会党の門司亮は、地方自治庁が通牒を撤回しないのであれば、文部省が新たな通牒を出すことで、それを改めさせるべきだとして、その意思の有無を文部省に質問した。答弁に応じた文部事務官の稲田清助は、文部大臣は教育委員会に対する指揮監督権をもたないので、そうした措置はできないとした[11]。

稲田の発言には、教育委員会法と文部省設置法により権限を大幅に削減された文部省の脆弱性が如実に表されている。地方の教育委員会に対する指揮監督権の欠如はその最たる例であり、それが、地方自治庁が知事への統制を通じて教育行政に影響力を行使するという事態、すなわち、一般行政からの介入を許したまま、善処策を打ち出せずにいる状況を招いたのである。教権を保障するために文部省がなしえたことは、政治問題として地方自治庁と折衝することと、都道府県の教育委員会や知事の良識に期待するというものにとどまった。[12] 文部省の脆弱性に由来する教育行政の危機はこれに止まらず、シャウプ勧告によって拍車をかけられたのである。

シャウプ勧告と標準教育費問題

日本における長期的・安定的な税制と税務行政の確立を図ることを目的とする、シャウプ使節団の来日を控えた七月一五日に、文部省は「教育財政の確立に対する文部省の要望」を提出し、学校経営に要する最低の基準経費を法律で定めることで財源を確保することを求めた。教育費の優先的な確保、特定財源として教育税の新設、地方債の制限の撤廃などが要望書に掲げられたように、[13] 文部省はシャウプ使節団による改革を機に、先送りにされた問題を包括的に解決する手はずを整えていた。

ところが、九月一五日に発表された勧告（第一次）は、文部省の期待を裏切るものであった。国税における直接税中心主義の徹底、地方自治の強化などを目的とする勧告には、義務教育費国庫負担制の根幹を揺るがす、個別補助金の整理統合、地方配付税の廃止と地方財政平衡交付金の創設が掲げられたからである。教育に関する事項は、「付録A　地方団体の財政」に記されているので、それを簡単に紹介しておこう。

地方自治の強化という目的から基礎的自治体の役割を重視する勧告では、行政事務の再配分と税制改革が同時に求められているが、事務事業のあり方は「D　職務の分掌」で検討され、「六・三・三制全体に対する財政上および運営上の責任は、結局、一連の段階を経て市町村（およびそれらに付属した教育委員会）が引き受けることができるであろう」と述べられている。そのうえで、「G　補助金」において国庫支出金制度の改革が提言されている。具体的には、広義の補助金を全額補助、一部補助、公共事業費補助の三種にわけ、それぞれのあり方を述べている。義務教育費は一部補助に類別されるが、一部補助については、奨励的補助金は存続し、その他一部の補助金は廃止し、地方財政平衡交付金によって補われる地方税により充当されるべきことが述べられている。二類型のうち、義務教育費国庫負担金が支弁する教員の給与は後者に割り振られ、廃止が勧告された。改革の要となる地方財政平衡交付金は、主要行政事業ごとに財政需要の算定を行い、財政需要の総額が財政収入を超える自治体に対して不足額を国の一般会計から交付するという制度であったが、それは使途を制限しない一般財源とされたことから、教育費を確実に確保するものではなく、不安定さを残した。

シャウプ勧告が教育財政の確立に貢献すると期待した教育界はこれに落胆したが、教育刷新審議会や文部省は早急に対応を迫られた。一〇月二八日に開かれた教育刷新審議会第九回総会では、標準義務教育費を定めて都道府県に支出を義務づけること等を内容とする法律案の作成を求める「公立学校の標準教育費等について」が建議された。これを受けた文部省は、標準義務教育費を算出するための実態調査を行い[14]、基準財政需要額のうち標準義務教育費の支出を地方自治体に義務づける「標準義務教育費の確保に関する法律案」（以下、標準義務教育費法案）を作成し、第七回国会への上程に向け、一九五〇年二月七日に閣議に提出した。地方自治庁は、総合行政の観点から教育費を特定する、いわゆる「ひも付き」予算の制度化を嫌って文部省案を認めず、閣議は紛糾した。事態を収拾したい政府は閣内調整に乗り出し、地方財政平衡交付金法案と標準義務教育費法案のそれぞれを単独立法とすることを一一日の閣議で決定した[15]。

その後に開始された本格的な折衝においても、地方自治庁は譲歩を見せず、標準教育費の義務化は地方公共団体の創意工夫を奪う中央統制だと批判したうえで、[16]地方自治体の長や議会に圧力をかけて反対運動を促すなど強硬な姿勢を貫いた。[17]政府は事態を打開するために、法務府法制意見局に調停を求めた。法制意見局は、標準義務教育費法案を大幅に修正した案を両機関に示し、折り合いをつけようとした。[18]当初、二省庁はこの妥協案を一瞥すらしなかったが、制度化を第一の目的とする文部省の譲歩により、二月二五日に閣議決定され、GHQに提出される運びとなった。法案を受けたGHQは、標準義務教育費の法制化を一度は認めたものの、GSのリゾー次長の強い反対を受け、法案に対する最終決定を見送った。[19]地方財政平衡交付金に吸収が予定された補助金総額約三〇五億円のうち文部省の所管が約二六〇億円であり、義務教育費国庫負担法の対象となったものが約二四七億円であったことに鑑みれば、標準義務教育費の設定は地方財政平衡交付金制度そのものを形骸化しかねず、GSの反対は当然であった（相澤、一九六〇年、三二六―三三三頁）。このように、二法案をめぐる攻防は、「教育財政の確立」（教権）と「地方財政の自治」（総合行政）という理念をめぐる争いでもあり、妥協点を見出すことはもともと無理だったのである（市川・林、一九七二年、二八六頁）。

GSの判断により、第七回国会には、地方財政平衡交付金法案のみが提出される運びとなったが、それは文部省にとって最悪の結末であった。地方自治庁に有利な法制意見局の妥協案を受け入れたのは、来る四月一日に義務教育費国庫負担法が失効することで義務教育費が地方財政平衡交付金に一本化されることを避けるために、新たな法的措置をとることを最優先にしたからであった。しかし、それもGHQ部内の力学に阻まれ、GS―地方自治庁が主導する新たな地方税財政路線が実現することになったのである。法制化を待っていた文部委員会では、法案の白紙撤回に批判が浴びせられた。義務教育費国庫負担法の廃止は俸給の不払いや教員整理を招きかねないことから、野党のみならず自由党の岡延右エ門や水谷昇らも、標準義務教育費法案を否定した地方自治庁を厳しく批判した。[20]文部委員会では、教権の確立と六・三制の完成に向けて超党派的合意の原則が依然として遵守されていたのである。

文部委員会の期待を背にした文部省は、シャウプ使節団の再来日と第二次米国教育使節団の来日に向け、義務教育費を特定財源化させる方途をさらに検討した。

占領政策における優先順位の変化

第二次米国教育使節団との会見に臨んだ文部省は、教育水準を確保しつつ義務教育費無償の原則を実現するには、教育財政の確立が不可欠であることをくり返し主張した。なかでも教員給与の地方間格差を地方財政平衡交付金制度によって是正することは非常に困難であることが強調され、教育改革を継続するためにも財源の確保が焦眉の急であるとした[21]。会談を終えた使節団側は、教育行政に関する組織として「文部省は自由かつ独立すべきものであって他のいかなる機関とも合併せらるべきではない。現在他省によって実施されている教育機能は、文部省に移管されるべきである」との見解をマッカーサーに示した。そのうえで、教育財政については、「教育の財政的援助のための平衡交付金はすべて客観的方式によって算出され、教育計画を維持するための全収入の一部となるべきである。教育こそ、何よりまっ先に公金を要求する権利を持つべきである」とするのみならず、教育委員会は課税権を含むあらゆる予算上の責任をもつべきだとして、財政上の独立を強く求めた。財政的見地から教育行政が一般行政に服する事態を懸念し、教育財政の独立を求めるのみならず、教育の中立性を確保する第一義的な責任は文部省にあるとする、第二次米国教育使節団の報告書は文部省にとって願ってもないものであったが、シャウプ使節団の第二次勧告はそれと正反対のものであった。

シャウプ使節団が再来日する直前の七月二三日に、文部省は、義務教育費については地方財政平衡交付金法の運用に特例を認めること、財源確保の方策を別途に考慮することなどを記した要望書を提出したが[22]、九月二一日に発表された勧告には反映されず、現状は改善されなかった。この時期には、シャウプ使節団の勧告を具現化する目的で一九四九年一二月二六日に設置された地方行政調査委員会議[23]（通称神戸委員会）の審議が本格化したこともあり、文部省は九月に「地方行政調査委員会議の学校教育事務再配分案に対する意見」を提出し、「中学校及び小学校の設置及び管理は、市町村の責任とし、その経費はすべて市町村の負担とする」という原案に対し、「中学校及び小学校の設置及び管理は、市町村の責任において行うものとするが、義務教育であることにかんがみ、国及び府県もそれぞれ協力の責任を果たすものとする又《（ママ）》その経費は市町村負担とするも、国においてこれら教育費の最低基準を確保する方途を講ずることとする。但し、教員の給与費については、適当な規模の地域に教育委員会が設置されるまでは府県の負担とする」という修正案を示し、「義務教育実施に関する国の責任」を強調した[24]。しかしながら、一二月二二日に地方行政調査委員会議が発表した「行政事務配分に関する勧告」（以下、「第一次勧告」）には、「中学校及び小学校の教育に関する事務は、市町村の責任とし、その経費は、市町村の負担とする」こと、そしてその財源は「さしあたりは地方財政平衡交付金制度等の運用」によって賄われることとされた。文部省は、勧告は現状を理解しないものであり、それでは教育行政上の不合理は是正されないと意見したもの[25]の、法制化の目処が立たない状況にあっては、機を俟つよりほかはなかった。

2　変化の前兆―教育委員会法改正と地方公務員法

義務教育費国庫負担制にみたように、第三次吉田内閣の教育政策は、経済政策や税財政改革と無縁でなく、自律性を著しく低下させた。その結果、教権の確立は、教育関係者による超党派的合意の調達のみならず、文部省―ＣＩＥラインが、異なる理念を支持する地方自治庁・地方財政委員会―ＧＳラインおよび大蔵省―ＥＳＳラインから合意もしくは譲歩を引き出せるかどうかによっても左右されることとなった。政策形成のパターンの変化は、義務教育費問題に止まらず、教育委員会法や教員の身分保障問題にも及んだのである。

アメリカの反共政策と教員の政治活動問題

国公立の学校教員の身分は、教育基本法、国家公務員法、教育公務員特例法、教育委員会法などに規定され保障された。ただし、その身分には違いもあった。第五章で指摘したように、公立学校教員は国家公務員法第百二条の適用を除外したことで、比較的緩やかな規定に服するのみであった。こうした規定は、民主化の推進者である教師の権利は最大限に保障されるべきだとする考え、すなわち、「教権の確立」を望む文部委員会の超党派的合意により可能になったわけであるが、教師の身分保障問題もまた占領政策の転換により他の政策分野と無関係ではいられなくなった。そしてそのことが、教育政策のあり方を徐々に変化させたのである。

端緒となったのは、一九四八年一月にロイヤル陸軍長官が日本を極東の「反共防波堤」にすると演説して以降、国内を席巻したレッド・パージであり、その先陣を切った教職員レッド・パージは一九四九年一〇月以降、全国的に展開された（竹前、一九八二年a）。しかし、その予兆は一九四八年の教育委員会委員選挙においてすでにみられた。地方の政治行政は府県軍政部の監督下にあり、教育委員会も介入を受けた。選挙にあたり府県軍政部は、教育委員会が労働団体、宗教団体、商事会社、教員組合など特殊な利益を代表してはならないと監視の目を光らせた[26]。なかでも労働運動への対応を日々迫られる東京軍政部の介入は非常に厳しく、教職員組合、社会党、共産党関係者が候補者の多数を占めることへの警告まで発していた[27]。警告に至らないまでも教員に自重を求める動きは、他の地方軍政部や府県軍政部でも頻繁にみられ、教師の政治活動の自由は実質的に制限された。

こうした動きは、教育委員会委員選挙に止まらず、徐々にその範囲を広げつつあった。都教組や日教組の活動に悩む東京軍政部は、一九四九年一月二三日の総選挙で東京都下の教員がとった行為は教育基本法第八条第二項に違反すると主張した。このため、是非の問い合わせが二月一二日に東京都教育委員会教育長から文部省に求められた。

政治活動の制限に慎重を期したい文部省は、法務庁調査意見局に意見を求めたうえで、「放課後または学校外といえども、学校教育活動の延長または教員としての地位を利用して児童、生徒を教育する場合のごときも、学校自体の教育活動と認められ、教育基本法第八条の規定が適用されるものと考える」[28]と意見した。解釈は従来の枠を出なかったものの、教員の政治活動を制限しようとする動きはレッド・パージの風潮とともに強まった。

四月二五日に第五回国会へ上程された「教育職員免許法案」は、そうした動きに法的な根拠を与えようとした試みの一つであった。「日本国憲法施行の日以後において、日本国憲法又はその下に成立した政府を暴力で破壊することを主張する政党その他の団体を結成し、又はこれに加入した者」（第五条第六項）を欠格対象としたように、それは共産主義者の排除を暗示するものであった。社会党や共産党、日教組がこれに強く反対したことは言うまでもないが、文部委員会では第十一条について党派を問わず疑義が呈された。免許取り上げ処分の基準が「教育職員たるにふさわしくない非行があって、その情状が重いと認められたとき」という曖昧なものだったからである。社会党の松本七郎、民主党の稲葉修、新政治協議会の船田享二らは、不明瞭な馘首規定は解釈を許すことで濫用されかねず、馘首の脅威が教師を萎縮させることで改革を遅延させかねないとして、これに反対した[29]。この点がとりわけ問題にされたのは、経済安定九原則以降、行政整理という名目でなされた大量馘首が教育現場に及ぶことを危惧したからであった。慢性的な教員不足に悩む教育現場は、多数の無資格教員によって維持されており、こうした状況を改善せずに免許法が施行されれば、無資格教員の多くは解雇され、残された教員は超過勤務を強いられる。劣悪な労働条件は教員の離職率を高めることで、教育の民主化を阻害する。人的要因から教育の危機を加速させかねない法案に関する批判は、審議過程でくり返された。

ところが、文部委員会では、法案修正に向けた超党派的合意が形成されることはなかった。ともすると内的事項への不介入、すなわち教育の自由を侵害することで教権を危うくしかねない第十一条の規定が排除されなかったのは、法案のそもそもの目的が、教育労働者の権利を過度に要求する教職員組合の抑制におかれたからであった。かねてより組合活動を牽制していた民自党執行部にとって、地方軍政部の一連の動きは教師の政治活動を取り締まる好機となった。教権とは、師表の権利であり、教育労働者の権利を過剰に求めることは反射的に認められた権利の正統性を失わせるとして、組合を戒めた森戸のことばが現実化しつつあったといえる。六月二九日に関東地区民事本部（前関東軍政部）が出した訓示は、それに拍車をかけた。訓示は、教師による政治教育と政治活動の混同を排除することや、学校および地方当局による教師の監督強化などを内容にしたが、教師の政治活動を抑制したいと考えていた他の民事本部は、これに追従する形で政治活動を行った教員の処分を教育委員会に指示するなどした。教育委員会のなかには、教育条例を設定して独自に取締りを強化するところが現れるなど、その動きは加速するばかりであった[30]。

地方が独自の動きをみせるなか、中央においても政治活動を制限する動きが顕著になった。起点といえるのが、一九四九年九月一九日に制定された人事院規則一四号－一七号の政治的行為に関する事項であった。国家公務員法第百二条を根拠とするこれらの規則では、国家公務員の政治活動を包括的に制限することや、政治的行為を全面的に否定することが求められた。法制上、地方公務員は適用外とされたものの、GS特別顧問のスチュアートは、「この原則はすべての公務員、団体に適用される」として、全公務員の政治活動を禁止する姿勢を打ち出した[31]。時を同じくして、地方公務員法が審議されていたこともあって、教育関係者の間では、人事院規則の精神が公立学校教員に及ぶ可能性が危惧された。不当馘首や政治活動の自由をめぐる問題が取り沙汰されるなか、教育委員会への指揮監督権をもたない文部省は静観するしかなかった。すべての判断が教育委員会に委ねられた状況のもとで、教育委員会法の改正が浮上した。

教育委員会法の一部を改正する法律案

教育委員会法の改正は、危機的な財政状況や教育関係者が多数を占めるいびつな構成など制度が予定しない事態に対処する目的から企図され、一九四九年一〇月一二日の閣議決定を経た後に、教育委員会法の一部を改正する法律案が第六回国会に上程された。主たる改正は、次の六点である。

第一は、設置期限を決め直したことであった。先の改正で、市町村教育委員会は昭和二七年一一月一日を期限に、昭和二五年か二七年に設置されることになったが、財政的に実施が難しいことから、市については先の改正どおり、町村については昭和二七年に一律設置と改められた。第二は、候補者の推薦制度であった。現行法は立候補に六〇人以上の推薦人を要したが、そのままの条件では推薦人募集という名目で事前の選挙運動を激化させかねないことから、百人という上限が新たに付された。第三は、現行法は教育委員の服務規律を欠くものの、職責の重要性に鑑みてそれを新たに加えるというものであった。第四は、教育委員会の職務権限の明確化および拡大であり、教育機関の建築・営繕の実施責任を負わせることや、教育事務に関する収入の命令権を地方公共団体の長から教育委員会に委任できること、教育事務に関し議会の議決を経るべきものについては、すべて議案の原案は教育委員会の発案にかかわらしめることを常例とすること等が求められた。第五は、教育委員会と教育長およびその他の機関との関係を明らかにすることにあった[32]。改正の主眼は財政問題への対応におかれたことから、法制化は比較的容易になされると考えた文部省は、文部委員会からの不支持という予想しない事態に直面した。

文部委員会が反対に回ったのは、行政事務の円滑化を図る目的でなされた、教育長と教育委員会の関係についての修正が教権の侵害にあたると考えたからであった。改正法案では、「教育長は、教育委員会の指揮監督を受け、教育委員会の処理するすべての教育事務をつかさどる」（第四十二条）という条文を削除して、「教育長は、教育委員会の行うすべての教育事務につき、助言し、推薦することができる」（第五十条の二）という規定を新たに設けているが、そうした規定は実質的な事務執行の権限を教育長に与えることで教育委員会を形骸化させる措置でしかないとして、文部委員会はそれを承服しなかった。ゆえに、民自党を含む各党派の文部委員は、教育長の権限を肥大化させる改正法案を否定し、教育委員会が上位する関係を従来どおり明記することを強く求めたのであった㉝。

これとは別に、文部省は地方自治庁からも改正法案について強い反対を受けた㉞。地方公共団体の議会および長との関係において、権限の所在が必ずしも明確でない事項について必要な規定を設けることで、教育委員会の権限の明確化を図ろうとしたことが対立の引き金となり、閣議決定を経るまで幾度となない折衝を要したからである。改正法案への反対意見は、営繕建築事業を一手に引き受ける建設省や衆参両院の建設委員会からもたびたび示された。原案に固執する限り廃案を免れないことを理解した文部省は修正に踏み切った㉟。修正された法案は第七回国会に提出されたが、その多くは先の法案を踏襲したものであった。だが、教育委員会と教育長の関係は再定義されたのである。「教育長は、教育委員会の指揮監督を受け、教育委員会の処理するすべての教育事務をつかさどる」(第五十二条三)と規定されたように、文部委員会の意向を反映する修正が施されていた。

このように、教育関係法案は教権の確立を目指す文部委員会の支持を欠いては成立しがたいことがあらためて確認されたわけであるが、それだけでは不十分であった。教育の民主化を象徴する六・三制にしろ教育委員会にしろ、その存続については、財政に大きく左右されていたため、文部省と文部委員会の連携のみで決定しうるものではなかったのである。同国会に上程が予定されながらも見送られた標準義務教育費法律案の例にあるように、政策連関が超党派的合意による教権の確立という従来的な政策手法の有効性を低下させる場合もあった。次に、そうした傾向がいち早く現れた、教員の政治活動に関する問題を検討しながら、この問題を考えてみよう。

圧力団体としての教職員組合の是非

教員の政治活動をめぐる問題は、レッド・パージ政策のなかで争点化したが、その傾向にいっそう拍車をかけたのが、政党政治の動向であった。自由党は、一九五〇年六月四日の参議院選挙で日教組の組織票により教育関係議員が多数当選したことに危機感を抱いていた。日教組の影響力を抑えたい自由党は、日教組の選挙活動が教育基本法第八条にもとづく行為であったかどうかについて、実態調査を行うよう文部省に要請した。文部省は地方連絡課長名義で教育長に内翰を送付し、選挙に関する調査報告を提出するよう命じたが、この事実を知った社会党の坂本泰良は、調査に公正を期する意味でも、文部省は日教組や県教組を始めとする団体にも調査を依頼すべきだと主張し、自由党を牽制しようとした。この意見について、文部省の森田孝官房総務課長は、文部省設置法と教育委員会法の規定により文部省は教育委員会にしか調査を依頼できないと答えたうえで、教員の政治活動については、教育基本法第八条の規定にもとづいて政治的中立性を維持するよう希望した。社会党は、制度上調査に限界があるとされたため、それ以上追及できなかったものの、不安は拭いきれなかった。自由党は教職員組合と特定の政党が結託することは、教育者にとって望ましいものではないと常々主張していたが、今回の選挙についても、日教組の関係者が社会党公認候補として多数当選したことは社会党を除く他の政党にとって「不愉快な現象」であり、「一つの組織のもとに、一方的な政党を支持するということ」に疑問を抱くと公言したからである[36]。のみならず、自由党は国家公務員法第百二条の適用を受けない公立学校教職員と私立大学教職員の政治活動の禁止を求める改正を強く望み、議員立法による公職選挙法第百三十七条（教育者の地位利用の選挙運動の禁止）の改正を試みるなど挑戦的な態度もみせた。

両党の対立は、第八回国会に上程された「昭和二五年における教育委員会の委員の定例選挙の期日の特例等に関する法律案」をめぐりより鮮明になった。法案の趣旨は、第二回教育委員会委員選挙の期日が国勢調査の時期と重なることで生じる行政効率の低下を避けるために、選挙期日を一カ月延期するというものであったが、それには別の意図もあった。一九五〇年に施行された公職選挙法には、首長や教育委員会委員の選挙が行われる場合、その公示前までに地方議会議員に欠員があれば、同時に補欠選挙を行うことを定めていたが、当該議員の任期が終わる前六カ月以内に補欠選挙を行うべき事由が生じた場合は行わないとされた。教育委員会委員選挙と同日実施予定の補欠選挙の双方で、教職員組合系議員や革新政党が躍進するのを避けたい自由党は、補欠選挙の実施を見送るために、選挙期日を一〇月五日から一一月一〇日に延期することを決めた。社会党や共産党は、先の実態調査問題や今次の法案は教員の政治活動を制限しようとする自由党の意図によるものであり、賛同できないとした。

国民民主党は、選挙期日の変更は教育委員会を軽視する印象を国民に与えかねないと批判した。そしてこのような重要な案件は、本来であれば、第七回国会において時間をかけて審議すべきものであるのに、それを期日間際になって上程した政府の責任を質した。のみならず、事務の煩雑さを避けるために選挙期日を変えるという目的であれば、農繁期である一一月を避けて九月に前倒しすべきであり、政治的意図を憶測されてもやむをえないとした。だがそれにもかかわらず、国民民主党は政府原案の支持に回った。おそらくそれは、「教育委員会に対する各政党の態度というものが、前の教育委員の選挙のときに、きわめてこれに無関心であつたために、今度の選挙においては、われわれ政党は、ぜひとも議席を獲得しなければならぬという考えを持つておると思います」という小林信一の発言にあるように、国民民主党もまた選挙戦に勢力を注ぐために、選挙期日は国会閉会中の一一月が望ましいと判断したためだと思われる[37]。

法案採択は、自由党・国民民主党・緑風会による賛成と社会党・共産党の反対という保革を二分する結果に終わり、内閣提出法案が原案通り可決された。一連の過程には議席争奪という政党政治の本質が如実に表されていた。それは教員の政治活動に関する問題が「教権の確立」という理念を離れ、政党政治の論理から語られるようになったことを意味したのである。

地方公務員法と公立学校教員の身分

選挙対策という観点から教員の政治活動を制限しようとする試みは、自由党政務調査会を中心にみられ、教育公務員特例法を改正する方向が固められた。その内容は、国家公務員法第百二条と人事院規則第一四号から第一七号に準じ、公立学校の教職員の政治活動は選挙権の行使を除くほかの一切を禁ずるというものであったが、参議院で単独過半数に満たない自由党が法案を成立させるには、他党の協力が必要であった。そこで、自由党は七月二七日に国民民主党に共同提案を呼びかけたものの、支持を得られなかったことから、第九回国会に上程が予定された地方公務員法において教員の政治活動を大幅に制限する戦略をとることにした[38]。

地方公務員法は地方自治庁により起草されたが、適用対象およそ一三〇万人のうち六〇万ほどを教育公務員が占めたことから、文部省は例外規定を挿入することを重ねて要望した。しかしながら、教育公務員と一般事務職の区分なく一括規定することで、総合行政を実現したい地方自治庁とＧＳ、教員の政治活動を禁止したい自由党執行部や地方軍政部などは、その要求を一顧だにしなかったため、文部省は次善の策の検討を迫られた。そこで、文部省は地方公務員法第五十七条の特例に関する規定を根拠に、教育公務員特例法を地方公務員法に優先させることで、地方公務員法の枠内で自律性を最大限に尊重した身分保障を行おうとした[39]。ところが、地方自治庁は地方公務員法第二条の規定により、同法は教育公務員特例法に優先し、二法が抵触する部分については文部省と協議のうえ修正するとした[40]。教員の政治活動の制限はＧＨＱも強く望んだことから止むを得ないものの、教権の保障を目指す教育関係者は、地方自治庁や自由党政務調査会が志向する政治的行為の全面禁止は是が非でも避けようとした。

法案を審議した地方行政委員会では、国民民主党や社会党は現行で容認されている諸権利は地方公務員法においても遵守されるべきだとして、団体協約の締結を禁じ、申し合せのみを認める第五十五条の修正を求めた[41]。さらに野党各派は、第三十六条の「政治的行為の制限」の修正を求めた。官公労を支持母体とする社会党は、政治活動の包括的禁止は基本的人権を侵害するとして現行の規制の範囲内に納めることを求めた。他方、国民民主党は、有識専門職として民主主義を実践する教師の政治活動の自由は当然に保障されるべきだとして、職務に直接関係しない地域における政治活動の自由を要求した。職責を重んずる姿勢は、特例に関する規定にも現れ、特例の具体的な対象を欠く原案は教育公務員特例法の排除につながりかねないとして、教員を明記することを強く求めた[42]。国民民主党と社会党の見解は比較的似通っていたことから、共同修正案の作成が試みられた。しかし、社会党が妥協を許さなかったため、その試みは失敗に終わった。一二月五日の地方行政委員会には、別々の修正案が提出され、採択の結果、政府原案が可決された。地方公務員法案の年内成立がGSから要望されたこともあり、同日に衆議院本会議で可決された政府原案は参議院へ送付された。

原案を阻止したい教育関係者は、審議の舞台を参議院に移して以降、慌しい動きをみせた。共同修正のほかに途はないとする国民民主党は社会党と意見調整を試みたが、社会党案以上の妥協を認めないとする日教組の圧力により活路を見出せずにいた。そこで、国民民主党は緑風会に働きかけ、共同修正案の作成に乗り出した。国民民主党は、教員の政治活動の適用除外の範囲を通学区域にするのは妥当ではないとする緑風会の意見に難色を示したものの、超党派的合意の形成が不可欠との判断から、適用除外の範囲を設置権者の所在地とする緑風会案に譲歩することで合意を取り付け[43]、八日に第二修正案を社会党に示した。社会党は粉砕覚悟で単独修正案を提出するか、共同修正に同調して最小限の権利を掴むかについて、日教組と深夜におよぶ協議を続け、共同修正案の支持を決定した[44]。

野党の足並が揃ったことは、状況を一変させた。原案修正を一切認めないとする自由党が議員総会を開き、修正案の支持を決定したのである。態度を軟化させた背景には、参議院のキャスティング・ボートを握る緑風会への配慮や、予算審議に悪影響が及ぶことを避けたいという目算が働いたと考えられる。しかし、そればかりではなかった。党内には、師表の特殊な職責を考慮しない地方公務員法の適用は極力排除するべきだと考える文部委員[45]やその支持者が複数おり、彼らが修正案支持に回ったことも影響したと思われる。自由党の支持を得られたことで、九日の参議院地方行政委員会では、修正案と修正案を除く政府原案が全会一致で採択された。即日送付された参議院本会議でも共産党などを除く賛成多数で採択された。その後、修正案を付した法案が衆議院本会議に再回付され可決されたことで、地方公務員法は一三日に公布された。

このように、地方公務員法案を修正させた原動力は、師表としての教師の権利を保障することにあり、それは第二保守党が示した妥協案をもとに超党派的合意を図ることで実現した。とはいえ、それは教育公務員特例法を単独立法に切り替え、国家公務員法や地方公務員法から教師の身分保障を切り離すという、根本的な問題解決を図るものではなかった。そのため、文部委員会は教育公務員特例法や教育委員会法のさらなる改正に取り組まざるをえなくなったのである。

第2節　政策連関に起因する教育政策の危機

1　教育公務員特例法の改正

地方公務員法の成立により、公立学校教員の身分はその適用を第一義的に受けることとなった。施行期日にあたる一九五一年二月一三日までに、教育公務員特例法が改正されなければ、教師の身分に著しい不利益が生じ、教権が侵害される可能性が多分に残されたことから、教育関係者は不安を募らせた。同時に改正されるべき教育公務員特例法の改正が遅れたのは、政府やGHQの意向により先送りを余儀なくされたからであった。施行まで二カ月という時間的制約の中で、文部省は早急に改正法案を起草し、一月一七日に閣議決定、二六日にGHQの許可を得て、二九日に第一〇回国会に提出した。天野貞祐文相の趣旨説明は、本法案は、教育公務員特例法が地方公務法の特例法であることを明らかにするための提案であることを示した。そして、公立学校の教育公務員で地方議会の議員を兼ねている者の既得権を認めるために、あるいは、市町村立学校の職員の給与、服務、職員団体等に関する事項が市町村の条例などに規定されることは妥当性を欠くので、その点について適切な措置を施すために提案したものであることにも触れ、二月一三日までに成立できるよう委員の協力を仰いだ。法案を先議した参議院文部委員会は諸事情に理解を示しながらも、二週間という短い期間で重要法案を審議することに同意できないとして、即時に不備が生じる兼職禁止事項のみを臨時措置法案として成立させ、他の事項については期日を越えて審議することを決定した（教育法令研究会編、一九五一年、一八―二八頁）。

参議院文部委員会における修正過程

教育関係者や日教組出身者が多数を占める参議院文部委員会では、職員団体の設置単位に関する事項などを中心に異論が噴出した。職員団体による協議の中心は身分保障に関する事項であり、その対象は給与権者である知事とされたことから、職員団体の設置単位は都道府県であるべきだとされた。しかし、法案は地方公務員法第五十二条の規定に則し、職員団体の設置単位を学校設立所管区域にあたる市町村としたことから、職員団体と交渉相手の単位が異なることが問題にされた。単位を違えることは、教員に不利益をもたらしかねないことから、改正法案でも単位組合が連合体を結成して都道府県と交渉できるという経過的措置が採られた（第二十五条の六）。社会党は、この条項について、市町村の単位組合なしに都道府県の職員団体を結成できないとする案は、現状を顧みないものであり、都道府県の職員団体を現行どおり承認すべきであると強く主張した。同様の意見は国民民主党や第一議員クラブの委員などからも述べられた[46]。

地方公務員法の施行により法的根拠をもたない全国的な職員団体の連合組織に転落した日教組は、これを強く支持した。全国単位のみならず、都道府県単位の職員団体まで否定されれば、組合の形骸化は免れないことから、日教組は独自に作成した修正案を社会党に手交し、ＧＨＱや各党との折衝を委ねた[47]。都道府県単位の職員団体の継続と結核療養期間を二年から三年に延長することなどを含む日教組修正案は、自由党を除く各党派から支持を得たものの、一二月一六日に開かれたＧＳとの折衝で頓挫した。日教組やその前委員長であった社会党の荒木正三郎らはその後も粘り強い折衝を続け、二〇日にＣＩＥのルーミス教育課長から「職員団体の組織」、「結核教員の療養期間三年延長」の二項に限り修正を容認するという通告を受けた。翌日にＧＳが了承したこともあり、社会党は日教組案を骨子とする修正案の支持を各党に求めた[48]。

第一議員クラブや無所属議員は、この修正案に全面的な協力を申し出たものの、それ以外の党の態度は様々であった。国民民主党、緑風会、自由党は結核療養期間延長の趣旨を肯定的に捉えたものの、予算措置に疑問が残るとして留保した。とはいえ、療養期間の延長問題についての対応は求められたことから、国民民主党は「任命権者は特に必要と認めた場合三年まで延長することができる」という独自の修正案を二三日に作成し、翌二四日にＧＳの了承を得た。その後、両党は統一修正案を成立させるべく、二六日に会合をもち、調整が図られた[49]。そうしたおり、緑風会から、結核療養期間の延長については国民民主党の修正案に「予算の枠内において」という字句を追加挿入するよう意見が届けられた。閣僚を輩出することで政府内の事情にも通じている緑風会からすれば、緊縮均衡財政路線を無視できず、実行可能性を重視した修正を求めたわけであるが、同様の態度は職員団体の設置単位問題についても見られた。

職員団体の設置単位を都道府県とすることが妥当であると主張する社会党と国民民主党は、自由党を除く諸党派から支持を得た修正案について了承を得るべく、ＧＳと折衝を重ねた。修正法に承認が与えられる公算が急浮上したことに焦りを覚えた自由党は、野党修正案に同調せぬよう緑風会に圧力をかけた。このため、緑風会は、職員団体の設置単位を都道府県とする野党修正案は地方公務員法に反するため承認できないとしたうえで、その設置を「向う一ヶ年に限り認め、その後は解散するものとする」という独自の修正案を提出した。(50) 修正法案を一本化しなければ、議決を得ることは難しいことから、自由党を除く諸党派は休会中もおりあいをつけるべく折衝を重ねた。意見調整は文部委員会が再開してからも続けられ、三月一四日の党派懇談会で、次のような修正が決められた。

結核療養期間を定めた第十四条第一項については、療養期間を一律三年とする社会党案は望ましいものの、補正予算も編成できない現状に鑑みれば、政府に予算計上を義務づけることが第一義であるとして、「任命権者は、特に必要があると認めるときは、その休職の期間を満三年まで延長することができる」という国民民主党の修正案が採用された。附則第四項の設置単位問題については、給与その他の勤務条件を交渉するために都道府県単位の組合を容認すべきだとして、市町村に教育委員会が全面設置されるまでの期間、すなわち、一九五二年一〇月三一日までに限り、都道府県に職員団体を設置できるとする緑風会の修正案を採用するという妥協が図られた。緑風会、社会党、第一クラブ、国民民主党の間で合意がなされた後に、彼らは自由党との調整に乗り出した。

自由党の文部委員は四党派による修正案に賛意を表したことから、(51) 伝来の超党派的合意による修正案の可決が期待されたが、それは実現しなかった。四党派による修正法案の提出を予定した三月二三日の文部委員会に自由党が独自の修正案を提出したからである。その内容は、第十四条第一項に、「但し、任命権者は、特に必要があると認めるときは、予算の範囲内において、その休職の期間を満三年まで延長することができる」という但し書を加えるというものであったが、これは、先に緑風会が提案した修正案文と一致することから、緑風会による修正は自由党の意向を表したものと推察される。他方、設置単位に関する事項は一切触れられておらず、職員団体の設置は地方公務員法の一般原則に従うべきだとして、都道府県単位の職員団体を否認した。採択では野党修正案が賛成多数をもって可決され、修正案を付した原案が二四日の参議院本会議で可決された。これにより、法案の審議は衆議院文部委員会に移されることとなった。

衆議院文部委員会の動向と両院協議会

衆議院では、二七日の文部委員会で審議が始められたが、議決をとらぬままに、四月の自然休会を迎えた。地方公務員法附則十三項には、「第五十八条第一項の規定施行の際現に存する労働組合でその主たる構成員が職員であるものは、この法律公布の日から起算して四月以内に第五十三条第一項の規定による登録の申請をしなければならない」ことが定められたことから、職員団体の登録期日にあたる四月一三日までに、教育公務員特例法の修正が施されなければ、地方自治法により都道府県単位の職員団体は否定され、市町村設置のみが認められることになる。文部省が四月四日に出した「地方公務員法施行に伴う教育公務員の身分取扱いについて」という通牒には、まさにこの問題が指摘されており、採決を行わなかった自由党に批判が集まった。[52] 自由党をのぞく諸党派は、休会あけの国会で四党派による修正案を可決させ、遡及的措置を施すことで、教権を保障することを企図した。

法案に関する審議は、五月一二日の衆議院文部委員会で再開された。一八日には、自由党から修正案が提出されたが、それは参議院修正案を再修正し、第十四条第一項の但し書に「予算の範囲内において」という字句の挿入を求めるほかは、政府原案に戻すというものであり、参議院での主張を再確認するものであった。職員団体については、職員団体は「教育行政全般の責任が、当該地方公共団体（注　市町村）にあるという原則に即したもの」でなければならず、「参議院修正は、これら最も重要なる点を、単に便宜のために改悪じたものといわざるを得ない」として、政府原案の正当性を訴えた。国民民主党、社会党、共産党は、市町村単位に設置された職員団体の連合体による交渉では対等性が保障されないとして、自由党案に反対した。とはいえ、衆議院で過半数を上回る議席を有する自由党には届かず、採択では自由党修正案が可決された。二一日の衆議院本会議も同様に可決され、参議院に回付された。

二六日の参議院本会議では、衆議院の修正に同意しないことが決められた後に、社会党の小笠原二三男による両院協議会開催の動議が認められ、即日衆議院に申し入れられた。超党派的合意を前提とする文部委員会で両院協議会が開かれることは、前代未聞のことであった。両院協議会の請求を受けた衆議院議院運営委員会では、それに応じることが決められ、委員については、参議院案に反対した自由党のみで構成されるべきだという自由党の主張が認められた。同日の夕刻には、第一回目の「教育公務員法の一部を改正する法律案両院協議会」が開かれた。

両院協議会の構成は、衆議院側が自由党一〇名、参議院側が社会党四名、緑風会三名、国民民主党二名、第一議員クラブ一名であった。協議会では、自由党と他党派の意見が完全に対立する状況では、調整が難しいとの判断から別途に懇談会が開かれた。しかし、そうした努力にもかかわらず、自由党や教職員組合のなかには、いずれかの法案に妥協を示すのであれば廃案に帰するべきだという強硬意見も聞かれ、調整は難航した。調整の目処が立たないことから、第一議員クラブの矢嶋三義は、二八日の第二回会議で、廃案に至った場合の影響を質疑した。関口隆克文部省調査普及局長は、給与の支払が市町村の条例にもとづいて行われるため都道府県の教育委員会と齟齬が生じる可能性があること、教育委員会を未設置の市町村では人事の面で不具合が生じること、職員団体が都道府県と交渉できなくなること等を指摘した。つまり、それらは、教育公務員特例法を地方公務員法の特例法として位置づけない限り、地方公務員法がそのまま適用されてしまい、教師の身分保障はおろか、都道府県の教育委員会も機能不全に陥ることを意味したのである。教権の確立を重視する衆参両院の文部委員は、特例法の改正を実現させるために、懇談会において引き続き妥協点を模索した。

参議院側の委員は、結核療養期間について自由党の修正案を認めることで歩み寄りをみせたものの、設置単位問題については譲らなかった。そこで、自由党は一九五一年一〇月三一日まで都道府県単位の職員団体を認めるという案を示した。各党派はこの代替案について調整を試みたものの、党内合意まで至らなかった[53]。会期終了期日にあたる六月五日まで残す日程がわずかであることに焦燥した緑風会は、事態の打開に向け、都道府県単位の職員団体を一九五二年五月一〇日まで認めるという折衷案を提示した。期日は参議院修正案と自由党案の中間を採ったものであったが、この提案にはそれ以上の意義があった。協議に並行して、文部省が教育委員会の設置単位そのものの見直しを含む教育委員会法の改正に乗り出していたからである。改正案は次期通常国会に提出を予定していたことから、会期終了期日にあたる一九五二年五月一〇日まで都道府県単位の職員団体を暫定的に認め、その後は、教育委員会法の規定に従うとすることで、よりよい方向に事態を収拾させることを企図していた。

自由党もこの修正案を首肯したが、それは自由党も教育委員会法の改正により諸問題の解決を目論んでいたからである。五月六日に設置された吉田首相の私的諮問機関である政令改正諮問委員会は、まさにそのための準備機関であった。だがそれとは別に、自由党には、地方自治庁や大蔵省の意向で教育政策が抑圧されることを快く思わない者もおり、緑風会案を支持することで教権を保障したいという動きも見られた。このように、自由党内には様々な思惑が渦巻いていたものの、最終的には、いずれの目算も満たす緑風会案を支持する方向に落ち着いた。その結果、結核療養期間については衆議院議決案に、都道府県単位の職員団体の設置期限については緑風会案に、その他の事項は参議院の議決案に従うことを内容とする修正案が、五月三一日の第三回両院協議会において、全会一致で採択されたのである。超党派的合意を得た教育公務員特例法の一部を改正する法律は、本会議の議決を経て六月一六日に即日施行された。

このように、合意が難しいと思われた教育公務員特例法の改正もまた、緑風会や国民民主党などの第二保守党の示した妥協案のもとに形成された超党派的合意をもって実現した。しかし、その形態は従来と同じでなかった。教育基本法から地方公務員法の成立に至るまでの審議過程と比べると、自由党の協調姿勢は明らかに後退した。態度の変化は、一九五〇年の参議院議員選挙以降、「日教組封じ」と呼ばれる選挙対策を自由党執行部が優先させたことに因っていた。日教組の高い集票能力を保障する都道府県単位の組合を解体する目的で職員団体の市町村設置を決めた自由党は、文部委員に党議を優先するよう求めた。これは、教権の確立に向けた政策協調を優先する文部委員会固有の態度を牽制してのことであり、党利を優先する執行部の意向を強く示した案件であったといえよう。ここでも、すでに示した義務教育費をめぐる問題と同様に、政策連関による教育政策の自律性の低下がみられるのである。だが、義務教育費はいったん挫折した国庫負担制が復活した。では、どのように国庫負担制の復活がなされたのであろうか。以下に確認しておこう。

2 義務教育費国庫負担法をめぐる政治過程

教育財源の確立なしに教権は保障されないことから、教育関係者は標準義務教育費法案が頓挫した後も、国庫負担の可能性を模索した。とはいえ、地方財政平衡交付金に使途を特定する措置を許せば、制度を形骸化させかねないと考える地方行政調査委員会議や地方自治庁などは、おりにふれて文部省を牽制し、その試みを挫いたことから、国庫負担制の復活は難しいように思われた。

ところが、それは予期せぬところから求められるようになった。ドッジ・ラインによる教育費の大幅削減と地方財政平衡交付金制度の導入により、地方財政が混乱と窮乏を極める中、地方自治体が義務教育費国庫負担制の復活を望むようになったからである。一九五一年三月一日に、全国知事会、全国都道府県会議長会、全国市町村会、全国市議会議長会、全国町村長会、全国町村議会議長会の六団体が連名で教育費の国庫負担を求める要望書を国会に提出し[54]、六月二二日には、全国知事会議が「義務教育費国庫負担法復活の決議」を行うなど、そうした声が各所から聞かれるようになると、自由党内からも教育財政平衡交付金を創設する案が急浮上した[55]。

しかしその一方で、財政負担の軽減を図るために六・三制を短縮する案が財界を中心に議論されるという動きも新たにみられた。政令改正諮問委員会には、そうした意見が強く出され、七月には、自由党を通じてその旨が文部省に伝えられた。文部省は、八月一四日に「六・三制を存続せしむべき理由」を提出し、制度堅持に努めた（読売新聞戦後史班、一九八二年、四二四－四二五頁）。政令改正諮問委員会が六・二制導入を検討し、自由党政務調査会がそれを支持していることが新聞報道されると、国内で大論争が巻き起こった。六・三制は戦前との断絶を印象づける戦後民主教育の象徴であり、当時の人々は苦しい財政事情にあっても、「新生文化国家日本の担い手としての新教育のためという大義名分に高い価値を見出し」て、学校建築に関する多額の寄付や税負担に耐えたこともあり（市川・林、一九七二年、三四九－三五〇頁）、それに逆行する政策は支持できなかったからである。真相を問われた文部省は、政財界の一部にそうした意見があることを認めながらも、文部省としては、六・三制を堅持するために、教育平衡交付金の導入を検討していると述べた[56]。文部省の答弁は、地方財政平衡交付金制度を前提にしながらも、義務教育費をひも付きにするという「義務教育費国家最低補償法」（仮称）を示唆するものであった[57]。法案作成の段階でこうした発言が行いえたのは、自由党の一部議員や大蔵省[58]、地方自治体などの支持により、第一二回国会への上程がほぼ確定したからであった。

ところが、その法案は、使途を特定する財源は総合行政の妨げになるとする地方自治庁の強い反対により実現されなかった[59]。地方自治庁が強硬な姿勢を堅持できたのは、二つの勧告により正当性を得ていたからである。一つは、シャウプ勧告に則して地方税財政改革を検討する地方行政調査委員会議が一九五一年九月二二日示した「行政事務再配分に関する第二次勧告」（以下、第二次勧告）であり、そこでは、義務教育費に関する問題を地方財政平衡交付金制度の合理化によって解決することや、弾力性を欠く教育費を確保するために行政整理を行うことが求められた。もう一つは、六・三制の運用は国情に配慮して行われるべきだとする、政令改正諮問委員会の「教育制度の改革に関する答申」（同年一一月一六日）であった。後ろ盾を得た地方自治庁は、「行政機関職員定員法の一部を改正する法律案」を作成するなど、人件費の抑制に乗り出しており、文部省は対応を迫られた。そこで文部省は、義務教育を実施する責務は国家にあるという論理を憲法から引き出し、それを前面に押し出すことで、義務教育費国庫負担制を復活させることを決めたのである。[60]

義務教育費国庫負担法案とセクショナリズム

審議室の初代室長を務め、多岐にわたる改革を推進した辻田を局長とする文部省初等中等教育局は、関係方面と調整を進めながら、一一月二〇日に「義務教育費国庫負担制度の概要」を示した。地方財政委員会は「新義務教育国庫負担制について」という反対意見書を即日示し、それを阻止しようとした。[61]事態を打開したい政府は大蔵省を含めて話し合いを進めたものの、折衝は難航し、第一三回国会が召集された一二月一〇日を過ぎても調整がつかず、三〇日の閣議で一時留保が決められた。国会が再開する一月二二日までに閣内了承を得ようと天野文相は説得を続けたが、状況は変えられなかった。

ところが、この膠着は二つの要因から破られた。一つは、一九五二年一月下旬から二月にかけて行われた、文部省の大幅な人事異動であった。教育改革を支え続けた関口隆克調査普及局長、辻田力初等中等教育局長、西崎恵社会教育局長らが省外に転出したのに代わり、追放解除まもない内務省教学局出身の田中義男が初等中等教育局長に登用されたほか、大蔵省出身者が主要ポストに就いた（寺崎・平原、一九七五年、三〇九頁）。この人事については、改革派を排除し、守旧派を充実させたことにより文部行政が転換したというのが一般的な見方であるが、それが現れるのは、第四次吉田内閣以降のことであり、第三次吉田内閣に限れば、棚上げにされた問題の処理という側面が強かった。大幅な人事刷新により、旧内務省や大蔵省からリクルートされた官僚の人的ネットワークを利用し、かつ彼らの手腕を借りることで、文部省、地方自治庁、地方財政委員会、大蔵省による三すくみの状態を打開する可能性が見出されたからである。重松敬一は、天野文相の登場により、保守政党と文部行政が急速に接近したことを指摘しているが、天野文相のもとでのこの人事は、自由党の意向に沿うものであったと思われる。この、自由党との接近が第二の要因となった。

六・三制問題で社会的な批判を受けた自由党は、この頃には六・三制の堅持を明言し、国庫負担についても「全額国庫負担の線をうみだす理想的な資料の作成に専念する」とした。とはいえ、緑風会が「自由党の財政理由でみとおしのたたないことには同意できない。野党連合しても負担制の確立をはかる」[62]と発言したように、地方自治庁や地方財政委員会の反対などから実行可能性は低かった。自由党を除く各党派は六・三制の完遂と義務教育費国庫負担制の確立を明示しており、超党派的合意により国庫負担制に関する法案が提起される可能性は十分に考えられたことから、自由党は対応を迫られた。民主化の要である六・三制の運営が財政上難しくなり、それを理由に自殺する首長が現れるなど、教育財政が社会問題化し（市川・林、一九七二年、三四六頁）、迅速な解決を求める声が日々強まるなかで、法案の遅延は自由党を不利に、野党を有利にしたからである。閣内調整がつかなければ、議員立法として法案を上程するべきだという意見が出されたのも、こうした事情に因っていたが、合意の調達は容易でなく、二月七日の閣内調整は失敗に終わった。政治問題化を避けたい自由党政務調査会は、二〇日に文部省と地方自治庁の関係局長と課長を呼び出し、調整を試みたが、両者はともに譲らず、三月一日には文部省が「義務教育費国庫負担法案（文部省第四次案）」を、四日には地方自治庁が「地方財政平衡交付金の一部改正法案要綱」をそれぞれに提出し、持論を貫こうとした。政務調査会はその後も調整を続けたが、党内幹部の意見まで二分し、迷走するばかりであった[63]。

事態の早期解決を求める日教組や社会党は、議員立法の作成を決め、関係方面の協力を仰いだ。改進党を始め各党派がこれに同調したことにくわえ、党内にも全国のPTA、市町村長、教職員組合関係者を中心にして開催された三月七日の義務教育費国庫負担法制定推進大会に参加する議員が現れるなど[64]、法制化を求める声が日増しに強くなり、一大勢力を築きつつあることに自由党は動揺を隠せなかった。国会運営や選挙対策に与える影響を勘案するとこれ以上の遅れは許されないと判断した政務調査会は、小委員会で折衷案を作成し、政務調査会案として一八日の総務会にかけることを決定した。その後の審議により、文部省提出の「義務教育費国庫負担法案」を衆議院議員立法として上程することが二五日の政務調査会で決められた[65]。

この決定に地方自治庁と地方財政委員会は猛反発し、四月一五日の定例閣議では、関係省庁からなる特別委員会を設置して再検討すべきだという意見が岡野清豪国務大臣（地方財政委員会・地方自治庁担当）から示された。このため、法案は大蔵省、文部省、地方自治庁、地方財政委員会からなる特別委員会で再審議されることとなり、五月七日にようやく吉田首相の了承が得られ、第一案から七カ月を経て、ようやく国会に上程された[66]。

衆議院文部委員会の審議と閣内調整

衆議院議員立法として提出された義務教育費国庫負担法案は、翌八日の衆議院文部委員会において審議が始められた。趣旨説明を行った自由党の竹尾弌は、国は憲法に定められた国民の権利義務である義務教育について「一定の規模と内容とを、すべての国民に対して保障すべき責務を負つて」おり、その責務を果すために「まず国が義務教育について確実な財政的裏づけをすることが何よりも必要である」と考えるが、先の改革で義務教育費が地方財政平衡交付金に一括されたことで、義務教育費は「財政上国の特別の保障」を失い、そのことが義務教育の存続を危ぶませているとして、「平衡交付金制度とは別に国庫がこれを補償する制度を確立し、義務教育の妥当な規模と内容とを国民のすべてに対して保障いたしますとともに、地方財政の安定をはかる」目的で法案を作成したと述べた。具体的には、第二条で、教職員給与費及び教材費について「それぞれその総額の二分の一を下らない額」を負担することを定め、第二項で教職員給与費の総額の算定方法、第三項で教材費の算出方法を規定し、第四項で「国の負担金の各地方公共団体に対する配分基準その他その配分に関し必要な事項は、法律で定める」とした。これは、配分に関する問題は地方税制と関連づけて考慮される必要があり、事後的な検討を要したからであった。さらに第四条では、学校建設事業に地方債を充当できることとした。最後に附則では、第二条から第五条までの規定は昭和二八年四月一日から施行し、昭和二七年度は第一条の基本的な理念にもとづいて地方財政平衡交付金制度の特例を設けることが定められた。第一〇項では、地方財政法との抵触を避けるために地方財政法を改正する旨が述べられた。

安定的な財源を欠いては、教権は確立されないという考えは、文部委員に共有されたことから、法案の早期成立が望まれた。ところが、この段階にあっても、地方財政委員会は義務教育費国庫負担法案に反対であり、地方財政平衡交付金法の改正を考慮しないという岡野国務大臣の発言を一部の自由党議員が支持するなど[67]閣内・党内に不一致が見られた。実は、これには、いくつかの理由があった。

義務教育費国庫負担法案が議員立法という形を採ったように、法案は閣内合意を欠いたまま、吉田首相の了承を得て上程された。法制化には、地方自治庁や地方財政委員会の同意が求められたことから、自由党政務調査会は上程後も二機関の説得を続け、文部省と大蔵省の意見が一致すれば、政府案として認めるという確約を取り付けた[68]。だが、文部省と大蔵省の折衝は難航した。義務教育費の実質的な確保と全国的な平準化を図りたい文部省は、義務教育費に要する総額の二分の一を国庫負担にすると主張する一方で、大蔵省は地方が要する義務教育費の半額を国庫負担にするとしたからである。地方財政平衡交付金制度を前提に国庫負担を許すという大蔵省の主張には、「均衡財政」の立場から過剰な財政支出を避けたいという意図が示されていた。大蔵省主計局は、①教育財政の独立論の否定、②義務教育費全額国庫負担への反対、③地方教育財政に対する統制の維持、④教育費最優先要求の拒否という姿勢を戦後一貫して保持しており（市川・林、一九七二年、二五八頁）、今回の法案についてもそうした理解を基調に、義務教育費の問題は地方財政との兼ね合いから検討されるべきだという立場を堅持した。義務教育費に要する費用を実質的に保障したい文部省や文部委員会はこれに反発し、教育財源の確立は地方財政平衡交付金を含め、地方財政の抜本的な改革を踏まえて実現されるべきだとしたことから[69]、議論は平行線をたどった。

　廃案を希求する地方財政委員会と地方自治庁は、これを好機と捉え、五月二一日には、「地方財政委員会の義務教育費国庫負担法案に関する意見書（追加）」を衆参両院の議長に提出するなど強硬な姿勢を貫いた。義務教育費国庫負担法案は「中央政府の官僚の権限を強大ならしめ、官僚の手による地方行政に対する統制支配を可能にし、地方行政の中央集権化を誘致して、住民による地方自治を抑制する」という意見に対し、文部省や文部委員会は、国庫負担制は集権化を意味しておらず、義務教育費を政治的駆け引きの対象にすることこそ問題だとして地方財政委員会を批判した。同様の意見は五月二六日の文部委員会地方行政委員会連合審査会でも示され、自由党の若林義孝は「将来この法律は、教育費が国家財政の中でも主要部分を占め、他の行政費と比べましても、文化国家にふさわしい財政的の保障を国庫がして行くべき方向に進む一つの基礎となる法案である」ことを強調し、法案成立に向け、文部委員会が従来どおり超党派的合意を形成することで政府に圧力をかけるよう各党派に要請した。

　他方、地方財政委員会も態度を変えず、政務調査会に現行制度の維持を訴えるなど態度を頑なにした。法案の行方を憂えた水田三喜男政務調査会会長は、関係方面と協議を重ね、法案を再修正する意向を固めた。二六日には、政務調査会で修正案に関する閣内了承工作が行われ、修正に反対する天野文相については、増田甲子七幹事長が直接説得にあたった。修正法案は水田会長を中心に、池田蔵相と岡野地方財政委員会担当大臣の主張を汲み入れながら作成された。その結果、教員給与費の算定基準の引下げ、教材費の減額、義務教育費国庫負担制の実施を昭和二八年度として、昭和二七年度は現行どおりにする等の修正が施された[70]。ところが、大蔵省はこの修正に納得せず、独自修正案を六月九日の協議会に提出した。給与費の算定額の引下げ、一律半額負担、校舎建設事業費の規定削除など、原案を骨抜きにした修正案を受け取った天野文相や竹尾文部委員長らはその内容に憤慨し、大蔵省と文部省の協議は物別れに終った[71]。政務調査会はその後も折衝を続け、一四日の与党幹部・関係閣僚懇談会で大蔵省案を一部修正した水田会長の妥協案が採用される運びとなった。修正案は即座に吉田首相に回付され、了承を得た[72]。

修正法案を見ていくと、文教関係者が重視した給与については、地方財政委員会の主張が通り、「教職員の給与費について、その実支出額の二分の一を負担する」とされるのみならず、大蔵省の意向から「各都道府県ごとの国庫負担額の最高限度は、政令で定めることができる」ことが追加挿入された。教材費については「経費の一部を負担する」とされ、建築事業費に関する条文が削除されるなど、骨抜きは著しく、施行期日さえ不確かなものとなった[73]。修正法案の審議が始められた一六日の文部委員会では、野党から批判が浴びせられ、同日に提出された野党共同修正案（共産党を除く）の正当性が主張された。第三倶楽部の浦口鉄男は、文部委員会としては、先の自由党案に不満を残しながらも諸事情を考慮に入れ、文部委員会の伝統的態度である超党派的合意の原則を遵守する立場から支持を決め、党内での折り合いがつきしだい、成立に尽力する意向を固めてきたが、今回の修正は妥協可能な水準を大きく下回っており、修正案を別に出さざるを得なかったと発言している。これは、文部委員会の落胆を示すとともに、教権の確立を主眼とする文部委員会の結束の固さを再確認させるものといえる。

法案は、一三対六で自由党修正案が採択された。自由党の水谷昇は、その直後に、「一、教職員給与費の国庫負担額の最高限度を政令で定める場合には、その限度の基礎は、原案の趣旨を尊重し、少くとも各都道府県のその年度の実績を下まわらないように定めること」、「二、老朽危険校舎の起債については、速かに地方財政法第五条を改正して原案の趣旨の実現を図ること」、「三、本法案の施行期日は政令で定めることになっているが、これを昭和二八年度から実施すること」を求める附帯決議を動議した。ここからは、附帯決議を通じて原案の趣旨を反映させようとする自由党文部委員の意図を読み取ることもできるが、野党各派は決議を付して修正法案を正当化することに賛同できないと述べた。とはいえ、附帯決議についても修正法案と同様採択され、一七日の本会議で可決された後、参議院へ送付された。

参議院文部委員会と義務教育費国庫負担法案の行方

義務教育費国庫負担制の復活を強く求める参議院文部委員会では、三月二八日に各会派からなる小委員会を発足させ、独自に検討を進めていた。小委員会の議論は五月一五日の文部委員会で報告され、近く始まる審議に備え、「我々参議院の小委員会が、教育費というものはかくあるべきものであり、又かくありたいものであるという希望を持っておるということを睨み合して御研究願えれば幸いであると存ずる次第であります」ことが、堀越儀郎小委員会委員長（緑風会）から述べられた。発言の背景には、関係機関との関係から理想とかけ離れた法案が上程される見込みが高い状況のもと、衆議院で議決された法案の内容が不十分であった場合、即座に修正審議に着手できる状況にしておく必要があるという考えがあったように思われる。参議院文部委員会には法案を修正する能力が多分にあり、小委員会の審議は超党派的合意を形成する素地を提供した。

ところが、こうした努力も突然の法案再修正に翻弄された。衆議院修正案は、六月一九日の参議院文部・地方行政連絡委員会で審議が始められたが、自由党を除く各党派は、どのような附帯決議がつけられようともそれは単なる要望に過ぎず、国庫負担額の最高限度を政令で定められるとする第二条第二項がある限り、義務教育費は抑制されるばかりであるとして、教権の確立に反する第二条第二項の削除を強く求めた。審議過程で意見を求められた荻田保地方財政委員会事務局長は、根本的には法案に不賛成であるが、国庫負担制を導入するのであれば、地方自治を侵害する程度の低い第二条第二項の形態が妥当であるとした。参議院文部委員会は、この発言から、地方財政委員会の意向に沿わない修正を施せば、廃案に至る可能性が高いことを理解し、審議方法を再検討した。

七月八日の文部委員会では、第一クラブの矢嶋義三から、今後の審議について小委員会の報告を前提に参議院の理想案を追求するか、それとも衆議院案を前提に審議を行うかを先決すべきではないかという提起がなされ、後者の路線を採ることが確認された。その後、矢嶋は、義務教育無償の原則から義務教育について国が財政的責任を負うことを目的とするのであれば、義務教育費を地方財政平衡交付金から切り離す必要があり、他方、シャウプ勧告で示された地方自治の確立という原則に従えば、半額国庫負担という制度は地方財政を総合的に運営していく妨げになると考えるが、今回の法案はいずれの立場からも不十分であり、政府並びに自由党の基本的な立場が不明瞭であること、そしてその背景には政府与党内の不一致があるのではないかと発言した。そのうえで、一致が図られるまで法案を見送るべきではないかと意見した。この発言に対し、田中義男初等中等教育局長は、教育費をめぐる官庁間の対立があり、法案は十分に賛成しがたいものではあるが、「この際ともかく多少の不自由は忍んでも、ともかくここに将来への確保の第一歩をこの平衡交付金から切離して国庫負担法を成立させる、こういうことが誠に望ましいことであり、（略）この案のともかく成立することを私どもとしては望んでおるわけなのでございます」と答えた。法案の妥当性をなお疑う矢嶋に対し、「折角この法案が提出されまして、この機会を失すれば、又いつ通るか実際いうとわからない」として支持を求めた、自由党の甲木保の発言からも明らかなように、政府与党の教育関係者は、義務教育費国庫負担制を復活させることが先決で、その後、理想的な内容に近づけるための修正を施すことを予定した。

たび重なる審議の末、七月二四日の文部委員会に二つの修正案が提出された。一つは緑風会による修正案で、第二条第二項を削除し、第一項に「但し、特別の事情があるときは、各都道府県ごとの国庫負担額の最高限度を政令で定めることができる」という但書を挿入するものであった。修正理由は、衆議院案は解釈の余地を残すため「特別の事情があるとき」という言辞を挿入することでその濫用を避けることにあった。これとは別に、「この法律は、昭和二八年四月一日から施行する」という附則が付されていた。この目的は、期日を明記することで法案の実行性を確保し、衆議院修正案の弊害を最大限に排するというものであった。

もう一つは野党各派からなる共同修正案であった。日教組案をもとに修正案を作成する過程で、野党は緑風会に共同提案を強く働きかけたものの、政府内の事情を知る緑風会は教育財源の確保という目的から国庫負担制の復活を優先させた。事実、二四日の文部委員会においても、堀越儀郎は「現在の財政状態から考えて、諸種の事情から止むなくここに立至つたことに対して我々は遺憾とするのでありますが、ただ教育財政の確保の上から橋頭堡を築いたと、一歩前進したという点からこの原案に対して賛成をし、将来提案者も政府ももつと前進したものを再びこの委員会に提出されることを希望するのであります」と述べ、将来、参議院小委員会で示された改革案および野党各派から示された「修正案が実現する機会のあることを心から所念して止むなく本日はこの現段階においては反対をする次第」であると言葉を結んでいる。[74]

採択では、自由党からの賛成を得た緑風会修正案が可決された。その直後、自由党の木村守江委員から附帯決議の動議が出され、賛成多数を得た修正法案と附帯決議は参議院本会議に回付された。翌二五日の本会議でも同様に可決され、衆議院に回付された。衆議院本会議では、会期末日である七月三一日に参議院修正案と附帯決議が審議され、賛成多数をもって義務教育費国庫負担法が成立したのである。

義務教育費国庫負担法の投じた問題

法案成立後も閣内の緊迫は続いた。剱木亨弘の回想によれば、閣議で岡野国務大臣が天野文相に罵声を浴びせる一幕があったという。地方自治庁の圧力から苦渋を味わい続けた天野文相は辞任に踏み切り、前田多門以降続いた文化人文相の幕は閉じられた（剱木、一九七七年、一四九－一五一頁）。八月一二日に岡野清豪が後任に就いたが、これ以降、文部大臣の地位も党人が占めるようになった。人事の変化には、文部行政が直面している課題の解決には、地方行財政に精通し、省庁間の交渉に長ける人物の登用が不可欠との目算が働いたように思われる。自由党が日教組対策を真剣に講じ始めた時期であったこともあり、文化人よりは大鉈を振るう人物が望ましいと判断されたのであろう。岡野の後は内務省出身の大達茂雄が就任し、それに伴う「文部省の内務省化」はこれを象徴する。その意味で、一九五〇年代以降は、政党政治の論理が教育政策に勝るようになったとみることができるだろう。

とはいえ、そのことをもって、教育政策を全面的に保革対立という観点から説明することは妥当でない。教育関係者の間には、一九五〇年代においてもなお、文化国家建設と教権の確立という目的が共有され、超党派的合意により制度化を果すという姿勢が堅持されたからである。ただし、その有効性は徐々に低下しつつあった。占領後期に始まった地方税財政改革により、教育政策は「教権」という理念を共有しない地方自治庁・地方財政委員会や大蔵省およびそれを支持する議員や団体の意向が優先されることになったからである。占領初期のＧＨＱの施策は「民主化」に力点をおいたため、教育政策の自律性が保障された。ところが、占領後期の施策は大蔵省が支持する「均衡財政」や旧内務省系統機関が重視する「総合行政」という理念と親和的であったため、文部省は後退を余儀なくされた。理念の相違は省庁間の対立という形で表れ、その解決には政治的取引や交渉が必要であった。教育関係者が劣位を覆すには、広範な政治的支持の調達が求められた。

だが、交渉相手となる自由党執行部や他省庁は「教権」をことさら重視することはなかった。むしろ、彼らの関心はドッジ・ラインやシャウプ勧告に示された緊縮均衡財政や地方税財政改革を実現することにおかれ、「教権」とは別の文脈から、すなわち、「均衡財政」や「総合行政」という観点から教育改革の見直しを迫った。縮減される一方の教育費を確保し、系統性のとれた教育行政を確立するための方途を求められた教育関係者は、憲法第二十六条の義務教育無償に対する国家の責務を前面に押し出すことで義務教育費国庫負担制を正統化しようとした。国庫負担制は戦前から続いた制度であり、六・三制を民主化の象徴と捉える多くの国民は、教育財源を確保する手段として国庫負担制の復活を支持すると考えたからである。すなわち、彼・彼女らは、教育に対する国家の責務を示す「国家の教育権」という概念を援用することで、国庫負担制に対する社会的支持を獲得し、その施策を正統化することで、「教権」を共有しない勢力の説得を試みたのである。そして、それは効を奏した。

義務教育費国庫負担制の廃止と地方財政平衡交付金への一本化が計られた後に開催された第八回国会以降、教育財源の確立、六・三制校舎建築整備費に対する国庫補助継続などを求める陳情や請願は絶えることなく出され、その数を増すことで、政権を揺るがしかねない重要な争点となったからである。国庫負担制の復活を求める声は文部委員会では党派を問わず聞かれたが、閣内では大蔵省や地方自治庁の意向が優先されたため、自由党は結論を先送りにし続けた。だが、そのことは国民の不信を買い、六・三制の完遂と国庫負担制の復活を公約する野党を有利にした。早急の対応を迫られた自由党執行部は、政務調査会を中心に省庁間の調整と妥協点の発見を急いだのである。

調整相手の一人である大蔵省の主眼は「均衡財政」の実現にあり、教育費がどのような形態を採るかについて地方自治庁ほど固執しなかった。大蔵省にとっては、教育費の抑制と大蔵省統制を可能にする制度が望ましく、条件を満たせば、国庫負担制も支持できたからである（市川・林、一九七二年、二六〇、五四四頁）。修正を重ねて成立した義務教育費国庫負担法のうち、文部省案は第一条のみで、第二条以下附則までが大蔵省案を採用したことはこれを示唆する。

ところが、地方自治庁や地方財政委員会は別の論理で動いていた。「総合行政」を重視する彼らは、地方自治の原則から教育の責務は地方にあるとして、国庫負担制に反対した。しかし、その主張を一貫させることは難しかった。地方財政平衡交付金制度が導入された一九五〇年度予算以降、義務教育費の国庫保障率が低下したことで都道府県負担が急増し、地方財政は著しく逼迫した。その結果、全国知事会をはじめ地方団体が義務教育費全額国庫負担制を求めたからである（同、四一五―四一八頁）。地方自治庁はこうした議論を下火にさせるために圧力を加え、一九五二年三月には全国知事会や全国市長会、全国町村会などに義務教育費国庫負担法案に対する反対意見や決議を出させたが、その前後の文部委員会には個別の自治体から陳情が少なからず出されており、義務教育費の国庫負担について自治体との間に一致が見出されたとは言い難かった。結局、地方自治庁は国庫負担制を認めざるを得ず、地方自治の充実を図るために導入された地方財政平衡交付金制度の一角は大きく崩れることとなった。

総じてみれば、文部省や各党派の文部委員は「国家の教育権」という理念を援用しながら、「教権の確立」に欠かせない義務教育費国庫負担制の正統性を社会的に得ることで、理念を共有しない勢力の説得に成功し、不十分ながらも法制化を果したといえる。しかし、そのことは、教育に対する国家の責務（国家の教育権）に力点をおくことで、「教権」が抑制されかねない状況を埋め込む結果となった。ただし、それは事後的な解釈にすぎず、当時の状況からすれば、文教関係者に最大限の成果をもたらしたアイディアであった。とりわけ日本では、戦前戦後を問わず、教育は文化国家建設の要と位置づけられたこと、占領期においては、教育こそ民主化の象徴であったことなどの事情から、国家の教育権と教権は親和的であり、広く支持を得ることができた。

だがその一方で、義務教育費国庫負担法案とともに第一三回国会で審議された「教育委員会法等一部を改正する法律案」は、対極的な帰結をみた。というのも、この法案は「教権」以上に、政党政治の本質的部分である選挙をめぐる党利党略が優先されたことで、実質的な審議は文部委員会の手から離れたところでなされたからである。以下では、政策連関による理念の限界に着目しながら、教育委員会制度の見直しの過程を検討していこう。

3 教育委員会法改正と超党派的教育政策の限界

日教組や各党派が積極的な選挙運動を行った第二回教育委員会委員選挙は、一九五〇年一一月一〇日に実施されたが、全国の平均投票率は第一回を下回る五二・八％であった[75]。選挙の不振は教育委員会制度の定着が不十分であることと、社会的な関心の低さを浮き彫りにした。低調ぶりを追及された天野文相は、教育委員会に財政権が欠如していることと、委員の待遇の悪さ等が支持を得ない要因であるとしながらも、これを理由に公選制を全面的に廃止することはあまり感心しないとの見解を示した[76]。しかしながら、教育委員会制度の抱える問題については、国内各所から指摘され、その見直しが本格化していた。

各種委員会の勧告と制度改正への道

再検討の端緒は、一九五〇年八月に来日した第二次米国教育使節団との会議用に作成された文部省の報告書『日本における教育改革の進展』に求められる。教育委員会については、第八章「教育行政の改革」でその問題が五点ほど指摘されている。第一は、選挙に関する事項であった。教育の民主化からすれば、直接公選制が望ましいものの、国民の無理解や関心の低さから棄権率が高く、野心家に利用されやすいこと、教職員組合が組織力を利用して委員を当選させること、単一選挙区制であるため財政力や組織力をもたない者は当選しにくいこと等の問題が指摘され、教育委員会制度が党派性を帯びる危険を回避するために、選任方法の見直しが議論されていることが述べられた。第二は、運営に関する事項で、教員出身の委員が行政事務の細部に干渉し、人事に関心をもつことが問題とされた。第三は、地方公共団体の議会や首長との関係であった。ここでは、教育委員会が地方自治法の適用を受けることや財政権が欠如することで、一般行政からの強い介入を受けざるを得ないことを問題にし、教育財政の確立を第四の問題とした。第五は、設置単位問題であった。シャウプ勧告は市町村単位の設置を求めているものの、町村は行政単位として狭小であること、また広域単位の設置は財政上の問題を発生させることから、教育費の保障を明文化しない限り、市町村設置はきわめて困難であることが述べられた。

教育委員会の設置単位と職務権限、委員の選任方法、教育財政の確立はいずれも教育委員会法の立法過程で問題にされた事項であった。しかし、日本側の提案は、ＧＨＱの意向によりおおむね退けられた。皮肉なことにＧＨＱの選択は、国情を顧みずにアメリカ型の制度を移入すれば、機能不全が少なからず生じるとした文部省の懸念を現実のものにした。一九五〇年に本格化した法改正の動きは、こうした事態に対処することを前提に、日本に適合的な制度に鋳直すことを目的とした。しかし、その実現は容易でなかった。法案作成当時、地方自治の徹底を図る目的でＧＳが介入したように、再検討の過程では、地方自治庁が積極的に介入したからである。

地方自治の強化を謳うシャウプ勧告が出されて以降、教育行政の第一義的な責任は市町村におかれ、それに即した制度改革が求められるようになったが、具体的な審議は地方行政調査委員会議に委ねられた。一九五〇年一二月の第一次勧告でも、教育行政の主体は市町村であることが確認されたが、町村が狭小なことは会議も認めるところであり、地方公共団体の規模の適正化を今後の課題にした。市町村の教育委員会については、「市は必置とし、町村は任意とするが相当規模の組合を設ける等の方法により設置することが望ましい」とした。教育行政の単位については、先に来日した第二次米国教育使節団が、すべての小・中・高等学校は一つの教育委員会のもとに運営されるべきだとして、「教育区」の設置を勧告したが、会議は「学区を府県及び市町村とは別個の特別地方公共団体として構想することは市町村自治の総合性統一性を破壊するものとして賛成しえない」として、文部省の支持する教育区構想を否定した。つまり、会議では、市町村合併により規模の適正化を図り、自治体の能率性を高めることで、教育行政を含む総合行政の実施を期待したといえる。つづく第二次勧告では、教育委員会の公選制を廃止し、教育委員は地方公共団体の長が選任し、議会が承認するという任命制の採用を新たに求めた。莫大な選挙費用の削減と適任者の得やすさが、その理由であった。

地方行政調査委員会議による検討が進められる中、文部省も独自の動きをみせた。一九五〇年一二月八日に教育委員会制度協議会[77]を設置したことは、その一例である。一九五一年二月八日の第一回総会で挨拶に立った天野文相は、協議会の目的を次のように説明した。教育委員会は教育の民主化を図り、教育行政の自主性を確立し、教育の権威と教育の中立的性格を確保して、教育本来の厳粛な使命を達成するための理想的な制度である。しかしながら、これまでの経緯や地方の実情などを踏まえれば、設置単位の適正化や教育財政の確立を図る必要があり、市町村教育委員会の全面設置が予定される昭和二七年度までに見直しを終えたい。新しい教育行政の理想の実現とわが国の実状に即した教育委員会制度を確立するためにも忌憚のない意見を各位に求めたい、という内容であった。つづいて挨拶したルーミス教育課長も設置単位の再検討を要望し、ＣＩＥとしては、町村と都市を併合して六百程度の教育区とすることが望ましいと考えると述べて、審議を委ねた。

協議会は一三回の総会と一九回の部会審議を重ねた後、一九五一年一〇月三一日に答申を文部大臣に提出したが、そこには、「教育委員会制度の理念に立脚して、わが国情に適した理想型態の発見と実現に努めたのであるが、現在の地方制度を前提として、その基礎の上に、理想的教育委員会制度を構想しようとすることには、多くの困難が伴うことを認めざるをえなかった。したがって、現実の認識の上に、行政機構簡素化および経費節減という今日の要請を勘案して、さしあたり実現可能な限度の改善策を審議決定」する運びとなったことが記されている。抜本的な改革が期待されたにもかかわらず、それに背く結果となったのは、委員の構成によるところが大きかった。協議会には、大野連治地方行政調査委員会議事務局長、荻田保地方財政委員会事務局長、鈴木俊一地方自治庁次長、河野一之大蔵省主計局長らが含まれていたが、義務教育費国庫負担法案の審議過程にみたように、彼らは地方財政平衡交付金制度の強力な推進者もしくは擁護者であり、地方自治において総合行政を実現しようとすることを阻害する改革は否定した。協議会には「教育委員会制度の目的とする教育行政の民主化・地方分権化およびその自主化ないしは独立化の理念を重んずる考え方と、他方、地方自治行政の総合的一体的運営の理念を重んずる考え方」があったことが記されたように、理念の相違にもとづく両陣営の溝は深く、意見をまとめることは容易でなかった。答申に曖昧な言辞が多いのも、このためと思われる。

両者の対立は、第一部会で審議された設置単位問題をめぐって顕著になった。六月一三日の第四回会議では、市町村設置は民主化の観点からすれば理想的であるが、教育行政単位としては狭小で行政の非効率化をもたらしかねないとして否決された。大方の委員は、行政上・財政上妥当な規模に教育委員会を設置すべきとしたが、適正規模の基準が不明瞭であることや、一般行政と異なる行政区域を採用することの是非については、様々な意見が出された。二一日の第五回会議では、特別区画案が審議されたが、意見が二分したことで棄却され、都道府県と五大市は必置とし、その他の市町村は任意とすること、東京都の特別区には設置しないことが決められた。審議の詳細は明らかでないが、この結論から、設置単位については地方自治庁などの意向が強く反映されたと推察される。

協議会における意見の不一致は、選任方法をめぐる議論で頂点に達した。選任方法を再検討することに委員の異論はなかったものの、方法については様々な意見が示された。これを大きく区分すると、公選制、任命制、折衷案（半数任命半数公選等）の三つの方法が提案された。文部省や教育刷新委員会は、教育委員会法案起草当時、公選制の採用に否定的であったが、協議会の審議では、一度導入した公選制を全面的に廃止することは妥当でないとした。教育関係者の多くは、これと意見を同じくしており、公選制の存続か折衷案を支持した。それにも拘わらず、任命制案が台頭したのは、地方自治庁や地方財政委員会、大蔵省関係の委員がそれを支持したからであろう。というのも、任命制を支持する理由に挙げられた、経費削減、有力な人物の確保、公選知事の発議と公選議員の承認により民意の尊重が可能などの主張はいずれも地方財政調査委員会議の第二次勧告と一致しており、それは総合行政の実施を支持したからである。教育関係者の中には任命制を支持する者もいたことから、議論は迷走した。一〇月三日の第一二回総会でなされた採択が、公選制（六名）、任命制（七名）、その他（二名）という結果に終わったことは、これを象徴する。採択は過半数に届く意見を欠いたことから、審議経過を答申に代えることが決められた。

教育委員会制度協議会の限界は、教育関係者と地方自治庁・地方財政委員会および大蔵省との対立を克服できずにいたことに求められるが、文部大臣の諮問機関でさえセクショナリズムに左右されるという状況は、教育政策の自律性が相当程度低下したことを意味する。教育関係者の前に立ちはだかる障害は、こればかりではなかった。一九五一年一一月一六日の政令改正諮問委員会の答申に対する扱いがそのことを示している。

政令改正諮問委員会は、教育委員会の設置を都道府県に止めることを原則とし、人口一五万程度以上の市に限り別途に教育委員会を設置するとした。委員会の構成は、地方公共団体の長が議会の同意を得て任命する三名の委員からなるとされた。これに加え、教育委員会の違法行為について文部大臣が責任を問える体制に改編することが掲げられた[78]。文部省審議室参事を務めた田中二郎の試案にもとづいて委員会案が作成されたことを念頭におけば、その主張は文部省の意向に添うものであったといえる。だがそれも作成当初に限ってのことであった。機能し始めた制度を改変するコストや地方行財政改革との兼ね合いを斟酌せずに改革を進めることは土台無理であった。実行可能性を考慮すれば、教育委員会に対する文部省や都道府県の関与を認めつつ、設置を市レベルに止める方向に落ち着かざるをえなかったのである（木田、一九八七年、一一二頁）。

このように、文部省の希望を全面的に容れた改革を果すことは難しい状況にあった。しかしながら、文部省は各種委員会の答申や報告書をもとに可能な限り自らの主張を改革にもり込もうとした。ところが、その矢先、事態が急変した。文部省と折り合いがつかないGHQが教育委員会に関する改革の先送りを命じたからである[79]。文部省は現行制度を一年延長する措置をとり、この問題を一時棚上げすることに決めた。義務教育費国庫負担法案で手一杯の文部省からすれば、これが次善の策であった。

教育委員会法の改正をめぐる動き

文部省は「教育委員会法の一部を改正する法律要綱案」を作成し、内閣に提出した。市町村設置の一年延期や選挙期日の変更を旨とする文部省案は、閣議で原則的な了承を得た[80]。そこで、文部省は開会中の第一三回国会への早期提出を目指して「教育委員会法等の一部を改正する法律案」と「教育委員会の委員の選挙の期日等の臨時特例に関する法律案」を整えた。教育委員会法「等」とされたのは、市町村設置を延期した場合、教育公務員特例法で定められた都道府県単位の職員団体の設置期限の延長を併せて行うことが妥当とする文部省の判断にもとづき、特例法の改正が同時に予定されたからである。だがそのことが、閣議を紛糾させる結果となった。

一九五〇年六月の参議院議員選挙で日教組系議員が躍進したことを受け、自由党内では日教組対策が真剣に講じられていた。再軍備問題をめぐり「教え子を再び戦場に送るな」というスローガンを掲げ、戦闘的な平和運動に邁進する日教組の主張は、敗戦の傷が癒えない国民の心をとらえ、多数の支持を得た。他方、自由党は再軍備政策や地方財政の悪化などで支持を急落させた。こうした状況が続けば、選挙を十分に闘えないとの危機感が高まるとその対策が求められるようになった。端緒は、日教組の組織力を直に知る自由党教育関係議員を中心に構成された、一九五一年一〇月の日教組対策会議に求められる。会議では、日教組の弾圧、懐柔、切崩しの三つの手段が検討された。選挙対策としては懐柔策が望ましいものの、日教組から示される条件は党の負担になるとの判断から留保された。それに代わり、日教組に直接与しない教職員を利用することで組織力を低下させるといった切崩しを前提に対策を講じることが確認された[81]。

同様の問題は、教育委員会委員選挙にもあった。選挙対策という観点からすれば、文部省の示した改正法案は望ましくなく、党内から否定的な声も聞かれるようになった。そこで、自由党は教育委員会委員選挙を有利に闘う方策を練った。過去二回の選挙で日教組関係者は、都道府県や都市部で躍進したものの、小都市や町村では振るわなかった。これに目をつけた自由党は、保守地盤が強固な市町村の全面設置を提唱した[82]。のみならず、市町村設置により都道府県単位の職員団体を無効にし、日教組の勢力削減につなげるとの戦略のもとに全面設置を促進することにした。

つまり、法案は「教権の確立」という本来的な目的よりはむしろ、選挙対策という自由党の党利党略からその是非が問われたのである。文部省は自由党の動向に気を留めつつ、閣議了承を得ることに専念した。そしてその法案は、都道府県単位の職員団体の設置が認められる有効期日の末日にあたる一九五二年五月一〇日を目前にして国会に上程されたのである。

国会審議における利益と理念の相克

二法案の審議は、五月六日の参議院文部委員会から始まった。各党は、教育委員会制度の再検討は慎重に構える必要があるとする文部省の見解を全面的に支持した。職員団体設置に関する期日が迫っていたこともあり、法案は即日採決に付され、全会一致の可決をもって本会議に送付された。翌七日の参議院本会議でも全員一致をもって可決され、衆議院に回付された。ところが、衆議院文部委員会は、五月一〇日を過ぎても審議を始めなかったことから、都道府県単位の職員団体は法的根拠を失った。

地方公務員の職員団体は、地方公務員法の定めにもとづき、条例で制定する。しかしながら、教育公務員については、教育公務員特例法の規定により期限つきで都道府県単位の職員団体の設置が許可されるという措置が採られていたため、教育公務員の職員団体に関する条例が未整備な市町村が多かった。都道府県の職員団体が失効した現在、市町村単位の団体を早急に結成する必要があったが、条例の不備から市町村単位の職員団体を新たに結成できずにいた。これを問題にした参議院文部委員会の野党各委員は、五月一六日の文部委員会で衆議院における審議遅延や文部省の不十分な対応を詰問し、善処を求めた。

こうした事態が生じたのは、自由党の内部事情によるところが大きかった。党内では、職員団体の有効期限は両院協議会の決定に従うべきで、新たに延期する必要はないとの意見が多数を占めた。党内および閣内の不一致による審議遅延は野党に好機を与えると判断した自由党総務会は、五月二四日に「教育委員会法等一部を改正する法律案」の取扱いを討議し、二つの方策を示した。一つは、教育委員会法、私立学校法、教育公務員特例法の三法を一本化する形式をやめ、個別に修正するというものであった。もう一つは、市町村設置の一年延期と選挙期日の延期のみを認める修正案に差し替えるというものであった。総務会の案はいずれも都道府県単位の職員団体の設置期限の延期を削除するものであった。政務調査会もこれに同意したことから、文部省の立場はいっそう悪くなった。二法案の取扱いは政務調査会の審議事項とされたことで、文部省の手から離れていたからである[83]。

義務教育費国庫負担法に続き、重要法案が自由党の内部事情に振り回されることに、野党の批判は高まった。五月二八日と二九日の衆議院文部委員会では、法案審議の即時開始が申し入れられた。参議院では、文相に対する責任追及がなされる一方で、日教組系議員を中心に議員立法の提出に向けた準備に入った[84]。義務教育費国庫負担法との兼ね合いを考えれば、野党の反発は自由党を一層不利にする。そこで自由党は関係方面の了承を取り付け、六月四日に衆議院文部委員会の審議をようやく開始したのである。

質疑の冒頭、改進党の小林信一は、一部の県会では、都道府県単位の職員団体に関する規定が失効したことを理由にそれを容認しない動きがあることを指摘し、法的空白期間における教職員団体の扱いを訊ねた。久保田藤麿文部省調査普及局長は、文部省は都道府県単位の職員団体の継続を求めているとしたうえで、法案成立後に遡及措置を講じる考えがあると述べた。しかし、それには国会の議決がまず必要で、具体的な法的・行政的措置はその結果しだいだと答えた。

文部省から説明を受けた野党各党派は、閣議了承を経たにもかかわらず、政府と与党の見解がいまだ一致しないことや、自由党一党の事情で議事進行が乱されることを繰り返し問題にし、是正を求めた。しかし、自由党内の調整がはかどらないため、文部省は明確な答弁を避けては野党から批判されるという応酬を幾度となく続けた。法案の早期成立を願う改進党の小林は、六月一一日の文部委員会で、政党が抱える党内事情に一定の理解を示しながらも、国家再建の要となる教育を成り立たせるために、この文部委員会では超党派的な取組みを行ってきたこと、そして現在審議中の教育委員会法をはじめとする重要事項については、党利党略を超えた伝来的な超党派的合意をもって解決する必要のあることを訴え、それに対する理解を竹尾弌委員長に促した。なぜなら、竹尾は、第一三回国会に、外務委員会から転出する形で文部委員長に就任したいわば新参者であり、その能力に疑問がもたれたからである。文部委員会には、かねてから委員を務めた岡延右エ門、甲木保、圓谷光衛、若林義孝らが残留したにも拘わらず、竹尾が委員長に就任したという人事には自由党の思惑が見え隠れする。竹尾就任のおり、元文部委員長であり、教育刷新委員会委員を務めた圓谷が、文化国家建設という特殊な使命から超党派的合意を原則とする文部委員会を運営できるのか[85]と非難したことからも、教育政策が自由党の党利党略に左右されつつあったことが理解されよう。超党派的合意によって教権の確立を図りたい野党側委員は、その後も竹尾に議事進行の改善や超党派的合意の尊重などを求めたが、聞き入れられなかったため、六月一六日に委員長不信任動議が松本七郎ほか八名より出されるなど審議は紛糾した。

他方、自由党政務調査会と総務会は、法案を廃案にする方向で意見を固めつつあった。六月一三日以降の文部委員会で自由党の委員が文部省をたびたび批判するようになったのは、これを傍証する。事情を知る圓谷でさえ、翌一四日の文部委員会で、自由党の総務会を通さずに法案を上程したことや参議院に先議したことを批判せざるをえなかった。執行部の圧力は相当なものであったと思われる。たび重なる質疑に対して文部省は、教育委員会制度の抱える問題はこれまで幾度となく指摘されながらも、GHQとの関係で十分な見直しができなかったことを述べた上で、設置単位については、一年延期することで、財政や行政組織全般に関する大局的な見地を踏まえた見直しを図りたいと答弁し、法案に対する理解を求めた。野党はこれを支持したものの、通産省で政務次官を務め、文部委員会に配属された自由党の首藤新八はこれを真っ向から批判した。

六月二〇日の文部委員会で、首藤は、経費負担の問題から全面設置に反対する市町村の主張は一理あるものの、都道府県単位の職員団体を容認すれば、日教組の存続を許すことになり、国家的打撃をもたらす点を強調し、法案の延期に反対した。彼にすれば、特定の思想に指導される嫌いのある日教組の活動は正常な教育を妨げるものでしかなく、教職員組合の運動を本来的なものに導くためにも、県単位の職員団体を否定し、市町村単位に一本化することが望ましいと考えたからである。設置単位問題で日教組批判を全面的に行ったのは、首藤のこの発言くらいであったが、その考えは自由党執行部に共通した。それを証明するかのように、七月一日の総務会では、二法案の否決が決定されたのである。

自由党が政府案の否決を党議で決めた後に開かれた、三日の文部委員会で野党は、補正予算を編成せずに市町村設置に踏み切ることに異を唱えた。同時に、廃案によって、法案に含まれた重要な改革が先送りにされることを問題にした。文部委員会では、教育委員会法が地方の教育行政に対する文部大臣の関与を全面的に禁止したことを問題にして、その是正を課題としてきた。こうした主張は自由党も支持するところであり、今次提出された政府案第五十五条第一項では、「文部大臣は、都道府県委員会及び地方委員会に対し、都道府県委員会は、地方委員会に対し、それぞれ、その適切と認める助言と指導を与え、及び必要な資料の提出を求めることができる」という修正が施された。法案が撤回された場合、これらの措置はどうなるかという趣旨の質疑を改進党の小林信一が行ったように、この法案に対する支持は、文部行政に系統性をもたせ、文部大臣の関与を認めることで教育の中立性を護り、教権の確立を果すという側面ももっていたのであった。

かつての文部委員会では、教権の確立という理念の共有から超党派的合意により法案を成立させることが可能であったが、今回は違った。二法案の廃案は文部委員会ではなく、自由党執行部で決定され、それを覆すだけのバーゲニング・カードを文部省も文部委員会も持ち合わせていなかったからである。法案は四日の文部委員会で採択に付されたが、議事進行や政府・与党間の不一致など未解決の問題を残したままの採決に、納得のいかない野党は総退場した。その結果、政府原案は全会一致で否決された。

衆議院本会議は休会中であったことから、採決は七月下旬に付される運びとなった。そこで野党は本会議対策に乗り出した。四日、強行採決の直後には、「本日文部委員会における自由党の一方的質疑打切り、採択の強行は教員組合を寸断して自党有利の選挙対策以外の何物でもなく、かつこれによって市町村が委員会設置のために要する財政的負担の増大は地方自治体を破壊する暴挙であり、われわれの民主教育の破壊活動である[86]」という共同声明を発表した。世論に訴え、批判を煽るという野党側の戦略は、選挙戦を有利に進めたい自由党にとって手厳しいものとなった。

一方、文部省は善後策の検討に入った。法案の否決と同時に法制意見局や地方自治庁など関係機関と協議をもち、法案不成立による不備を回避するための措置を図った。そのうえで、一一日に、「教育委員会法等の一部を改正する法律案等について」という通牒を全国の教育委員会教育長に宛て送付した。内容は、都道府県の職員団体が失効したため、単位組織の連合体に切り換えを求めるものであった。ただし、通牒には、市町村教育委員会の未設置を配慮して、単位組織のない連合体の存続を一〇月五日まで認める措置もとられていた。つまり、現行と大差なく都道府県と交渉する経路を保障したのである[87]。

市町村設置を望む自由党の思惑に反して、批判の声は高まるばかりであった。七月一六日には、全国市長会が衆議院文部委員長、自由党総務会長・政務調査会長、天野文相、剱木官房副長官らに市町村設置を延期する決議要望を提出した。同会は、一八日に、各市長宛てに「教育委員会設置反対運動について」という通知を出し、自由党の指針に反対するよう呼びかけた[88]。日教組もまた関係方面に働きかけ、二四日に「教育委員会市町村設置反対、教育防衛国民大会」を開催し、対決姿勢を顕わにした[89]。

全国的な批判を無視できない自由党は、法案の取り扱いを再検討せざるをえなくなった。二五日の総務会では、「教育委員会法等の一部を改正する法律案」の否決に反対する意見が複数聞かれ、今次国会での採択を断念する運びとなった[90]。翌二六日には、山崎猛国務大臣と竹尾文部委員長との会合がもたれ、今国会では本会議に上程せずに審議未了とし、次期国会までに「善後措置として選挙を一年延期するか、または地方教育委員会の設置は市町村の任意とするかを含めることとし、通常国会の冒頭これに関する法案を提出することとしこの線で党内の意見をとりまとめることを申し合せた[91]」。

継続審議が決定された後、各党、関係省庁、関係団体は積極的な動きをみせた。だが、自由党内においては市町村設置が依然として有力であった。なかには、これを機に任命制を導入しようとする意見が聞かれるなど、法案から目の離せない日々が続いた。市町村設置や任命制を導入するなどの案は、総務会を中心に出されており、抜本的な改正の機運が高まった[92]。これに異議を唱えたのは岡野文相であり、政府も岡野の主張する法案の一年延期を概ね支持した。同様の意見は参議院自由党からも多く聞かれ、政府・与党の調整は難しい状況にあった。このため、第一四回国会が召集された八月二六日になっても法案は上程されず、翌二七日も引き続き総務会、代議士会、両院文部委員会などで意見の調整が図られた[93]。しかし、そうした調整も吉田首相が突如指示した二八日の抜き打ちによる衆議院の解散により打ち切られ、一一月一日に市町村の教育委員会が全面設置される運びとなったのである。

政策連関と理念の有効性

以上、教育委員会法等の一部を改正する法律案をめぐる立法過程の検討から、文部委員会の伝統ともいえる超党派的合意を動揺させたのは、自由党の党利党略であったことが確認された。すなわち、ここでは、利益が教権という理念に勝ったのであり、通説的な「保革対立」の側面が示された例といえる。しかし、そうした対立は自由党執行部によってもち込まれた点に留意する必要がある。衆議院文部委員会で、政府与党間の不一致がたびたび問題にされたように、文部省や参議院文部委員会委員などは、これまでどおり超党派的合意の原則を遵守した。のみならず、彼・彼女らは、改正法案が保証する一年という猶予期間内に、GHQの指針により日本に不適合な形で制度化された事項をはじめ、教育委員会制度が抱える様々な問題を包括的に解決しうる抜本的な改正をなすことで、真に教権を確立することを望み、それを超党派的に行うことを構想していた。つまり、教育関係者の間では、講和独立を果した今こそ、教権の確立に向けた制度改革を進めるべきだとの認識が共有されたのである。にもかかわらず、廃案に至ったのはなぜか。本章のまとめに代えて、この問題を再度確認しておこう。

第三次吉田内閣は、占領中期までに制度化された諸法令の見直しを行ったが、直接的な契機は、占領政策の転換と占領下になされた政策の見直しをGHQが是認したことに求められる。一般に、占領政策の見直しは、「逆コース」や「保守反動」を許したとされ、教育においても教職員レッド・パージなど反動的な施策を招いたとされる。教員の政治活動について地方軍政部が神経を尖らせ、その活動を実質的に制限したことや自由党を中心に政治活動の制限を目的にした法的措置が検討されたこと等は、すでに本章で指摘したが、そのことをもって反動と結論づけるのは妥当ではない。教職員組合が教育労働者の権利保障を過度に要求し、労働運動に専念することで教育活動に支障をきたす問題は、占領初期の段階から社会党を含む諸党派から指摘されていたが、師表もしくは有識専門職としての権利を制限することへの抵抗は保革の別を問わず強く示され、それが地方公務員法案を超党派的合意をもって修正させる原動力となった。つまり、占領後期においても、文部省や教育刷新委員会、文部委員会の主眼は「教権の確立」におかれ、占領中期までに不十分にしか制度化されなかったものを積極的に修正するという態度が貫かれていたことがわかる。

しかし、その試みはいくつかの要因によって阻まれた。一つは、占領政策の転換により、政策の重点が民主化から経済の安定化や地方税財政改革に移されたことである。教育政策は、占領中期まで民主化の要として、その自律性を最大限に尊重されたが、経済安定九原則以降、緊縮均衡財政が敷かれると、巨額の財政出動を伴う教育費は削減の対象とされた。「教権の確立」を目的に教育財政の独立を目指す文部省や教育刷新委員会の主張をかねてから嫌っていた大蔵省は、「均衡財政」の実現に向け、教育費の抑制を図ったことで両省の対立は激しくなった。シャウプ使節団が求めた地方財政平衡交付金制度の導入は、これに拍車をかけ、文部省は大蔵省のみならず地方自治庁や地方財政委員会との対立をも強いられた。内務省の後身たる両機関は「総合行政」を主張し、教育の中立性を確保することで、教権を独立させたい文部省とことあるごとに衝突したが、この占領後期の政策転換は地方自治庁を有利に、文部省を不利にした。シャウプ使節団は、教育政策の第一義的な主体を市町村とし、かつ、教育財政は地方財政平衡交付金によって賄われるべきことを勧告し、充実した地方自治の実現を求めたからである。

占領後期の政策転換により、それまで比較的高い自律性が保障された教育政策は、財政問題との連関をこれまで以上に強められ、「均衡財政」を支持する大蔵省、「総合行政」を志向する地方自治庁や地方財政委員会を説得し、譲歩を引き出さない限り、教権の確立は難しい状況におかれたのである。

同様のことは、自由党にも妥当した。自由党の文部委員会委員は、超党派的合意をもって教権を確立することを主眼にしたが、それに属さない議員とりわけ執行部の関心は日本経済の再建にあり、また政党政治の本質である議席の最大化も重視していた。自由党が教員の政治活動の抑制を試みたのは、そうした理由によるものであったが、これには冷戦の国内化による保革イデオロギー対立の進展が少なからず影響した。再軍備路線を受け入れた自由党からすれば、平和運動を展開し、自由党を反動内閣と批判する日教組や革新政党を押さえ込む必要があった。特に日教組は反戦・平和運動のオピニオン・リーダーとして支持を集めており、次期選挙での躍進が予想された。これを抑制する有効な施策は、教職員組合の細分化であり、教育委員会の市町村設置であった。換言すれば、教育政策は政党政治の本質によってその自律性を低下させられたといえる。

実はここに、義務教育費国庫負担法案と教育委員会法等の一部を改正する法律案との相違を見出せる。二法案はいずれも教権の確立を目指したことから、省庁間の対立を招いた。法制化に至るかどうかは、理念をめぐる対立の克服にかかっていたが、その成否は政治的支持の調達もしくは国民的関心の高さによるところが大きく、これが二法案の帰結を違えさせた。

教育を民主化の要とみる風潮が強かった当時、民主化の象徴とされた六・三制を堅持できるかどうかが主要な選挙争点となった。住民の意向を無視できない自治体は、財源の確保に奔走したが、地方財政平衡交付金制度の導入によって著しく悪化した財政事情はそれを許さず、中央政府への不満を募らせた。社会的な不満の高まりは、野党を有利に与党を不利にすることを熟知する文教関係者は憲法第二十六条を根拠とする「国家の教育権」を援用して、国庫負担制の正当性を政府・与党に述べるとともに、広く社会に訴えることで理念の正統化を図り、法制化を実現しようとした。これが自由党の態度を一変させたのである。併せて、義務教育費国庫負担制という戦前から存在する制度がここでは、焦点としても機能した。すなわち、大蔵省にしても地方自治庁にしてもこれまでの経験から義務教育費国庫負担制に落とし所を見出すことは可能であるとわかっており、彼らの意向に適う修正を施すという条件つきで協調に至ったのである。

他方、教育委員会法等の一部を改正する法律案は、このいずれにも失敗した。占領期になされた衆議院議員総選挙の平均投票率が概ね七〇％を上回っているのに対し、教育委員会委員選挙の平均投票率は、第一回目が四三・三％、第二回目が五二・八％と振るわず、関心の低さが自由党執行部を容易に廃案の判断に導いたものと考えられる。また、ＧＨＱの意向により強制的に移入された教育委員会制度に対する無理解は、政策担当者に限らず、国民の多くにみられた特徴で、制度が定着せず、不安定であることが刷新コストを低めたとも考えられる。

総じてみれば、教権という理念は、教育関係者からなる狭義の政治過程では強い影響力をもつ一方で、広義の政治過程では、その影響力は限定的で、他の理念との対立を強いられたことが改めて確認される。とりわけ占領後期の政策過程は、文部省、大蔵省、地方自治庁による三すくみの状態に特徴づけられたこともあり、複数均衡を打破しない限り、教権の制度化は難しかった。文部省がとりうる戦略は、省庁間対立を調整する自由党執行部の支持を得て、新たな支配連合を築くことにあった。文部省は自由党執行部の態度を変化させるために、文部委員会と連携して社会的支持の動員に努めた。つまり、ここでは、理念の正統化が教権の制度化を決定づける要因となったのである。

以上のことから、民主化路線を断絶し、保守反動的な施策が展開されたと評価される占領後期の教育政策は、ＧＨＱによる占領方針の転換という外的環境の変化に曝されながらも、一貫して教権の制度化を目指したものであったことが理解されよう。さらにいえば、占領期に未完に終わった改革は、講和独立以降の教育政策の課題として、その後の政策を基礎づけたのであり、その点を踏まえた再検討が今後の課題として残される。

（1）「教育予算の危機（上・下）」『時事通信・内外教育版』一九四九年三月二九日、四月五日。一九四八年一〇月一五日の教育刷新委員会第八〇回総会における河野一之大蔵省主計局長の発言（第四巻、二八〇―二八一頁）や、地方財政委員会の竹谷源太郎の発言（『第二回国会衆議院・治安及び地方制度委員会議録』第九号、一九四八年二月二四日）などを参照のこと。

（2）内藤誉三郎「教育財政の現状」（『時事通信・内外教育版』一九四八年八月五日）、『時事通信・内外教育版』一九四九年一月一三日、三月八日。

（3）左藤義詮文部政務次官の発言を参照のこと（『第五回国会衆議院・地方行政委員会議録』第一三号、一九四九年四月一九日）。

（4）一九四九年度予算と六・三予算の問題については、佐藤薫『六・三制』（教育弘報社、一九五一年）、『続六・三制』（教育弘報社、一九五二年）、内藤誉三郎『教育財政論』（時事通信社、一九四九年）などを参照のこと。

（5）文部省調査課「教育調査要綱（二）」一九四九年四月（『文部省調査局調査課資料―飯田晁三旧蔵資料』（以下『飯田旧蔵資料』）国立教育政策研究所蔵）。

（6）文部省「文部省の機構改革に関する行政調査部案に対する意見」、文部省行政監査委員会「文部省機構改革について」（『森戸辰男関係文書』リール2）。

（7）『第五回国会衆議院・内閣・文部委員会連合審査会議録』第一号、一九四九年五月六日。『第五回国会参議院・内閣・文部連合委員会議録』第一号、一九四九年五月六日。文部省の存続は教職員組合をはじめ革新勢力が積極的に支持しており、教職育組合は存続を求める陳情をGHQにも行っていた（平原、一九九三年、一二四頁）。

（8）文部省の権限が限定されることへの不満は、社会党の森戸辰男や民主党の高良とみ等からも示されたが、CIEは「文部省設置法制定基本方針」でも「（教育学術文化の）内容の指導助言については、権力行使を伴う強制に陥る一切の行為を排除すること」を求めており（鈴木、一九七〇年、五九八頁）、一般的監督権設定の試みは実現しなかった。

（9）『教育新聞』一九四九年八月一八日、九月一日、八日、一五日。

(10) 奥野誠亮の発言を参照のこと（『第五回国会衆議院・文部委員会議録』第二八号、一九四九年八月二三日）。
(11) 『第五回国会衆議院・地方行政委員会議録』第四〇号、一九四九年一〇月一九日。
(12) 高瀬壮太郎文相や稲田清助の発言を参照のこと（『第五回国会（継続）参議院・文部委員会』第七号、一九四九年九月一六日）。
(13) 文部省「教育財政の確立に対する文部省の要望（要旨）」（『時事通信・内外教育版』一九四九年八月二日）。
(14) 文部省調査課「地方教育行財政に関する調査要綱」一九四九年一一月一日（『飯田旧蔵資料』）。
(15) 『教育新聞』一九五〇年二月一六日、二〇日。
(16) 本多市郎地方自治庁長官の発言を参照（『第七回国会参議院・地方行政委員会会議録』第一三号、一九五〇年二月一七日）。文部省と地方自治庁の対立については、『時事通信・内外教育版』（一九五〇年二月二一日）に詳しい。
(17) 『教育新聞』一九五〇年三月二日。なお、国会には、一九五〇年三月七日付で全国都道府県議会議長会から「標準義務教育費に関する法律案反対決議」が出されている。
(18) 『時事通信・内外教育版』一九五〇年二月二八日。
(19) 『教育新聞』一九五〇年五月一一日、『第七国会衆議院・地方行政委員会大蔵委員会文部委員会連合審査会議録』第一号、一九五〇年四月二九日。
(20) 『第七国会衆議院・地方行政委員会大蔵委員会文部委員会連合審査会議録』第一号、一九五〇年四月二九日。また、参議院では、義務教育費確保に対する決議案を全会一致で可決させるなどして対決を顕わにした（『教育新聞』一九五〇年五月一一日）。
(21) 文部省『日本における教育改革の進展—第二次米国教育使節団会議用』。同書および米国教育使節団報告書は、図書センター『日本現代教育基本文献叢書　戦後教育改革構想Ⅰ期』（二〇〇〇年）に収録されたものを使用した。
(22) 『時事通信・内外教育版』一九五〇年八月三〇日。この時期、文部省が標準義務教育費の確保に務めていたことは、『辻田文書』に収められている複数の資料から確認される。一九五〇年八月二六日付の「地方行政調査委員会議よりシャウプ氏に対する中間報告の概要」（総務課）という文書には、「四、市町村の教育委員会は、義務設置ではなく任意設置にすべきである」「五、標準義務教育費の確保に関する問題はその結論を得ていない」ことが記されており、これらが主要な争点であったことが確認される（『辻田文書』20－4－53－1）。

(23) 地方行政調査委員会議は、シャウプ勧告の附則に従って、地方行政調査委員会議設置法（一九四九年一二月二四日）にもとづいて設置された総理府の付属機関であった。二六日には、高橋誠一郎（元文相）、杉村章三郎、渡辺銕蔵（元教育刷新委員会委員：数ヶ月後辞任のため、湯川元威が就任）、鵜沢総明、神戸正雄の五人が委員に選任され、審議を行った。

(24) 文部省「地方行政調査委員会議の学校教育事務再配分案に対する意見」一九五〇年九月（『辻田文書』20－4－22－3）。

(25) 文部省は地方行政調査委員会議の一〇月の勧告については、一一月二日に反対表明を発表し、一二月の勧告については、一九五一年一月一九日に「行政事務再配分に関する勧告に対する意見」を発表して自身の態度を明らかにしている。

(26) 「教育委員の信条　関東軍政部フォックス係官による講演抜粋」（『辻田文書』3）。

(27) 文部省「選挙情報」第四号、九月一一日（『辻田文書』3－79）。

(28) 『時事通信・内外教育版』一九四九年三月二二日。教育基本法第八条の解釈に関する資料は『辻田文書』（18－2－27）に収録されている。

(29) 『第五回国会衆議院・文部委員会議録』第一八号、一九四九年五月一四日。同様の見解は参議院文部委員会でも示された。『第五回国会参議院・文部委員会会議録』第一四号、一九四九年五月一四日、第一五号、一九四九年五月一六日。

(30) 『時事通信・内外教育版』一九四九年七月五日、『教育新聞』一九四九年七月一四日。

(31) 『時事通信・内外教育版』一九四九年一〇月四日。

(32) 文部省「教育委員会法の一部を改正する法律案の国会提出理由」（『辻田文書』3－253）。

(33) 『第六回国会衆議院・文部委員会議録』第六号、一九四九年一一月一九日、第七号、一九四九年一一月二一日、第八号、一九四九年一一月二二日、『第六回国会参議院・文部委員会会議録』第七号、一九四九年一一月二六日。

(34) 地方自治庁「教育委員会法の一部を改正する法律案に対する意見」一九四九年一〇月四日（『辻田文書』3－231）。

(35)「第一二回議事速記録」一九四九年一二月九日（『教育刷新委員会・教育刷新審議会会議録　第五巻』）一六二一―一六二三頁。法案修正については、『「教育委員会法の一部を改正する法律案」中加削訂正部分』（『辻田文書』3―265〜268）を参照のこと。改正法案は一九五〇年五月一〇日に公布・施行された。
(36)『第八回国会衆議院・文部委員会議録』第三号、一九五〇年七月二六日。
(37)『第八回国会衆議院・文部委員会議録』第五号、一九五〇年七月二九日。同法案の審議については、『第八回国会衆議院・文部委員会地方行政委員会連合審査会議録』第一号、一九五〇年七月二七日、『第八回国会参議院・文部委員会会議録』第四号、一九五〇年七月二五日などを併せて参照されたい。
(38)『教育新聞』一九五〇年八月一〇日。
(39) 稲田清助文部省係官の発言を参照のこと（『第九回国会参議院・地方行政・人事・文部・労働連合委員会会議録』第五号、一九五〇年一二月八日）。
(40) 鈴木俊一地方自治庁次長の発言を参照のこと（『第九回国会参議院・地方行政委員会会議録』第二号、一九五〇年一二月二日、『第九回国会衆議院・地方行政委員会議録』第八号、一九五〇年一二月四日）。
(41) 国民民主党の床次徳二の発言などを参照のこと（『第九回国会衆議院・地方行政委員会議録』第四号、一九五〇年一一月二七日）。
(42) 衆議院における社会党・国民民主党の修正案については、『第九回国会衆議院・地方行政委員会議録』（第九号、一九五〇年一二月五日）を参照のこと。
(43) 平川篤雄「わが勝利―地公法審議の回顧」（『教育新聞』一九五一年一月一日）。
(44)『教育新聞』一九五〇年一二月二一日。
(45) 例えば、自由党文部委員の若林義孝の「私も特別に教職員のごとき社会の範となる者に対して、こういうきゅうくつないろいろな制限的なものを設けることは、不本意と思うのであります。なお民主政治が発展して行く上におきましては、社会の師表たるべき教職員が先頭に立って、堂々たる選挙運動を国民に見せ、教員の常識に反せざる堂々たる態度をとられることはよいと考える」という発言など（『第九回国会衆議院・地方行政・人事・文部・労働各委員会連合審査会議録』第一号、一九五〇年一二月二日）。

(46)『第一〇回国会参議院・文部委員会会議録』第一一号、一九五一年二月一七日、『第一〇回国会参議院・文部・地方行政連合審査会会議録』第一号、一九五一年二月一三日。
(47)『教育新聞』一九五一年二月九日。
(48)『教育新聞』一九五一年二月二三日、三月二日。
(49)『教育新聞』一九五一年三月二日。
(50)『教育新聞』一九五一年三月九日。
(51)『教育新聞』一九五一年三月二三日、『時事通信・内外教育版』一九五一年三月二二日。
(52)『教育新聞』一九五一年四月二〇日、『第一〇回国会参議院・地方行政委員会会議録』第四三号、一九五一年五月二五日。
(53)『第一〇回国会・教育公務員特例法の一部を改正する法律案両院協議会会議録』第三号、一九五一年五月三一日。
(54)『教育新聞』一九五一年五月四日。
(55)「座談会記録　地方財政制度確立期を顧みて」(『地方財務』一九六六年七月号)。
(56)日教組議員団と天野文相の議論を参照した(『教育新聞』一九五一年八月二四日)。
(57)『時事通信・内外教育版』一九五一年八月二三日。
(58)「座談会記録　地方財政制度確立期を顧みて」前掲。第一二回国会で池田勇人蔵相も地方財政平衡交付金をひも付きにする法案を現在関係省庁と折衝中である旨を発言している(『第一二回国会衆議院・予算委員会議録』第五号、一九五一年一〇月二五日)。
(59)文部省は「義務教育費国家最低保障法案」が見送られた後も「義務教育費国庫負担に関する法律案」、「義務教育就学奨励案」などを考案したが、いずれも地方自治庁や厚生省などの反対によって実を結ばなかったという(瀬戸山、一九五五年、一三七頁)。なお、荻田保地方財政委員会事務局長は、義務教育費枠を別途設定することは地方自治の円滑な発展を妨げるとして法案を真っ向から否定した(『第一二回国会参議院・文部委員会会議録』第五号、一九五一年一一月二日)。
(60)文部省初等中等教育局の作成した「義務教育費国庫負担制度の概要」には、「義務教育費国庫負担制度は、最低の義務教育を行うために必要な財源について国が責任を持つ制度」であり、これにより地方財政は安定化し健全化し、地方自治が強化されると述べられている。同時に、国庫負担制は歳出に占める割合が高いことで圧迫されがちな教育費を確保することにもなるとされた（『時事通信・内外教育版』一九五一年一〇月二五日）。
(61) 地方財政委員会「義務教育費国庫負担制に対する反対意見」一九五一年一一月二〇日（『時事通信・内外教育版』一九五一年一一月二九日、一二月六日）。意見書の「(六) 地方財政平衡交付金との関係において」では、「地方財政の均衡化は、総合的な観点から図られねばならない」という持論が述べられている。
(62)『時事通信・内外教育版』一九五二年一月二二日。
(63)『時事通信・内外教育版』一九五二年三月一一日、一四日。
(64)『教育新聞』一九五二年三月一四日、二一日。
(65)『時事通信・内外教育版』一九五二年三月一八日、二八日。
(66)『時事通信・内外教育版』一九五二年四月一八日、五月九日。
(67)『第一三回国会衆議院・地方行政委員会議録』第四二号、一九五二年五月一二日。
(68)『時事通信・内外教育版』一九五二年五月九日。
(69) 若林義孝自由党文部委員の発言などを参照のこと（『第一三回国会衆議院・文部委員会議録』第二二号、一九五二年五月一四日）。
(70)『時事通信・内外教育版』一九五二年五月三〇日。
(71)『教育新聞』一九五二年六月二〇日。
(72)『時事通信・内外教育版』一九五二年六月二〇日。
(73)『第一三回国会衆議院・文部委員会議録』第三四号、一九五二年六月一六日。
(74)『教育新聞』一九五二年八月一日。
(75)『朝日新聞』一九五〇年一一月一二日。
(76)『朝日新聞』一九五〇年一一月一三日。
(77) 教育委員会制度協議会は教育関係者一四名（前田多門、田中二郎、山崎匡輔、関口泰等）、自治体関係者四名、

関係官庁四名等からなる計二四名で構成された。同会の審議については文部省調査普及局（一九五二年）を参照した。
(78)『時事通信・内外教育版』一九五一年一一月二二日。
(79)『時事通信・内外教育版』一九五一年一二月二〇日。
(80)『時事通信・内外教育版』一九五二年三月一一日。
(81)『時事通信・内外教育版』一九五二年五月六日。
(82) 一九六八年二月九日に自治大学校が主催した「六・三制および教育委員会制度の発足と改革」という座談会記録にある木田宏の発言を参照した（岸、一九六八年、一七五頁）。木田（一九八七年、一一二頁）。
(83)『時事通信・内外教育版』一九五二年五月三〇日。自由党内の法案審議については、今村忠助政務次官や（『第一三回国会参議院・文部委員会会議録』第四三号、一九五二年六月一二日）竹尾弌衆議院文部委員会委員長（同、第三〇号、六月一一日）の発言を参照した。
(84)『教育新聞』一九五二年六月六日。また、日教組は文部省担当官と会見し、法案の早期成立と職員団体に対する早急な措置を講じるよう申入れを行った（『教育新聞』一九五二年六月一三日）。
(85) この点については、竹尾の発言を参照した（『第一三回国会衆議院・文部委員会議録』第三〇号、一九五二年六月一一日）。
(86)『時事通信・内外教育版』一九五二年七月八日。
(87)『時事通信・内外教育版』一九五二年七月一五日、『教育新聞』一九五二年七月一八日。
(88)『時事通信・内外教育版』一九五二年七月二二日、二五日。
(89)『教育新聞』一九五二年七月二五日。
(90)『時事通信・内外教育版』一九五二年七月二九日、『朝日新聞』一九五二年七月二四、二七日。
(91)『朝日新聞』一九五二年七月二七日。
(92)『時事通信・内外教育版』一九五二年八月二二日、劔木（一九七七年一六〇―一六一頁）。
(93)『朝日新聞』一九五二年八月一九、二七日。

終章　結論と含意

教育が国づくりの基礎であり、百年の計たることは、戦前戦後を問わず述べられてきたことであるが、そうした主張は抜本的な改革が求められる今日においても変わらない。ところが、改革の対象となる戦後日本の教育システムはいかなるものか、という問題について、これまでの研究は十分議論してこなかったように思われる。戦後教育が保革イデオロギー対立という分析視角にあまりにも引きずられ、十分な実証研究を行って来なかったことが、そうした認識を強化させた。このため、戦後の教育は集権的、画一的な教育行政制度のもとで実施され、個性や多様性を奪う教育を再生産してきたとの否定的な評価がなされてきたように思われる。

しかし、こうしたステレオタイプ的な理解は問題の本質を見えにくくしているのではなかろうか。近年、教育行政研究で、自治体ごとのヴァリエーションや市町村の政策を画一化させるものは文部省以上に都道府県であることが実証研究を通じて指摘されているように、問題はさほど単純ではない。教育システムの硬直を問題にするのであれば、いずれの制度がどのような原因によって機能不全を起こしているのかを理解したうえで、処方箋を検討する必要がある。にもかかわらず、これまでの議論は、占領初期に創られた「民主的」な教育制度を擁護することに関心が払われ、どのような制度が構築されたのかという問いをなおざりにしてきたのではなかろうか。

本書は、こうした先入見を極力排し、戦後教育システムの本質に迫ることを課題にした。このため、第一章では、本書の分析枠組みとなるアイディア・アプローチを紹介し、占領期の教育改革を分析するための三つの仮説を提示した。次に、これらに照らして、本書の分析によってどのような知見が得られたかを簡単に振り返りたい。そのうえで、それらは講和独立以降の教育政策をどのように説明するかについて、若干の考察を加えたい。

1　占領期の教育改革についての新しい分析視座

第二章では、教育改革の根幹に位置する「民主主義」に対する日米の理解の一致と差異について言及した。アメリカにおいて、道義的信念にあたる「民主主義」は教育改革をどのように進めるかという認識枠組みを構築するのみならず、個別具体的な政策を規定する政策アイディアの範囲を制約する。このため、アメリカ側の予定しない政策アイディアを日本側が選択した場合、強制的な修正が加えられ、アメリカが許容する範囲内の政策アイディアに置き換えられることが予想される。そこで、本書は、教育改革における日本の自律性の程度は、アメリカにおける民主主義との親近性に規定されたという第一の仮説を引き出した。

アメリカにおける民主主義とは、主体的な個人の参加と実践からなるものであり、教育は社会的行為とされる。他方、日本では、民主主義とは文化国家を構成する一要素とされ、教育は文化国家建設の手段、すなわち、国家的行為とされた。民主主義に対する理解が日米で異なるのは、日本が近代国家を建設し列強入りを果すために、西洋近代的な価値を移入し、それに日本的な解釈を加えたからであった。具体的には、伝統的な価値のうえに近代的な価値を移入したのであるが、真善美という普遍的な価値は古今東西を問わず共有され、文化国家を構成するとの理解が、のちに占領改革の担い手となる知識人の間で共有された。このため、アメリカは「社会－近代」に教育改革の指針（問題の認識枠組み）を求めたのに対し、日本側は「国家－伝統」を基調とした。

指針の相違は、個別具体的な政策を違えさせ、日米の間で政策対立を生じさせた。教育権をめぐる理解の相違は、その最たる例で、アメリカは「国民の教育権」を、日本は「教権」を改革の基本理念（政策アイディア）とした。もちろん、そのことが協調の可能性を排除したわけではない。文化国家が、西洋近代的な精神と伝統的な価値観を合流させ、時に対立矛盾する二つの思潮を止揚する理想の国家として描かれたように、日本側の政策担当者はアメリカが支持する民主主義やそれにもとづく改革指針をかなりの程度理解し、それを先読みする形で改革に着手したこともあって、日米の政策担当者は円滑な関係を築きつつ、改革を進めた。アメリカの側も、民主化は国民の啓蒙を伴うことなしに実現できないという認識をもっており、日本側が重視する教師の教育権の保障を積極的に支持した。

だが、教育権に対する理解の相違は、日米に決定的な対立をもたらした。最初にそれが現れたのは、第三章で分析した、教育基本法の立法過程であった。戦前に、師表としての教師の教育権、すなわち「教権」が著しく侵害されたことが軍国主義の台頭を許すもととなったとする日本側政策担当者は、教育行政を政治や一般行政から独立させる、「教育の中立性」をことさら重視し、そのために教育財源の確保を求めた。実施には、地方行政を総轄する内務省と財務の要である大蔵省からの反対が予想されたことから、中央地方の系統性のとれた文部行政の確立を喫緊の課題とした。ところが、この主張は「国民の教育権」を確立するために、文部省の機能を縮減し、地域住民による教育の自治を図ろうとするＣＩＥの指針と相容れなかった。ＣＩＥは、教育の中立性の確保について一定の理解を示しながらも、教権の独立については、否定的な見解を示した。ＣＩＥにしてみれば、教育権の主体はあくまでも国民にあり、教職者は国民に対して責任を負うべきだとしたからである。このため、ＣＩＥと文部省は教育基本法第十条をめぐり真っ向から対立した。この対立は、文部省の譲歩により収拾されたが、日本側は条文に解釈の余地を残すことで、教権の保障を可能にした。

教育権の相違にもとづく日米の対立は、これに止まらず、おりにふれて顕在化した。そのような状況で、日本側は教権をいかに制度化したのであろうか。この問題に関して、筆者は、文部省や教育刷新委員会が起草した法案がGHQにより強制的に修正されたとしても、それが国会審議の場で修正されれば、法案を日本型に再解釈し直すことが可能であったという第二の仮説を示した。

第三次吉田内閣が成立するまで、衆議院では単独過半数を制する政党はなく、参議院に至っては、占領期全般にわたり与党による過半数の維持はなされなかった。法案の修正には、過半数を越す賛成が必要であることから、超党派的な合意が俟たれることになる。先行研究で指摘されたように、教育政策が政党イデオロギーをそのまま反映するのであれば、過半数を越す支持の調達は難しいはずである。にもかかわらず、第四章で指摘したように、超党派的合意は実現された。合意形成の核となったのは、文化国家や教権という理念とその共有であり、文部委員の人的ネットワークが党派間の調整を可能にした。

とはいえ、諸党派の間には、教師像をめぐる対立もあった。自由党、民主党、国協党が支持する「師表」という教師像と社会党や共産党が支持する「教育労働者」という教師像は、身分保障のあり方をめぐり時に対立を顕在化させた。教師像の相違は政党イデオロギーに起因したことから、それが保革対立の契機ともなりえた。しかし、その対立は民主党や国協党、緑風会などの第二保守勢力や社会党の右派や中道派による調停や妥協点の提示により克服可能なものにとどまった。教権の確立をめざす超党派的合意は、占領期全般にわたり維持され、法案を日本型に再解釈し直すことに成功したのである。

ただし、その修正はあくまでもGHQが許す範囲内のものであり、第二の仮説は第一の仮説に制約されることがわかる。第五章で取り上げた、教育委員会法や教育公務員特例法の立法過程はそれを端的に示したものであり、国会で修正可能な範囲は事前に定められていた。「純国産」と呼ばれた教育公務員特例法の場合でも、教育の中立性を確保するための措置が強制的に否定されたことや、教育委員会法において系統性のとれた教育行政システムの確立が排除されたことなどは、その証左といえる。しかしながら、日本側政策担当者も可能な限りの譲歩をＧＨＱから引き出しており、改革の自主性が認められる。先行研究の多くは、改革の自主性を文部省や教育刷新委員会に求めていたが、法案を日本型に再修正できるかどうかの鍵は国会が握っていたことが実証から明らかにされた。こうした知見はこれまでにないものであり、本書は、国会における超党派的合意の形成が日本型教育システムを創出する要となったという、新しい分析視座を提供している。

このように、占領期の教育改革は超党派的合意を主軸に進められたことが確認された。では、なぜ占領後期の教育政策は「反動的」と評されたのであろうか。序章で、それが事後評価によるところが大きいことは、すでに述べた。しかし、改めて注意しなければならないのは、事後的に反動的と呼ばれる改正があった点である。教育委員会法の改正はその最たる例といえるが、改正教育委員会法にしろ、同時期に審議された義務教育費国庫負担法にしろ、教権の確立を妨げたのは、占領政策の転換であり、それに伴う省庁間対立であった。すなわち、アメリカが占領政策の主軸を民主化から経済の安定化に移したことで、それまで比較的高い自律性を有した教育政策は財政という観点から他の分野との政策連関を余儀なくされた。その結果、「均衡財政」を目指す大蔵省、「総合行政」を志向する地方自治庁という、教権を支持しない勢力とのバーゲニングを強いられ、妥協や修正、後退を迫られたことが、文教関係者が支持する理想的な教権の制度化を阻んだのである。

第三の仮説は、そうした局面を説明するものであった。複数の政策アイディアが均衡する状態で、文教関係者は教権をいかに制度化したかを論じることが第六章の課題であった。占領後期の教育政策は、財政という側面から大蔵省や地方自治庁・地方財政委員会により修正を迫られる一方で、政党政治の本質的部分でもある選挙政治という側面やＧＨＱによる教職員レッド・パージという側面から、日教組をはじめとする教職員組合対策が検討され、政治活動の自由に対する制限や組合の設置単位などが争点として浮上した。義務教育費国庫負担法は前者に、教育公務員特例法や地方公務員法は主に後者に関連して争点化されたが、教育委員会法は両者をまたいで争点化された。ここでは、成案そのものが危ぶまれた、義務教育費国庫負担法と教育委員会法についてまとめておきたい。

義務教育費の国庫負担制は戦前から存在したが、シャウプ使節団によって示された地方財政平衡交付金制度の導入により、国庫負担制は強制的に廃止された。補填措置が不十分なままに導入された新しい制度は、地方の財政状況を著しく悪化させ、教育予算の確保を難しくした。このため、制度が廃止された直後から国庫負担制の復活が強く求められるようになった。しかし、地方財政平衡交付金の導入がＧＨＱという強制的圧力によるものであったこと、総合行政を志向する地方自治庁がそれを支持したこと、均衡財政の実現を阻む国庫負担制の復活を大蔵省が支持しなかったこともあり、その復活は難しかった。このように、義務教育費国庫負担制は、政策アイディアをめぐる三省庁三すくみ状態の中にあり、かつ、ＧＨＱの政策転換により比較劣位におかれた文部省がそれを覆すことは容易でなかった。だがその一方で、文部省は野党のみならず、社会的支持を圧倒的に得てもいた。六・三制を戦後民主教育の象徴と捉える風潮が国庫負担制の復活を強く求めたからである。社会的な要請を無視することは、きたる選挙戦を不利にすることから、与党自由党も態度を変えつつあった。国庫負担制の復活を避けたい地方自治庁が法制化に強硬に反対したため、自由党は議員立法という形で法案を国会に上程した。

そこで、文部省や各党派の文部委員は、国民の教育を受ける権利と義務教育無償の原則を掲げる憲法第二十六条を根拠に、国庫負担制の正当性を大蔵省や地方自治庁に訴えた。つまり、彼らは「国家の教育権」という概念を援用して、教権を保障する国庫負担制の正当化を図ろうとしたのである。他方で、彼らは、国庫負担制は民主教育の要である六・三制を堅持するうえで欠かせないことを広く社会に訴え、正統性を得ることで、法制化に二の足を踏む政府および自由党執行部の意見を転換させようとした。そしてこの作戦は功を奏した。与野党の文部委員、各種教職員組合などの訴えが浸透すればするほどに、当初は地方自治庁の意向に即して国庫負担制に反対した首長や地方議会からも、国庫負担制の復活を望む声が多数聞かれるようになった。このため、地方自治庁も持論を後退せざるを得ず、法案を消極的に容認した。

そもそも義務教育費国庫負担制は、逼迫した地方財政に対処する目的で導入された経緯をもち、それが地方財政を少なからず安定させた。大蔵省にしろ、地方自治庁にしろ、地方財政の安定は喫緊の課題であり、義務教育費国庫負担制はそれを可能にする道具立てであることを過去の事実（政策遺産／経路依存性）から理解した。ゆえに、大蔵省と地方自治庁は、財政をめぐる三省庁三すくみの状態を打破する焦点として、国家の教育権により正当化された国庫負担制を再度承認し、法制化を許したのである。

このように、義務教育費国庫負担制の復活は、①社会から正統性を得たこと、②正当性を根拠づける制度があったこと（憲法第二十六条）、③義務教育費国庫負担制そのものが政策遺産として処方箋を明示し、④焦点として協調行為をもたらしたことから可能になったことがわかる。実は、この点に照らせば、教育委員会法の一部を改正する法律案が廃案に終わった理由も説明することができる。

ＧＨＱの意向により強制的に導入された教育委員会は、当初の段階からさまざまな問題を抱えていたことは、第五章で指摘した。とりわけ、地方自治庁は総合行政を阻害する要因として、文部省は系統性のとれない不十分な制度として問題視しており、さらなる改正が課題であり続けた。ＧＨＱの意向に背く修正は適わなかったことから、争点化されることはなかったが、公選制は莫大な選挙費用を要する、狭小な行政区画である町村設置の妥当性が疑われる等の財政上の問題をＧＨＱが認めるようになると、修正の機運が高まった。関係省庁は抜本的な見直しを図るための暫定措置として、市町村設置の延期に同意し、改正法案が上程された。このように、外来の制度である教育委員会制度は十分な正当性を得ておらず、いずれの方向に修正されるかは不明瞭であった。

市町村設置の延期は関係省庁のみならず、文部委員会からも支持されており、法案の通過は容易と思われた。しかし、市町村設置を日教組切り崩しの手段と見る自由党は、これに反対し、否決を試みた。修正法案には、系統性を確保するための措置も施されており、かつ、自由党の主張は教権の侵害にほかならないとする文部委員会は可決を目指した。党執行部の意向により、自由党文部委員が超党派的合意から離脱するなかで、法制化を実現するためには、世論に支持を仰ぎ、正統性を得る必要があった。ところが、教育委員会制度に対する社会的な関心は一部を除いてさほど高くなく、その意義を語る雄弁な言説を欠いてはそれも難しかった。すなわち、義務教育費国庫負担制が「民主化」と結びつけられたのに対し、市町村設置の延期については、それを積極的に支持する言辞をみつけられず、それに反する施策を「反動的」と表現するよりほかに方法がなかったのである。改正法案は義務教育費国庫負担法と同時期に審議されたこともあって、「反動的」という印象を残すことには成功した。だが、正統性を得られるほどのものではなかったのである。

以上、本書は、占領期の教育改革をアイディアに注目して説明することを試み、その影響を明らかにした。アイディアに注目した政治学の研究では、因果関係を直接説明する認知的次元のアイディアに注目したものが多かったが、本書は後景にある規範的次元（道義的信念）との関係を踏まえることで、教育改革における日米の一致と差異を析出し、その違いが日本型の教育システムを誕生させる契機となったことを指摘した。そのうえで、個別具体的な政治過程を検証し、アイディアは政策形成者に政策の処方箋や焦点を示すのみならず、社会的な正統性を得る手段としても影響力を発揮し、それが政策の帰結を規定することを確認した。では、ここで得られた知見は、講和独立以降の教育政策をどのように説明できるのであろうか。

2　日本型教育システムの確立

教権の確立を目指した占領期の改革は未完に終わり、講和独立以降もその完遂が試みられた。第一三回国会で審議された義務教育費国庫負担法案や教育委員会法などの一部を改正する法律案等は、その端緒といえる。ところが、これまでの研究は、改革の連続性をあまり指摘してこなかった。[1]一九五〇年代の教育政策は冷戦の代理戦争という性質を一方で帯び、保革対立的な側面ばかりが強調されたからである。

戦後教育に伝統的価値を復権させるべきだとする意見は、社会から広く聞かれたが[2]、冷戦の進展により、伝統的価値を重視することは「復古的」「反動的」であるというラベルが革新の側から貼られるようになった。反共政策を掲げるアメリカがナショナリズムを育成する立場に即して教育政策を修正するよう求めたことは、そうした傾向に拍車をかけた。このように、冷戦の深化という外的環境の変化が、占領期にあまり顕在化しなかった「伝統―近代」軸に特徴づけられる国家観の相違を顕わにし、保革イデオロギー対立的な側面を強めさせたといえよう。

教育政策においても、反共政策の強まりにあわせて日教組の戦闘性が増すにつれ、保守の側から危機感が示された。教育現場では、教職員の高い加入率を誇る日教組の影響が絶対的で、学校教育が社会主義的な立場から実践される可能性を拭えず、伝統的保守主義の立場を採る自由党と伝統的自由主義の立場にある改進党がともに「偏向教育」を批判した。保守勢力からの批判は革新の側の反発を呼び込み、保革双方が教育内容の偏向をそれぞれの立場から批判するという悪循環に陥り、対立を深めた。

党派性を排し、教育の政治的中立性を確保したい自由党は、教育公務員の身分を国家公務員に切り替えることで、教員の政治活動を全国一律に制限することを考え、一九五三年二月一九日に義務教育学校職員法案を国会に上程した。教育界はこれに反発し、院内外で大論争を巻き起こした。法案は三月一四日のいわゆるバカヤロウ解散で審議未了に終わったが、政治的中立性の確保は主要な課題であり続けた。一九五四年一月には中教審が「教育の政治的中立維持に関する答申」を示し、日教組の行動を批判した。政府はこれを受け、教員を党派的勢力の不当な支配から守り、その自主性を擁護する趣旨の「義務教育諸学校における教育の政治的中立の確保に関する臨時措置法」、および、公立学校の教育公務員の政治的活動の制限を国立学校の教育公務員と同様のものにすることを内容とする教育公務員特例法の一部改正法（いわゆる教育二法）を上程し、六月に施行した。

教育界では、教育二法を「反動的」と批判する向きが強いが、保守系の政党からすれば、社会主義の立場から教育労働者としての権利を重視し、党派性を前面に打ち出す教育実践を試みる日教組の態度こそ教権からの逸脱であり、教育の正常化を急務とした。革新の側はこれに反発し、正当性を得るために「国民の教育権」というアイディアを発見し、社会運動を展開したことで、両者の対立は収拾しがたいものになった。

このように、一九五〇年代の教育政策は「伝統―近代」軸に特徴づけられたことで、教師像をめぐる対立を顕在化させ、協調を難しくした。しかし、そのことは教育行政の変質を直接意味しない。文部省は依然として教権の確立を目指したからである。義務教育学校職員法案以降の一連の身分法が「保守反動的」と評されるのは、教職員の身分を国家公務員とすることで統制を強めることが狙いと解されたからであった。自由党が法案を支持した背景に、教育を左傾化させ、社会党の集票機能を果す日教組の政治力を削ぐという政治的意図があったことを斟酌すれば、そうした主張も理解できる。しかし、文部省に限っていえば、そうした批判は必ずしも的を射ない。勤務秩序の維持や統一的な人事行政の確立は[3]、前田文相の時代から変わらぬ課題であり続けたからである。

文部省に限らず、行政官庁の政策選好が比較的一貫することは知られている。とはいえ、理想的な政策の実現は省庁間関係や政治的な事情に拠るところが大きく、関係するアクターが多ければ多いほど、政治的機会に左右される。教権の確立は占領後期の政策連関により不十分に終わったことから、文部省は時機を窺っていた。冷戦に付随する保革対立の激化は、予期せずして教育政策の優先順位を高め、文部省に再制度化の機会を与えた。義務教育費国庫負担制を真っ向から批判した岡野清豪が文相に就任した時期に、義務教育諸学校の教職員給与を全額国庫負担化する義務教育学校職員法案が立案されたことは、それを傍証する。換言すれば、革新の側からみて「反動」的に思えた身分法案は、未完に終わった改革を完遂する試みの一つであったといえる。

義務教育費国庫負担法にもとづく予算の執行が予定された一九五三年に、全額国庫負担を求める法案が上程されたのは、均衡財政を求める大蔵省が地方財政平衡交付金の不交付団体に対する負担金問題を解決するまで、実施は支持できないとして、一年延期を主張し、義務教育費国庫負担金の概算要求についてゼロ査定を内示したからであった。教育の機会均等や教育水準の維持向上を図るには、義務教育に対する国家の責任が不可欠で、全額国庫負担制はそれを可能にすると考える文部省は、これを機に制度化を試みた。自由党の思惑は別にしても、大蔵省や自治庁を説得してくれることは望ましく、一年前は上程さえ危ぶまれた義務教育費国庫負担制に関する法案の準備を本格化した。大蔵省は法案に頭から反対したものの、自治庁や自治体は条件付で賛成した（市川・林、一九七二年、四三一−四三二頁）。地方財政の負担が軽減されるのであれば、乗れない相談でなかったからである。しかし、それと任命権の移管は別問題であって、地方の側は教職員の身分の切り替えを一切認めなかった。だが、自治体の思惑は様々であった。法案は、文部大臣が行う任免に関する権限の一部を市町村教育委員会に委任することを予定しており、都道府県の権限縮小と市町村の権限拡大が予想されたからである。このように、全額国庫負担制に伴う教職員の身分の切り替えは、地方財政や教育委員会のあり方を根本的に見直す契機となるため、法案に対する態度は一様でなく、幾度となく争点化した（瀬戸山、一九五五年、一五二−一七四頁）。

だがそれ以上に、法制化を難しくしたのは教育界からの反対であった。全額国庫負担制は望ましいものの、法案の本旨が政治活動の禁止にある限り支持できないというのが、その根拠であった。法案は政治的事情により審議未了に終わり、文部省は最大の好機を逸する結果となった。そこで文部省は、義務教育に係わる費用を充実させるために、各種補助金制度の整備を当面の課題とし、教権の保障を目指したのである。このように、自由党と文部省の意図を個別に検証すれば、両者の意向は必ずしも同じでないことがわかる。自由党が組合対策に力点をおくことは、第一次吉田内閣以降、変わりはない。他方、文部省も教職員組合が教育労働者の権利を過度に要求することを嫌うものの、抑制策を一貫したわけではなく、身分保障の充実を通じた穏健化に重きをおいたことは、占領期の分析からも明らかにされた。ところが、これまでの研究は自由党と文部省を一体的に論じたため、保革対立という議論に終始したように思われる。同様のことは、「逆コース」の象徴とされた教育委員会制度の改正についても妥当する。以下に検討していこう。

一九五六年六月に公布された地教行法は、公選制と二重予算制度を廃止し、教育長の任命承認制の導入や文部大臣による是正改善措置要求の特例を新設した、反動的な法律と評価されることが多い。しかし、この指摘も十分な検証を伴っていない[4]。教育委員会法は当初から見直しが予定された制度であり、一般行政からの独立を果すために、系統性のとれた教育行政機構の確立と財源の確保が第一義的な課題とされたことは、すでに述べた。

「教育委員会の違法に対しては、これを是正するための適当な方法を考え、教育に関し文部大臣が責任を負うことができる体制を明確にすること」を政令改正諮問委員会が求めたように、教権の確立という観点からすれば、文部大臣による措置要求の制度化は望ましく、占領期には、党派を問わず支持された。しかし、それをGHQが望まなかったことから、系統性のとれた教育行政機構の確立は課題とされ続けた。独立後も法制化については、総合行政を志向する自治庁の反発が予想された。ところが、立法過程をみる限り、地方公共団体の長または教育委員会に対する文部大臣の是正改善措置要求権や教育長の任命承認制について、自治庁はさしたる抵抗を示さなかった。その理由については、いまだ十分な研究をもたないが[5]、地教行法は「集権化を図る文部省の意図と長による行政の一体性確保を図る自治体関係者の要求との間に成立した一種の妥協」（市川喜（四）、一九九三年、二〇七頁）と受け止めるのが妥当ではないかと考える。なぜなら、この当時、公選制の教育委員会制度の存在が地方の一般行政を逼迫させたからである。

二重予算制度は、教育財源の確立がなされぬ状況で、財政的困窮を理由に教育予算が一方的に削減されないことを目的に創出された制度であった。しかし、それは、一九五二年に義務教育費国庫負担法が、五三年には公立学校施設費国庫負担法が成立するなど各種の補助金制度が充実し、財政面における主導権を文部省が握るルートが確立すると、必然性を低下させた（本多、二〇〇三年）。他方で、二重予算制度は首長の予算編成の一体性を阻害するとの批判が自治体から出され、廃止が希求された。のみならず、地方行政における総合性や一元性を確保するために、巨額な選挙費用や運営費用を要する公選制の教育委員会制度を廃止すべきだという決議が町村会からたびたび出された（藤田祐、二〇〇三年）。このように、自治体は行政の効率性を図る目的で、公選制の教育委員会制度と教育委員会による予算案・条例案の議会提案権の廃止を望んでおり、地方自治行政の総合的一体的運営を求める自治庁も同様の立場にあった。

各方面からの批判を受け、文部省も公選制の廃止を検討対象とした。一九五五年一月二〇日付の資料「現行制度の欠陥をどう見るか」には、公選制の廃止と任命制の導入が明示された。改正の理由に「（イ）公選廃止により教育行政を政治的確執より遠ざけ、（ロ）広く望ましい人物を委員に迎えることができ、（ハ）長との政治的摩擦を少なくし、（ニ）選挙に要する財政負担を軽減することができる」ことを挙げる一方で、「長の任命とすることによって、委員の選任が、長の立場により一党一派に偏することを防ぐため、議会の同意にかゝらしめるなど、所要の措置を講ずること」としたように（貝塚、二〇〇三年、一七九頁）、文部省は明確な目的をもっていた。つまり、任命制を政治的中立性を確保する手段とみる一方で[6]、行政の効率化という自治体の要求を斟酌した改正を行うことを予定したのである。⑦

換言すれば、一般行政からの独立を図るために教育行政における系統性を確保し、同時に、政治的中立性を得ることを第一義とする文部省は、自治庁や自治体が望む二重予算制度の廃止などに譲歩することで法制化を目指したといえる。文部省が地教行法の目的を、教育の政治的中立性や教育行政の安定性の確保、教育行政と一般行政の調和の推進、教育行政における国と都道府県と市町村の連携の緊密化の三点⑧としたことは、これをよく表している。

地教行法は、占領期の改革で残された課題に応えることを目的としたにもかかわらず、戦後教育行政の三原則（教育行政の民衆統制・教育行政の地方分権・教育行政の一般行政からの独立）を後退させ、教育委員会法との断絶をもたらしたと評されることが多かった（鈴木、一九七〇年、一九七五年、小島、一九九六年、三上、一九九九年）。しかし、この評価も偏りを否めない。教育刷新委員会第一〇特別委員会で構想された推薦任命制の例にあるように、公選制でなければ公正性や中立性を維持できないとする意見は、立案当時にはそれほど多くなく、任命制を求める声も強かった。地教行法の審議過程においても、任命制を求める自民党と公選制を求める社会党の対立を収拾するために、緑風会が推薦任命制を旨とする修正案を掲げ、超党派的合意に向け奮闘しており、政治的中立性の確保と推薦任命制は並存しうる選択肢であった。⑨かつての文部委員会であれば、第三極に位置する緑風会が示した妥協案のもとに超党派的合意が形成された。

だが、五五年体制下の社会党は違った。社会党は、自民党による「逆コース」政策を糾弾するほどに、戦後民主教育を神聖化し、現実的な政策論争を放棄して反対政党に転じたからである。日教組の戦闘的で硬直的な態度が現実的な選択を難しくした例は占領期にもみられたが、当時はまだ社会党による説得が可能であった。しかし、党内力学が左派に傾き、かつ日教組に頼らなければ選挙を戦えないという現実は、社会党をイデオロギー政党に転じさせた。法案の無修正を望む自民党が緑風会との話し合いに応じる一方、廃案を狙う社会党は修正案を拒否するという柔軟性のなさは、それを示唆する。しかしそれと併せて、日教組や社会党に専門性と政策の立案や実施における手腕が不足したこともイデオロギー論争に終始した原因と考えられる。「社会党（日教組）は、地教行法の成立によって『敗北』したことになるが、逆にいえば、その成立に『加担』したのが社会党（日教組）自身でもあった」という貝塚茂樹の指摘は、この点をよく捉えている（貝塚、二〇〇三年、一九七頁）。

総じてみれば、教育政策における保革対立は、①「反共」という目的のもとに自由党と改進党（のちに日本民主党）が相互接近したこと、②社会党や日教組が左傾化することで超党派的合意の位置から逸れたことによって、強化されたといえる（図終―1）。一九五〇年代後半から本格化した、勤務評定をめぐる闘争、全国中学校一斉学力調査（学テ）をめぐる闘争、教科書検定の是非をめぐる訴訟などが、一九六〇年代に全国的な広がりをみせたことで、保革対立は決定的になった。それにより、文部委員会の伝統であった超党派的合意は失われ、教育政策は自民党文部委員（のちに文教族）や文部省を中心とする、限られたアクターによって形成されるようになった。

だがそのことは、教育政策の断絶を必ずしも意味しない。教育内容に対するイデオロギー的な介入が保守の側からも革新の側からもなされ、統制が強化された点で、一九五〇年代の教育政策には、占領期と異なる特徴が明瞭に確認される。しかし、教育行財政制度については、占領期に未完に終わった改革、すなわち、教権の制度化を可能な限り実現させることで、日本型教育システムを確立させた。では、日本型教育システムとは、どのような特徴を

図終―1①　占領期の政策形成のパターン

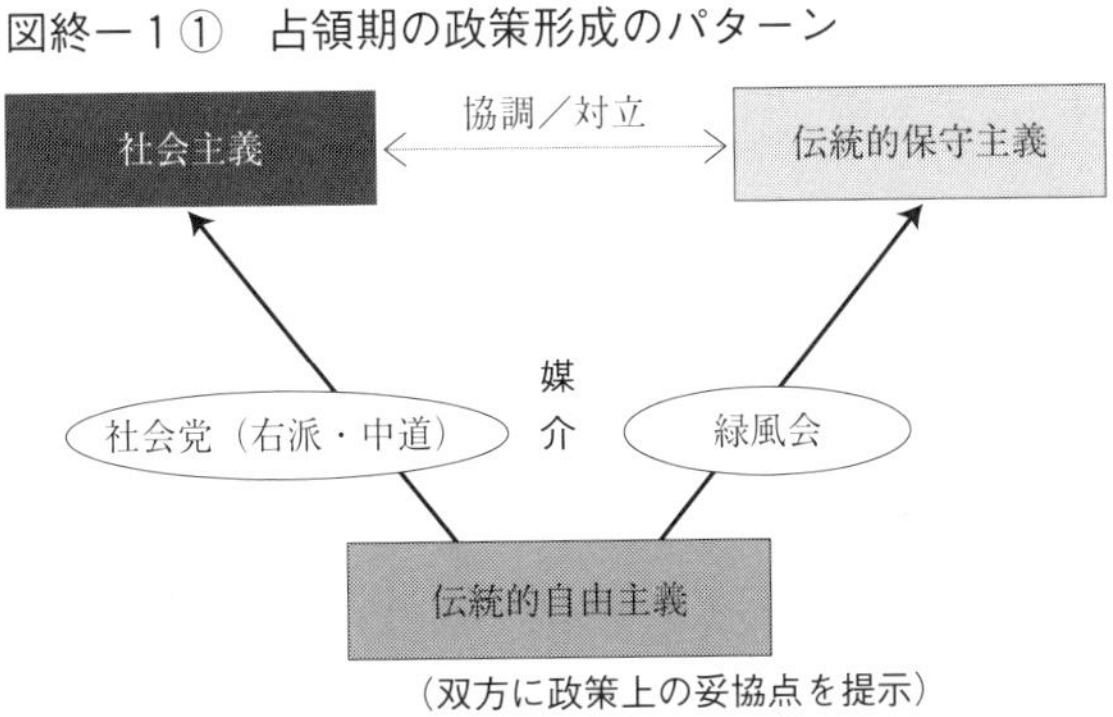

図終ー1②　1950年代半ばの政策形成のパターン（超党派的合意の動揺）

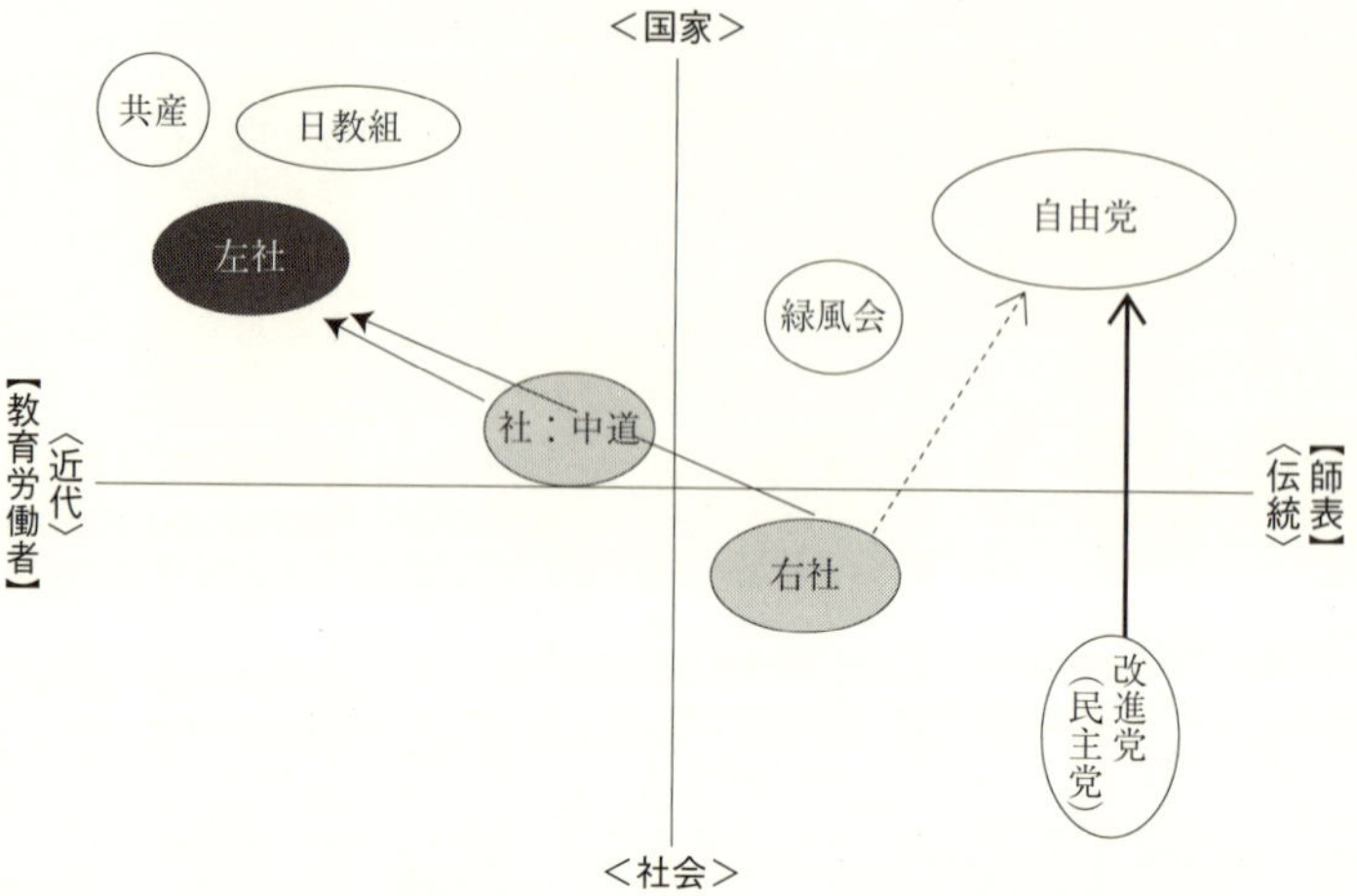

図終ー1③　1950年代後半の政策形成のパターン（保革対立の布陣）

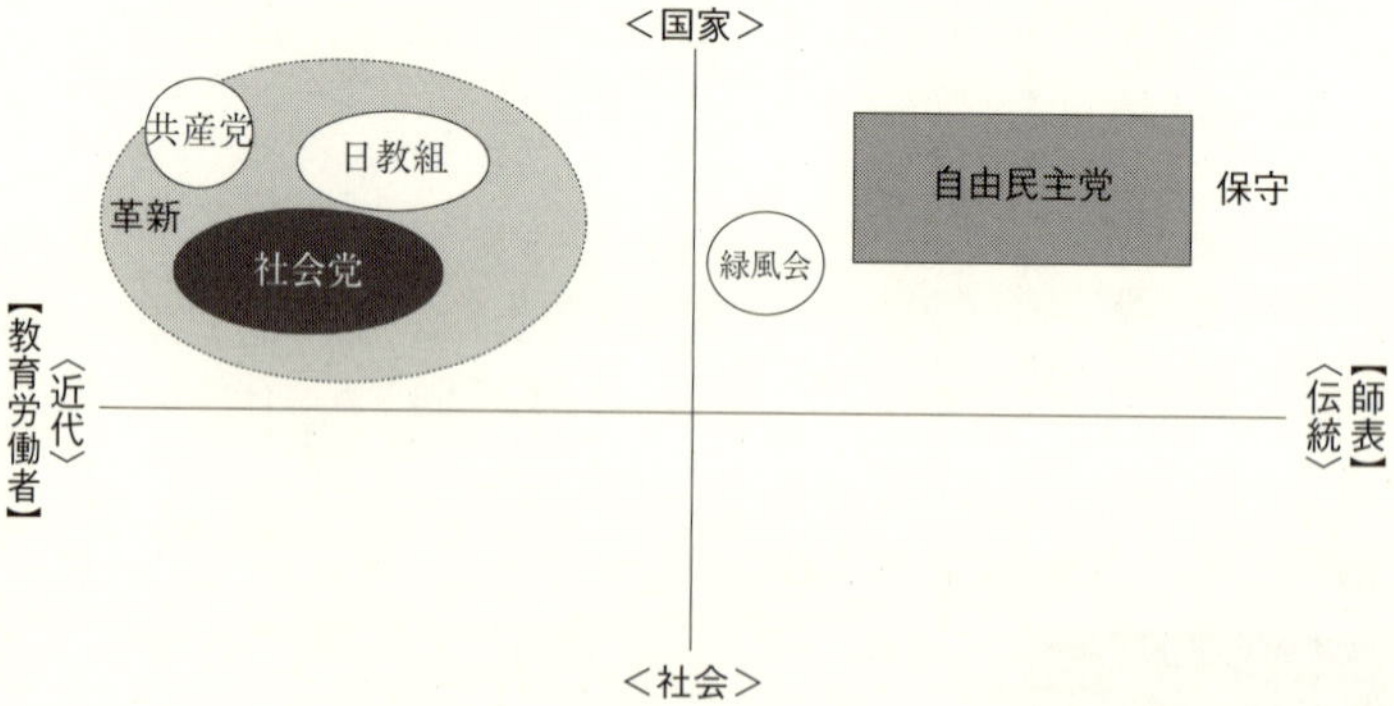

もつのであろうか。

田中耕太郎が「教権の独立」を主張した際に、教育権も司法権と同様の位置づけを得るべきだとして、究極的には四権分立を理想としたように、日本では、教育の特殊性ゆえに教育は一般行政や市場原理になじまないとする意見が多く聞かれる。つまり、教育の特殊性こそ、独立の根拠とされるわけであるが、特殊性とは何を意味するのであろうか。森田朗は、この特殊性を「党派的な政治からの『中立性』、国民誰しも教育を受ける権利を有していることによるサービス供給の『平等性』、そして長期にわたって国民を育成するという他の行政活動等とは異なる性質を持つ教育そのものの『専門性』と、その性質ゆえに必要とされる制度の『安定性』」を意味するものであり、「このような教育活動に伴う価値を守るためには、それについて国による規制と供給の保障が必要である、と主張される」ことが多いと指摘する（森田、二〇〇五年、一一八頁）。要約すれば、特殊な使命を帯びる教育は、一般行政からも政治からも独立して教育の専門家によって担われるべきであり、教育の機会均等を保障するために、ナショナル・スタンダードの確保が必要だとする議論が特殊性論であり、それらは「教権」に集約される。具体的な制度に照らせば、戦後の教育システムは、教育公務員特例法や地教行法等が「中立性」を、国庫補助負担金制度が「平等性」を、教育委員会制度が教育行政の「専門性」[10]と「安定性」[11]を保障することで、総体として教権を保障したのである。

高度経済成長期の財政拡張は、日本型教育システムの確立を三つの点で促した。第一に、教育の機会均等（平等性）を可能にする量的拡充政策であり、文部省による高等教育機関の充実や地方自治体による高等学校の拡充が図られた[12]。第二に、中立性や専門性を保障する目的で、教職員への漸増的な身分保障の充実が図られた。財政拡張期になされたこれらの政策は、質量ともに最低水準（ミニマム）を超えたものであり、ナショナル・スタンダードの確保を基調とした。日教組や社会党、共産党なども、それらを積極的に支持したことから、一九六〇年代から七〇年代の教育政策は、勤評や学テ問題などをめぐる政治的緊張や闘争に特徴づけられながらも、その実、安定的なものであった。すなわち、財政拡張に裏づけられた政策は、保革対立ではなく、安定的な教育行政の実施を可能にし、革新の側もそれを支持したのである。

第三に、地教行法と一体化しながら、系統性のとれた中央地方関係を築かせた。小川正人はこれを地教行法体制と呼び、「厳しい政治対立に対応したハードな文部省と教育委員会の権限関係（機関委任事務と指揮監督権、措置要求権、等）を軸に、高度成長による国の財政拡大に支えられた負担金・補助金の叢生による漸進主義的な行政手法が文部省と教育委員会の関連事業担当部局を直接結びつけ、かつ、その周囲に文部省と専門領域的な関係をもつさまざまな全国レベルの専門的職能団体の凝集とネットワークを形成するものであった」(小川、二〇〇〇年、一八頁)と説明する。

このように、占領期に誕生した、教権を制度理念とする日本型教育システムは、一九五〇年代に確立し、六〇年代に財政的裏づけを得ながら維持強化されたといえる。だが、そうしたシステムは、近年、抜本的な見直しを迫られるようになった。

3　教育改革の時代

戦後教育の目的が文化国家建設にあり、かつ、経済的自立を図るための人材の育成が急がれたことから、政府には、教育の機会均等を図り、標準的なサービスを安定的に供給することが求められた。ところが、そうした政策は、一九八〇年代以降、批判の対象になった。発端は、臨教審による教育改革の試みに求められる。脱工業化や国際化という経済社会の変動に対処しうる人材の育成を掲げる臨教審は、旧来の標準的な教育政策を「画一的」と厳しく批判し、教育行政の分野にも市場型の競争原理を導入することで、規制緩和や民営化を促し、「自由化」や「多様化」を進める必要があることを強調した。文部省は、臨教審イデオローグが主張した、学校設立の自由や学校選択の自由を認める「教育の自由化」は教育の機会均等を阻害し、学校教育の公共性や継続性を損なう恐れがあると強く批判した。同様の意見は日教組や多くの教育学者からも示され、激しい議論が戦わされた。その結果、義務教育については、ナショナル・スタンダードの確保という従来的な指針が堅持された。

だが、ここに示された、「教育の自由化」という新しい政策アイディアは、新中間層の心を捉えた。物質主義の浸透と経済的な豊かさから、社会文化的には価値の多様性や選択の自由を希求する、社会的自由主義的な風潮が強まったからである。つまり、都市の新中間層は自らを政治の消費者と位置づけることで、多様な選択肢を求め、自らの責任で結果を選びとる「選択の自由」を支持したのである。こうした志向は、市場中心主義の立場から規制緩和や分権化を要望する新自由主義と親和的であり、「教育の自由」を支持する声は徐々に高まった（大嶽、一九九四年、徳久、二〇〇六年）。

ところが、ナショナル・スタンダードの確保を主眼とする、旧来の教育システムは「教育の自由」や「多様化」に応えにくいものであった。地方の教育委員会は、学校教育のみならず、文化、スポーツ、生涯学習などからなる社会教育を所管したが、一九八〇年代後半に、アメニティ政策として文化政策に注目が集まるようになると、問題が露呈した。中立性の原則から、一般行政とは別に政策を立案し実施する教育委員会の施策は、総合的な観点が欠落しがちであること、他の管轄領域との連携が不十分であることなどの問題があり、それが住民の需要に適う多様な政策の実施を阻害したからである（桑原、一九九四年）。教育行政と一般行政の兼合いを図るべきだとする意見は、その後も多く出され、改革が模索された。二〇〇〇年四月一日に施行された地方分権一括法では、首長部局による総合的な行政の実施を可能にするために、文化・生涯学習の分野で必置規制の廃止や緩和がなされ、弾力的な運用が可能になった（大森、一九九八年）。

地方分権一括法は学校教育を見直しの対象外としたが、自由化・多様化を求める社会的な声は強まっていた。そこで文部省（のちに文部科学省）は、分権改革に前後する形で、学級編成やカリキュラム編成の弾力化を図り、地方に政策裁量を与えた。これにより、自治体は地域性を踏まえた政策が実施できるようになったが、少人数学級編制など先進的な改革を行った自治体をみる限り、それを主導したのは首長であり、教育委員会は後手に回った（青木栄、二〇〇五年）。これは、地教行法体制が定着するなかで、地方の教育委員会は独自の政策を展開するインセンティブを弱め、文部省に依存する、地方教育行政の事なかれ主義が一般化したことによるところが大きい（村松、二〇〇〇年)。こうした変化を阻むような教育委員会のあり方が問い直されるようになった(新藤、二〇〇二年、伊藤、二〇〇二年、二〇〇三年)。

地方行政における総合化や効率化の立場から、一般行政と教育行政のあり方を見直す動きは至るところでみられたが、地方分権改革推進会議や規制改革委員会[13]の勧告や意見等には、教育委員会の必置規制を弾力化し、地方教育行政制度を新たに検討するべきだという見解も示された。教育委員会の改革は、二〇〇四年の「骨太の方針」でも言及され、二〇〇六年には、「教育委員会制度について、抜本的な改革を行うこととし、早急に結論を得る」ことが盛り込まれた。同年七月に規制改革・民間開放推進会議が示した中間報告には、「首長への権限委譲に止まらず、首長から独立した執行機関である教育委員会の必置規制を撤廃し、首長の責任の下で教育行政を行うことを地方公共団体が選択できるようにする方向で検討し、結論を得るべきである」という踏み込んだ提言がなされた。

ところが、その後、いじめ自殺問題や必履修科目未履修問題等が顕在化するなかで[14]、教育委員会の機能強化を求める意見が出されたこともあり、一二月の第三次答申では「教育委員会制度の抜本的改革について早急に検討すべきと考える」という表現に改められた。教育委員会の必置規制の緩和が支配的になりかけた矢先に、喫緊の対策を要する教育現場での問題が起きたことで、改革派が不利に、現状維持派が有利になったといえる。社会の側は、問題解決能力も説明責任も低い教育委員会に代わり、文部科学大臣の権限を強化することで、教育行政の責任体系を明らかにすることを望んだからである[15]。

教育再生会議(第一分科会)はそうした意向に後押しされ、二〇〇七年一月五日に「教育委員会の抜本的見直しについて」を提出した。意見書は、文部科学大臣の是正勧告や是正改善の「指示」を可能にする措置を求めたが、会議では、「文部科学大臣が都道府県・政令指定都市教育長の任免に関与することなど、国の責任を明確化する必要があるとの考えも示された」ことも併記されており、教育行政の独立を強める傾向をみせた。規制改革会議は、これに反発したものの、三月一〇日に中教審が示した「教育基本法の改正を受けて緊急に必要とされる教育制度の改正について」においても、同様の意見が述べられた。

文科省はこれらの答申や意見を踏まえながら、教育基本法の改正に伴う教育三法（学校教育法、地教行法、教育職員免許法及び教育公務員特例法の改正）を立案し、三法は第一六六回通常国会で成立した。文科省は地教行法改正の目的を「教育における国、教育委員会、学校の責任を明確にし、保護者が安心して子どもを学校に預けうる体制を構築」することに求めているが、内容は、①教育委員会の責任体制の明確化、②教育委員会体制の充実、③教育における地方分権の推進、④教育における国の責任の果し方、⑤私立学校に関する教育行政に区分される。すなわち、ここでは、地方教育行政の主体が教育委員会であることを確認し、自主的・主体的な運営を推進するとともに、緊急時に国の関与を認めるほか、関与についても、是正改善に関する文部科学大臣の「指示」が新設されるなど、タテの関係を強化する改正が施された。だがその一方で、地方分権の推進という課題に応えるために、文化・スポーツに関する事務を首長が管理・執行できる改正を行った。つまり、文科省は学校教育に関する権限をこれまでどおり堅持しながらも、文化政策等については、地方行政における総合性を重視して、権限を移譲するという、ダブルスタンダードを採ったといえる。

総じてみれば、戦後に構築された日本型教育システムは、いくつかの変容を伴いながらも依然として機能していることが確認される。日本型教育システムの持続性は、理論的には、アイディアは制度化を通じて安定的な影響力を発揮すること、制度の粘着性が変化を阻むことからも説明される。とりわけ、日本の教育政策は限られたアクターからなる政策アリーナで決定されており、「教権」の受益者ともいえる教員、教職員組合、さらには、教育学者や文科省が現行制度を擁護することで、教権を侵害する政策を阻んでいることも安定性を強化している。だが、教育システムを取り巻く環境は従来と同じでない。ポスト工業化や分権化が進むなかで、教育のガバナンスの再編が強く求められていることも事実である。本書のむすびに代えて、序章に残した問題、すなわち、今日、各方面から教育改革が求められているにもかかわらず、迷走を続けるのはなぜかという問題を、マクロ・トレンドに照らしながら検討しておきたい。

4　二一世紀における教育改革への一試論

戦後に構築された日本型教育システムは、安定的に機能する一方で、新自由主義からの挑戦を受けている。[16] 具体的には、①市場原理に親和的な「教育の自由化」、②小さな政府を実現する手段としての「分権化」、③地域住民による教育の自治を達成するための「分権化」などが挙げられるが、それらは旧来のシステムに変革を求める点で一致する。ところが、個々の指針が求める政策は必ずしも同じでない。ゆえに、新自由主義は戦後の教育システムを動揺させはしても、ベクトルの異なる複数の政策を並存させることで、一貫した改革を難しくしている。裏返せば、そのことが間接的に日本型教育システムを持続させている。筆者はこの点にこそ、今日の教育改革が迷走する原因があると推測している。そこで、個々の政策はどのような改革を求めるのか、またそれに付随する問題は何かを簡単に整理しておきたい。

まず「教育の自由化」であるが、これは物質主義に特徴づけられながら、価値の多様性を志向する社会的自由主義的な傾向が強まりをみせるなかで、規制緩和により多様なサービスの提供を可能にすべきだという新自由主義的な思潮が支持されたことで、教育改革を推進する強力な言説となった。具体的には、各学校を自律的な経営体とみる市場原理を公教育に導入することで多様化を図ることや、その前提として、親や子どもに学校選択権を認めること等が試みられる。官製市場改革を掲げる規制改革会議や経済界、一部の経済学者などはこれを積極的に支持しているが、それらの議論では、教育委員会から学校長への大幅な権限委譲（学校分権）が求められており、教育委員会の規模縮小もしくは廃止が射程に入れられる。

教育学者の多くは、競争や選択という市場主義的な価値を体現する学校選択制や学校評価制度などに否定的な見解を示し、旧来の教育制度を支持する向きが強いが、論拠は主に二つある。一つは、「平等性」の問題である。教育の受け手である児童生徒や保護者は消費者の立場から多様な選択を可能にする学校選択制を支持する向きが強い。しかし、選択制は経済的格差、地理的格差、能力的格差などの問題を残すため、教育の機会均等が保障されない。のみならず、選択制は社会的不平等の拡大や再生産をもたらすことが、統計的に裏づけられており（苅谷、一九九五年、二〇〇一年、吉川、二〇〇六年）、支持できないという意見が教育学では強く示されている。つまり、ここには、「平等と自由」、「標準化と多様化」をめぐる対立が確認される。

もう一つは、「公共性」の問題である。教育の私事化が学校教育から公民育成という機能を奪うとする意見である。具体的には、義務教育とは、産業社会の教育を行う後期中等教育や高等教育と異なり、国民社会の教育、すなわち、共生の態度を学ぶことを主眼にするため、教育の私事化を助長する選択制になじまないというものである（藤田英、一九九七年、二〇〇五年）。つまり、ここには、「公共性と私事性」をめぐる対立が確認される。

物質主義的価値の浸透や過度の個人主義化が公共性を蝕むという理解は、一九六〇年代以降、啓蒙主義の立場からも、（伝統的／新）保守主義の立場からも示されており、重要な争点の一つであった。しかし近年、グローバル化により経済社会の流動性が飛躍的に増し、不安定化したこともあって、「公共性の復権」がかつてないほどに求められている。教育改革国民会議や教育再生会議などで、伝統、道徳心、愛国心などが強調されたのも、社会秩序の回復を目指してのことであった。こうした伝統的価値に訴える保守主義は、一方で、多様性の排除と価値の強要を伴いやすく、統制型の教育になりかねないという懸念がある。

価値をめぐる対立を回避しつつ、社会秩序を回復させるという課題に対し、近年は、地域コミュニティにおける

「下からの」公共性の模索に注目が集められている。公共性を創出する場として、コミュニティに期待が寄せられたのは、皮肉にも市民的徳と態度を習得させるコミュニティの衰退が、民主主義を凋落させた一要因であることが認識されてからのことであった。ソーシャル・キャピタルという概念を用いて、この関係を指摘したパットナムは、関与と連帯を活性化する空間の創造、他者への信頼と寛容を育む道徳的義務の再構築に民主主義を復権させる鍵を求めているが、学校はその空間の一つとされた（Putnam 2000：412-413）。学校を公共圏と捉える研究は複数みられるが、そこでは、学校が文化的にも経済的にも多様な構成をもち、そこで学ぶ各人が多様性を尊重する寛容な態度を習得し、公民の資質を得る場であることが期待される（Gutmann 1987）。この前提からすれば、同質性を高めにくい学校選択制は、公共性を蝕みかねず、導入を検討する際には慎重な制度設計が求められる。

しかし、日本では、こうした議論が十分に行われておらず、教育システムを変えることに伴って生じる問題についての社会的な認知度も低い。この結果、消費者の立場から選択制を求める声が強いように思われる。ところが、近年顕著となった経済的格差の拡大は、公教育の平等性を再び重視させる方向に働いており、旧来のシステムが計らずも支持されている。平等性や標準（ナショナル・スタンダード）を保障する戦後の教育システムと自由化や多様化を求める新自由主義的な改革圧力は、現在のところ拮抗しており、どのように決着するかは不透明といえる。とはいえ、教育以外の分野では、新自由主義が支配的になりつつあることを念頭におけば、義務教育における「平等性」や「公共性」がそのままで堅持されるとは考えにくい。それらの価値を擁護し、教育システムの中で機能させつづけようとする場合には、それを正統化するだけの新たな政治的言説の発見が課題とされる。

公共性の復権という観点からコミュニティに注目が集まっているように、教育においても、学校が地域住民の参加と実践からなる公共圏として機能することが期待され、地域の特性に応じた学校づくりが模索されている。こうした試みは、分権改革と軌を一にして進められたが、「分権」といっても、意義は多様である。教育に限れば、分権は、①一般行政と教育行政の関係、②政府間関係、③住民自治の三点から論じられる。次に、分権にまつわる問題を検討しておこう。

分権改革は中央から地方に権限の移譲を進めるが、受け皿となる地方政府は総合行政の実現を希求する。財政危機に直面する自治体の多くは、効率性を高めるために総合化を試みるからである。総務省、一部の首長や行政学者から教育委員会の必置規則の弾力化や廃止が唱えられるのも、こうした文脈から理解される。ただし、そうした意見は現在のところ主流といえず、首長の多くは教育委員会の活性化を望んでいる[17]。だがその一方で、教育委員会の廃止を求める自治体も一定数あり[18]、少なくとも市町村に限れば、必置規制を弾力化することで存廃を自己決定できる権利を与えるべきだとする意見も示されている[19]（伊藤、二〇〇二年、二〇〇五年、森田、二〇〇五年）。

自治体の自己決定権の強化という主張は、小泉政権の下で進められた三位一体改革の過程でもたびたび聞かれた。三位一体改革では、義務教育費国庫負担金の一般財源化の是非をめぐり激しい論争が繰り広げられた。具体的には、国庫負担制こそ「平等性」を保障するという文科省・文教族・中教審と、ローカル・オプティマムの実現を阻む国庫負担制を廃止し、地方行政の総合化のなかで教育財政を決定すべきだとする、総務省や地方六団体の対立を指す。義務教育費国庫負担制は負担率を三分の一に縮減して堅持されたが、これまで国庫負担制を支持してきた地方六団体が自ら放棄を申し出るほどに、財政危機と分権改革は従来の政策を変化させる圧力となっている（北村、二〇〇六年、徳久、二〇〇六年）。新たな事態に対し、文科省や中教審は「国の責任と分権改革は、車の両輪である」として、一方的な分権化に歯止めをかけようとしている。新教育基本法や二〇〇七年に改正された地教行法は、その一例で、一般行政からの独立を骨子とする戦後の教育システムを維持強化している。しかし、それも不動とはいえず、分権改革の内容によっては、再編を迫られるかもしれない。このように、分権改革は教育行政と一般行政のあり方を見直す契機となったが、影響はそれにとどまらず、教育行政における政府間関係の再編にまで及んでいる。

戦後の教育行政は、文科省（旧文部省）―都道府県教育委員会―市町村教育委員会―学校からなる重層構造において運営されてきたが、権限の階層化は責任の当事者性を曖昧にすることで教育委員会の説明責任を著しく後退させてきた（堀内、一九九九年、二五頁）。近年の改革が、そうした制度硬直に促されていることは、すでに述べた。現在、改革の射程は都道府県教育委員会と市町村教育委員会の関係にまで伸びている。市町村教育委員会については、都道府県教育委員会の実質的な統制が文科省以上に問題であることが、自治体関係者から指摘され、その解決が課題にされたからである（苅谷、二〇〇四年）。教育委員会の政府間関係に関する実証研究が圧倒的に不足する現況での実態把握は不十分といえるが、市町村教育委員会と都道府県教育委員会の関係は次のような問題をはらんでいた。

地方分権一括法が施行される以前の地教行法では、「都道府県教育委員会と市町村教育委員会の間において『一般的指示』や『指導、助言』また包括的な『基準設定』が認められ、制度として対等に設定される両者の教育委員会を上下の権限関係で取り結ぶこととなっていた」（堀内、一九九九年、三〇頁）。小規模自治体は行政資源に不安があり、均質なサービスを提供できるよう、広域性の観点から都道府県が適宜関与する必要があるとされたからである。義務教育諸学校の教職員人事や教育内容に関する意思決定はその典型で、政令指定都市を除き、市町村教育委員会や学校は自律性の発揮を事実上抑えられていた。これを制度的に支えたのは、教職員の給与の安定を図る目的で導入された義務教育費国庫負担制であり、服務監督権は市町村教育委員会に、任命権は都道府県教育委員会におくという権限の分割がなされていた。これが、市町村教育委員会の裁量を制限し、都道府県への依存を強めさせ、学校教育を画一的なものにした。

多様な学校教育の展開は、ひとえに現場の教師によるところが大きく、市町村教育委員会に任命権がないことはかねて問題となっていたが、分権改革が進むにつれ、検討が本格化した。二〇〇四年には、中教審地方制度分科会地方教育行政部会で教職員任命権を中核市に移譲する指針が打ち出され、以後、継続的に審議されている。二〇〇七年一月の教育再生会議第一次報告でも「学校教職員の人事について、広域人事を担保する制度と合わせて、市町村教育委員会に人事権を極力、委譲する」ことが述べられた。答申は新教育基本法施行に伴う地教行法の改正を念頭においたが、人事権の委譲は同年六月の改正では見送られた。他方、広域的な事務処理は第五十五条二項に反映された。

消費者の立場から地域性や多様性に富む教育の実践が求められる今日、限られた財源のなかでそれに応えようとすれば、任命権を市町村に移譲し、学校の自律性を高めることが肝要になる。だがその一方で、任命権の移譲は自治体間競争を誘発し、小規模自治体の人材確保を今以上に難しくする。ゆえに、教育再生会議の報告にも述べられた、「広域性」を踏まえた制度の設計が課題とされる。

このように、分権改革は、市町村の自律性を高める目的で政府間関係の見直しを迫っているわけであるが、そのことは、戦後の教育システムの根底にある、「上からの」「系統性のとれた」政府間関係を刷新する契機となりかねない。教育委員会制度の見直しは、現在のところ、旧来の制度を強化するものになっているが、学校を基点とする改革は多かれ少なかれ変化をもたらすものと考えられる。そこで改めて問われることは、「標準化と多様性」の問題かもしれない。

教育改革の要として学校を重視する傾向は、保護者や地域住民の信頼に応える学校の創出、すなわち、住民による教育の自治という新しい実践によっても強化されている。二〇〇〇年四月に導入された学校評議員制度は、地域住民が学校運営に参画する仕組みを制度的に保障した端緒といえる。学校運営にあたり、校長が学校の教育目標や計画、地域との連携の進め方などについて、保護者や地域住民の意見を聞き、彼・彼女らの理解や協力を得ながら、特色ある教育活動を実践することへの期待や共感が広く集まり、全国的に導入されることとなった。しかし、学校評議員制度では、住民の権限が不十分であるとして制度の見直しが求められた。そこで、二〇〇四年九月から保護者や地域住民が一定の権限と責任をもって学校運営に直接参画する、学校運営協議会の設置も可能になった（いわゆるコミュニティ・スクールの制度化）。

このように、近年、学校運営への住民参加に関する制度の充実が図られているが、それらは、学校現場や自治体独自の施策の積み重ねから法制化に至ることが多かった。百ます計算で知られる陰山英男の陰山メソッドの例にあるように、学力を強化する取り組みは学校の創意工夫から生まれ、それが全国的に波及することが間々あるが、教育行政に関する実践も自治体に端を発する事例が多く見られる。先の学校運営協議会制度もその一例にあたる。学校運営協議会の原型といえる地域学校協議会は、京都の御所南小学校で設置された。自治体主導の学校統合により開校した御所南小学校は、学力向上で全国的な注目を集め、文科省の指定を受けながら独自の改革を進めた。地域学校協議会の設置はその核にあたる独自改革で、のちに「京都方式」と呼ばれる制度の基礎を作り、全国の自治体の雛形となった。自治体の先進的な試みが他の自治体に波及し、それが中央にフィードバックされるという状況は、これに限らず、少人数学級編制の導入など広く確認される。

過去一〇年あまりの改革は、全国一律的な標準化された教育を、保護者や地域住民の多様なニーズに応えるものにもなることを部分的に要請した。また、これまで受動的にサービスを享受した保護者やとりたてて関心を払わなかった地域住民たちは、地域に根ざした学校づくりに向けた主体的な関与の必要性を感じるようになり、地域的な偏差はありながらも実践が試みられている。つまり、近年の改革は、「国民の教育権」説では実体化しなかった、住民が教育行政に関与し決定することを促し、かつ、それを可能にする制度を構築することで、徐々にではあるが、参加型の教育行政を機能させ始めている[20]。住民による教育の自治を予定する国民の教育権は、専門職による自治を想定した教権と異なる。このため、戦後の日本型教育システムは、政府間関係のみならず、住民自治の観点からも見直しが迫られる可能性が高い。

しかし、それはＧＨＱが描いたものにならないかもしれない。京都市のような先進的な自治体をのぞけば、参加の単位は学校にとどまっており、行政区域全般におよぶ事項にまで関心がおよぶかは定かでない。教育委員会の見直しが効率性の観点から語られこそすれ、住民参加を可能にする教育委員公選制の復活にまで議論がおよばないことをみれば、参加および責任の範囲は限られると推察される。しかし、教育行政における分権化の流れは、再集権化という圧力を時に引き起こしながらも、不可逆的であるように思われる。学校―市町村教育委員会―都道府県教育委員会―文部科学省という、従来とは逆のベクトルで、新しい責任の体系の構築が求められるのは、その証左といえよう。

総じてみれば、戦後の日本型教育システムは、根幹を維持しながらも、新自由主義の文脈から要請された、「教育の自由化」や「分権化」という課題と無関係にはいられず、それに即する改革が進められるにつれ、変容を遂げていることがわかる。戦後教育の限界と抜本的な改革を求める立場からすれば、旧来的なシステムの粘着性が緩慢な変化しかもたらさないと批判するかもしれない。この指摘は的を射ているように思えるが、他方で、戦後の教育システムが「日本型」であることが、システムの許容範囲を広め、問題に対処している点を見落としているのではなかろうか。本書が戦後の教育システムを「日本型」と表現したように、それは「教権」を基幹理念とする日本特有の諸制度からなっている。しかし、それは同時に、強制的圧力によりアメリカが求める「国民の教育権」を並存させたものであった。講和独立以降、「国民の教育権」という性質は後退したが、先に素描したように、新自由主義的改革の圧力が、システム内の潜在した機能を再発見し、強化、もしくは、修正するなどの働きかけを引き起こし、新たな事態への対応を生み出しつつあるとみることもできるだろう。もちろん、こうした指摘の妥当性を検証するためには、今後のさらなる実証研究の積み重ねが求められよう。しかしながら、システムの対応能力という問題については、これまであまり検討されてこなかったのは事実である。そのことが制度改革か堅持かという二分論をいたずらに助長し、問題の本質を捉えにくくしたのであれば、こうした議論状況そのものがもう一度、見直される必要があろう。

もちろん、筆者は現行のシステムを万能としているわけではない。教育を取り巻く政治経済社会環境の変化は、教育システムの変容を当然に迫る。新自由主義というマクロ・トレンドが教育においては、「平等と自由」、「標準化と多様化」、「公共性と私事性」、「系統性と分権化」などの対立をもたらしたことは、すでに述べた。しかし、それらは単に新旧の対立として色分けされるのではなく、同じ潮流内の矛盾や対立を並存させているのである。そのことが、教育改革の方向性を見えにくくするのであれば、現在の課題は、個々の政策のもつ可能性とそれがもたらすリスクを示した上で、どのような教育を行うかについて、合意を形成することにあるのではなかろうか。しかし、残念なことに、ポスト「ゆとり教育」を語る言説はいまのところ存在していないように思われる。限られた財源のなかで地域の創意工夫を活かした行政サービスの提供が求められる今日、誰が、どのように教育政策を担うのか、という課題を踏まえた新しい教育のガバナンスを構築しながら、それを正統化する言説の発見と共有が急がれよう。

（1）一九五〇年代の教育政策を「連続性」の側面から捉え直す必要は、小川正人、荻原克男、古野博明、羽田貴史、本多正人らによって指摘されており、実証研究による再検討が求められているが、教育学において、そうした見解は周辺におかれている。

（2）一九五三年一〇月に総理府国立世論調査所が行った「教育に関する世論調査」では、学校の教科教育について改善を希望する点として、「修身・礼儀・作法」が三四％、「地理・歴史」が一一％を占めている。この調査は、政策的な新教育への批判が激化していない時期になされており有用性の高いものといえる（稲垣、一九七五年、四五七―四六〇頁）。

（3）要綱案を作成した文部省が「憲法に規定する義務教育の機会均等と国家的保障とを確保するためには、義務教育諸学校の教職員の給与の全額を国庫で負担することにより、義務教育について国が積極的に責任を有することを明確にすると共に、これらの教職員の身分を国家公務員とすることによって勤務秩序を維持し、統一的な人事行政による身分の安定を図る必要がある」（市川・林、一九七二年、五六四頁）ことを提案理由にしたことからも、このことが確認される。

（4）地教行法を文部省対日教組という二項対立的な観点から論じることへの疑問は、古野（一九八一年）や本多編（二〇〇三年）によっても示されているが、実証研究は緒についたばかりである。

（5）朴澤は、文部大臣による是正改善措置要求の特例が自民党の決断により制度化された点を指摘している（朴澤、二〇〇三年、一〇六－一〇七頁）。

（6）当時、文部省の地方課長であった木田宏によれば、公選制廃止の主な理由は、公選の教育委員と知事・市町村長との間の政治的なせめぎ合い状況に起因する両部局間の確執にあったという。ここに保革対立という要素も加わることで、「政治的に中立であるべき教育委員会が政治的な確執の場」となり、「教育委員の選挙で、政治選挙のトレーニングが行われた」ことも廃止を促した理由であるという（小川、二〇〇〇年、二五頁、木田、一九八七年、一一六頁）。

（7）同時期に用意されたと思われる「公選によらざる教育委員会を存置する理由」に「直接公選による場合には自然選挙民に多数の無理な約束をする弊を生じ、町村費の濫用に傾く。殊に二本立て予算の制度が之を助長する。何れにするも今日国費並びに公費多端の際であるから総ての制度は簡素合理化する事は勿論である」とされたのは、その証左といえよう（貝塚、二〇〇三年、一七九－一八〇頁）。

（8）「地方教育行政の組織及び運営に関する法律案の概要」（文部広報、一九五六年三月三日）。

（9）実はこの問題について、「国民の教育権」説を理論的に支えた兼子仁は、教育委員会は任命制に移行した後も、「一般行政権にたいして職権の独立を持つ行政委員会として、地方自治の主軸をなす公選の首長にたいして地方教育行政の政治的中立化を図るとともに、地域的教育自治の公的センターとして地域教育行政の文化的独立性を担保するという使命を担っている」ことは変わらないとして、「教育の文化的地域自治」の原理から理解する必要もあることを強調している（兼子、一九七八年、三四九－三五〇頁）。つまり、彼は、中立性の確保という問題と選任方法は別の問題であることを指摘しているのである。

(10) 教育委員会法は、教育の専門性を保障するために資格制を採用したが、一九五四年の地教行法により免許制が廃止されて以降、専門性に関する要件は次々に緩和・廃止された。市川は、一連の法改正は「専門性を理由とする教育行政独立論を根拠薄弱なものにしている」と指摘している(市川昭、二〇〇〇年、一一〇頁)。

(11) 教育委員会制度は、委員の着任時期をずらすことで政権交代による地方教育行政の急激な変化を緩和し、安定性や継続性を確保するとされる。しかし、蜷川革新府政下の京都で委員が順次すげ替えられたように、「現行制度でも首長主導で教育行政の政治化を促すことは不可能ではない」(伊藤、二〇〇五年、一一八頁)。同様のことは、片山善博鳥取県知事(当時)によっても指摘されているが、教育委員会を扱った研究で首長が教育長や教育委員の人事に与える影響を検討しているものは管見の限り見当たらない。早急な実証研究が俟たれる。

(12) 高校や大学の量的拡充政策が採用される以前には、抜本的な学制改革も試みられていたが、社会的な需要と合致しなかったため、頓挫した(徳久、二〇〇七年)。

(13) 規制改革委員会は、一九九九年四月に発足し、設置期間終了後は、総合規制改革会議(二〇〇一年四月～二〇〇四年三月)、規制改革・民間開放推進会議(二〇〇四年四月～二〇〇六年一月)、規制改革会議(二〇〇七年一月～)と組織を改編しながらも規制改革の推進を担っている。

(14) 滝川市立江部乙小学校に通っていた小学六年生の女児がいじめを苦にして自殺した事件に対し、滝川市教育委員会がいじめの実態を隠蔽しようとしたことが二〇〇六年一〇月に明るみに出たことや一一月に文部科学大臣宛にいじめ自殺を予告する手紙が送られるなど、いじめが社会問題として深刻に受け止められるようになった。とりわけ、教育現場や教育委員会のいじめ問題に対する消極的な姿勢は批判を浴び、文科省に対応を迫る声が強まった。また、二〇〇六年一〇月に富山県の県立高校で必履修科目の未履修問題が発覚して以降、全国の学校で同様の問題が次々と明らかにされた。

(15) 義務教育における文科省の役割が再度強調されるようになった背景には、いじめ問題のほかに学力低下問題も強く作用したように思われる。

(16) 新自由主義が戦後教育を変質させたことは、複数指摘されている。たとえば、教育委員会制度の改革モデルを示した伊藤正次は、規制緩和や分権化という政策潮流を踏まえて、「教育委員会制度活性化モデル」「地域総合行政モデル」「市場・選択モデル」という三つにガバナンスモデルを整理している（伊藤、二〇〇二年、四九―五二頁）。また、近年の教育改革を「教育におけるミニマムとマキシマムの乖離」に着目して論じる金井利之は、「介入的教育行政」「規制緩和」「教育の地域化」という三つの新しい傾向が、教育行政のあり方を変質させたことを指摘している（金井、二〇〇五年）。

(17)　岡田沙織が二〇〇二年に全国の市長に対して行った調査（回収率五七・二％）によれば、五五・四％が教育委員会の「現状のまま存続」を支持しており、市長の諮問機関化は五・九％に止まっている（小川、二〇〇四年）。くわえて、二〇〇四年に中教審の地方制度分科会地方教育行政部会に提出されたアンケート（実施は同年七月、提出は九月）をみても「現行の教委制度を変更せず維持する」が三三・四％、「教委制度を維持するが必要な制度改善を図る」が五二・〇％あったのに対し、「現行の教委制度を廃止し、その事務を市町村長が行う」は一三・六％であった。調査対象や項目に違いがあるため比較はできないが、分権改革の進捗とともに首長の意識に変化が現れたと推察することも可能であり、今後、継続的な調査が俟たれる。なお、二〇〇四年に実施した調査については、教育委員会制度調査研究会『教育委員会制度および県費負担教職員制度の運用実態に関する調査』（二〇〇四年一一月）や村上祐介「教育委員会制度改革に対する自治体首長の意識と評価」（『教育行政学研究室紀要』第二四号　二〇〇五年）に詳しい。

(18)　二〇〇三年一月に全国市長会が集計したアンケート（「地方自治の将来像に関するアンケート調査結果」）によれば、現状維持は三五％で、改革意見は六一％であった。改革意見の内訳は廃止が二六％、任意選択が六七％であった。

(19)　近年、教育委員会の存廃が議論されるようになって来ているものの、必置規制の弾力化が教育の中立性に与える影響などについての研究が圧倒的に不足している。今後、シミュレーションを踏まえた研究が俟たれる。なお、先駆的な試みとしては、村上祐（二〇〇七年）が挙げられる。

(20)　堀内によれば、現在の分権改革は、「六〇年前の戦後改革時とは明らかに異なった社会的位相を基盤として」おり、「国民・市民の自律性による社会運営へと国民社会システムを転換していくことを指向するものである」という（堀内、二〇〇六年）。

あとがき

戦前の日本の政治体制について書かれた論文の評釈が学部のゼミで行われていた時に、「こうした理解は、筆者の原体験ゆえですよね」という私の考えなしの意見に、「先入観にとらわれないことは大事です。新しい発見があるかもしれませんからね」と笑って答えてくださった当時の指導教官、赤澤史朗先生の発言の真意を知るようになったのは、大学院に進学して、本書の原型となる修士論文を執筆する段階になってからのことだった。日本の教育政策を保革対立から説明することは妥当か、戦後日本の教育システムはどのようなものか。この二つの問いを自問し始めてから一〇年あまりの歳月をかけて、学部生の頃に出された宿題を解き続けてきたように思う。

本書は博士論文および同名の公表論文にもとづいているが、刊行にあたり全面的に書き改めた。一連の教育法規の改正が主たる理由であることはすでに述べた。新教育基本法までを含む日本の教育システムを通時的に検討するという課題は、筆者の力量にあまるものであり、本書に不十分な点が随所に残されていることは否めない。しかしながら、曲りなりにも一書の形にたどり着くことができたのは、今日までに惜しみなく与えて下さった、多くの方々のお力添えの賜であることを痛感している。この場を借りて感謝申し上げたい。

筆者にとっての僥倖は、研究生活を大阪市立大学大学院法学研究科で始められたことにある。とりわけ、加茂利男先生にご指導いただいたことは、決定的な意味をもった。研究者としては、かなり跳ね返りの筆者の議論を面白がって下さる度量の広さは、先生の造詣の深さと学問に対する尽きることのない好奇心によるものであり、政治学にはさまざまな可能性があること、型にとらわれず思考しながらも、論理的な説明を行うことの大切さをお教えいただいた。心より御礼申し上げたい。

阿部昌樹先生からは、マクロ・マイクロ双方の視点をもって政治過程を分析することの重要性を学ばせていただいた。博士論文の草稿から現在に至るまで、阿部先生は筆者にとって最良の理解者の一人であり、かつ、どれほどご多忙であろうとも、最初の読者として、真摯な態度で辛口のコメントと的確な課題を与えてくださった。また、同先生には、加茂先生とともに筆者を木鐸社に紹介する労までおとりいただいた。心より感謝申し上げたい。修士課程の指導教官であった中北浩爾先生には、一次資料を読み解く重要性をご教授いただいた。野田昌吾先生からは、歴史社会学の可能性を、大西裕先生、北村亘先生からは研究における理論の重要性をお教えいただき、筆者の議論を地に足の着いたものにしてくださった。学問の楽しさや研究者としての姿勢を、政治学のみならず法律学の先生方からも学ばせていただいたこと、諸先輩や友人、職員の方々にも恵まれ、願ってもない研究環境のなかで育つことができたのは、幸いであった。

博士論文の執筆を終えてから参加させていただいている関西行政学研究会でも多くの先生方から洞察に富む意見や研究上の刺激を受けている。待鳥聡史先生には、拙い草稿に目を通していただき、筆者の説明が不十分にとどまっていた事項について丁寧なご教示を下さった。教育行政学を専攻されている、青木栄一氏、村上佑介氏、公共政策論を専攻されている秋吉貴雄氏からは、専門的な見地からの適切なコメントを頂戴した。栗本裕見氏には、最終段階で草稿全体についての詳細なコメントをいただいた。彼女は大学院生時代からの友人であり、修士論文のテーマ設定の段階から本研究に付き合ってくださった最初の読者でもある。彼女がいなければ、この研究が一つの形になったかどうかさえわからない。また、彼女とともに、私の研究に関心を寄せ、理解を示してくださった上田道明氏、宇羽野明子氏、藤井禎介氏にも心より感謝申し上げたい。校正では、荒井英治郎氏、児玉英靖氏、高松淳也氏にも手伝っていただいた。

刊行にあたっては、坂口節子氏に心より感謝申し上げたい。出版事情が厳しい中にもかかわらず、本書の公刊を快諾のうえ、ともすると迷い立ち止まってしまう筆者を叱咤激励してくださった。最初にお会いした時に頂戴したおことばに応えられる研究者になることが、これからの課題である。

このほかにも、本書の執筆とそれに至る研究の過程で非常に多くの方々からご助力を頂戴した。すべてお名前を挙げられないことをお許しいただきたい。諸氏に改めて感謝申し上げたい。あまたの学恩に応えることは容易でないが、今後一層の研究に励むことで報いていきたい。

最後に私事にわたるが家族に感謝したい。両親と姉一家の愛情なくして、筆者の研究生活は成り立ちえなかった。研究を始めると寝食を忘れてしまう筆者に、姉・雅子は、姪・菜々を口実に筆者を気分転換に連れ出し、心配りをしてくれた。父・晄二からはものごとを最後まで妥協せずにやり遂げることの大切さを学んだ。人と同じである必要はない、自分がどうしたいかを考えなさいということばは、これからの研究生活を支え続けるだろう。母・秀子はつねに心の支えであった。人の痛みを自分のことのように感じる彼女にとって、筆者の葛藤を笑顔で見守ることは容易でなかったと思う。しかし、親が一番の応援団にならなければどうするの、と言ってあらゆる支援を惜しまなかった。両親への感謝の念を言い表すことはとうていできない。

二人の娘であることを誇りに思いつつ、本書を父・晄二と母・秀子に捧げる。

二〇〇八年四月三〇日

徳久　恭子

〔シリーズ21世紀初頭・日本人の選挙行動〕全3巻完結

小林良彰

制度改革以降の日本型民主主義

55年体制における民主主義の機能不全は、選挙制度改革以降も解消されていない。本書はその原因を解明する。公約提示及び政策争点と有権者の投票行動の間の関連、制度改革の前後の比較により、期待される変化が生じたか否かを検証し、具体的に政策提言する。

Ａ５判336頁税込三一五〇円

平野　浩〔シリーズ21世紀初頭・日本人の選挙行動〕〔既刊〕

変容する日本の社会と投票行動

日本の有権者が、なぜ、どのような投票行動をとっているかを知ることは、日本の政治がなぜ、どのようにして現在の形となっているかを知り、同時に個々の有権者に「政治」とは何かについての洞察をもたらす。右の問題意識から21世紀初頭の有権者の投票行動をミクロ・マクロの両面から切り込む。

Ａ５判204頁税込三一五〇円

池田謙一〔シリーズ21世紀初頭・日本人の選挙行動〕〔既刊〕

政治のリアリティと社会心理

平成小泉政治のダイナミックス

ＪＥＳⅢパネル調査は、21世紀初頭小泉政権期をほぼカヴァーし、76年JABISS調査から数えて30年の歴史、継続性を有し、国際比較の標準調査項目とも一致するよう工夫している。本シリーズは、これらの普遍性・歴史性を踏まえ、ＪＥＳⅢ＝小泉政権の固有性を明確にし、更に視野を拡げ、投票行動の背景をなす日本人の価値観の変容と連続性を様々な手法を用いて検証する。

Ａ５判330頁税込四二〇〇円

〔現代世界の市民社会・利益団体研究叢書別巻〕

ロバート・ペッカネン著　佐々田博教訳

日本における市民社会の二重構造

政策提言なきメンバー達

本書は日本における二重構造を持つ市民社会は、政府が作り出す政治構造、法制度に起因し、社会関係資本の創出と共同体の形成を通じて民主主義を支えるが、公共領域のあり方や政策決定に影響を与えることのない「政策提言なきメンバー達」から成り立っていることを論証。

Ａ５判272頁税込三一五〇円

〔既刊〕

辻中　豊

現代日本の市民社会・利益団体

Ａ５判370頁税込四二〇〇円

辻中　豊
廉　載鎬

現代韓国の市民社会・利益団体

Ａ５判490頁税込六三〇〇円

蔵　研也

無政府社会と法の進化

アナルコキャピタリズムの是非

本書は、無政府社会の可能性とその秩序を生物学におけるＥＳＳ（進化安定戦略）として大胆に構想してみせる。また著者は議論を開かれたものにし、本書を手掛りに無政府社会への賛否や更なる疑問に導かれるよう読者を誘う。

Ａ５判232頁税込三一五〇円

著者略歴

徳久　恭子（とくひさ　きょうこ）

1973年　千葉県に生まれる

1996年　立命館大学法学部卒業

2003年　大阪市立大学大学院法学研究科修了

大阪市立大学都市研究プラザ博士研究員などを経て

現在，立命館大学法学部准教授　博士（法学）

著作

「アメリカン・デモクラシーの逆説」『年報政治学』（2005年）

「教育政策におけるマクロ・トレンドの変化とその帰結」『政策科学』（2006年）など

日本型教育システムの誕生

The Establishment of a Post-War Education System in Japan

2008年 6 月20日　第 1 版第 1 刷印刷発行 ©

著者との了解により検印省略

著　者　徳　久　恭　子

発行者　坂　口　節　子

発行所　㈲　木　鐸　社

印　刷　㈱アテネ社　　製　本　高地製本所

〒112-0002　東京都文京区小石川 5 -11-15-302

電話（03）3814-4195　　ファクス（03）3814-4196

振替 東京00100- 5 -126746　http://www.bokutakusha.com/

乱丁・落丁本はお取替え致します

ISBN978-4-8332-2403-1 C3031

索　引

サ行

タ行

ナ行

人　名

カ行

サ行

タ行

ナ行

ハ行

マ行

ヤ行

ラ行

ワ行

The Establishment of a Post-War Educational System in Japan

Kyoko TOKUHISA

Using the framework of the 'idea approach', this book discusses the decision-making processes that were involved in the establishment of a post-war educational system in Japan. The institutional design of the post-war Japanese education system needed to coordinate ideas from a variety of different sources. The experiences of the Japanese in the World War II meant 'peace' and 'democracy' were important principles in post-war Japanese education. These principles, however, created political conflicts stemming from the ideological differences between conservatives, who stressed 'tradition and patriotism,' and socialists, who were pro-Constitution and peace, particularly regarding the remilitarisation of Japan. As a result, post-war Japanese educational policies are generally considered to have been the result of these ideological conflicts between conservatives and socialists. This book, however, argues that the educational policies at this time were developed in line with to a different political agenda.

Establishing widespread acceptance and practice of democratic ideas and the development of human resources to help rebuild the economy were the main goals of post-war education in Japan. The Japanese government was in grave financial difficulty and did not have the budget to enhance primary and secondary education with the construction of new schools and the recruitment of new teachers. The social demand for education persuaded the government to set national standards for compulsory education. These standards were welcomed by both conservatives and socialists.

Post-industrialisation and globalisation, however, brought these policies into question and fuelled political demands for new ideas in educational policy. Neoliberalism played a crucial role in this discussion and argued that the government should introduce freedom and diversification into its education policy. In contrast, many people strongly insisted on keeping the national standard, feeling that the neoliberal approach may constrain equality and justice in a compulsory education system and widen disparity amongst children. The change in economic circumstances demanded some reforms in the educational system, but discussions about these reforms transformed the ideological conflict between conservatives and socialists into the conflict between neoliberals and those wishing to maintain the national standard. This book argues that current discussions on post-war education in Japan are based on normative arguments that idealize the educa-

tion system, rather than constructive arguments that strive to find the reasons for the current dysfunctions in Japan's educational institutions so that resolutions can be found.

The task of this book is to review the educational reforms in the occupation era which established the foundations of post-war education in Japan. This book investigates the policy-making process for each law and regulation and aims to establish how the idea of institutionalising these laws and regulations came about as a result of this reform. It also attempts to examine the problems in Japan's education system that need to adapt to the fundamental changes in Japanese politics, economy and society.

The Introduction section conducts a comparative analysis between the Fundamental Law of Education of 1947, known as 'the education constitution', and the new Fundamental Law of Education of 2006, which radically amended the old Law. This section argues that the new Law strengthens the 'kyoken', the basis of the old Law, and guarantees the 'educational rights of the people,' which was not a tenet of the old Law. Some may argue that the old Law did support the 'educational rights of the people'. It is argued, however, that this critic is misunderstanding the old Law based on the widespread misjudgement of the nature of post-war education in Japan.

This book defines educational rights as the rights concerning the provision of education. Educational rights can be categorised into three subjects, the 'educational rights of the nation', the 'educational rights of teachers', and the 'educational rights of the people'. The United States government, which was the conductor of the occupation reforms, expected the Japanese government to establish an educational system which guaranteed the 'educational rights of the people', because the Japanese society traditionally educated within the community before the establishment of state education. The Japanese government, however, preferred another educational system. Japanese intellectuals understood the Western values, such as liberalism and democracy, and were regarded as leaders of post-war reforms by the SWNCC and the GHQ. These intellectuals set the image of post-war Japan as a 'cultural state' and insisted that the establishment of 'kyoken' was the key to the realisation of this national image.

These intellectuals stressed *'kyoken'* as more important than the 'educational rights of the people.' They believed that teachers who comprehended the truth should teach their students to establish a 'cultural state' based on truth, goodness, and beauty. *'Kyoken'*, however, was not necessarily a synonym for the 'educational rights of teachers.' 'Kyoken' was the educational rights of only those teachers who comprehended the truth, goodness, and beauty to educate students in these principles, not the rights to pursue personal interests as a worker in the education industry. Furthermore, *'kyoken'* unconditionally guaranteed independence from politics and bureaucrats. In the pre-war

era, the freedom of thought, creed, and academic subject matter were restricted and the Ministry of Home Affairs controlled the educational policies of local governments. As a result, the establishment of 'cultural state' had not come about and Japanese society had been conducted by militarism. Intellectuals learned a lesson from this and stressed the independence of teachers.

These ideas, '*kyoken*' and 'cultural state', were mentioned during the Taisho Democracy in the 1910s and 1920s and provided two points for consideration in educational reforms during the occupation era. Firstly, these ideas provided an opportunity for consensus amongst Japanese policy -makers. Secondly, the difference of ideas between the Japanese and the United States caused confrontation.

Defining the first half of the educational reforms era as democratic and the second half as reactionary, research on education reforms in the occupation era have generally pointed out the discontinuance of reforms. This stresses the ideological conflict between the socialists, who supported early occupation reforms and conservatives, who intended to turn the trend of the reforms. It should be pointed out, however, that this argument neglects the existence of conflict between Japan and the United States at that time. Investigating the detailed process of the enactment of the old Law and the establishment of the education board system, both of which were introduced in the second half of the occupation reforms, this book argues that the conflicts were between Japan and the United States, rather than between left and right. The United States wanted to establish the 'educational rights of people'. In contrast, the goal of the Japanese government was the establishment of the '*kyoken*'. These differences were the major disagreement affecting the post-war Japanese educational system.

This book defines this post-war educational system as 'Japanese style'. The system was a result of cooperation between policy-makers of the Japanese government and the United States, although they did not necessary share same ideas about education. Through the barging process with the GHQ who supported the idea of the 'educational rights of the people', the Japanese policy-makers modified the institutions proposed by the GHQ and established the 'Japanese style' educational institutions which were appropriate '*kyoken*'. They finally succeeded in institutionalising the educational system based on their idea, '*kyoken*'. This book argues that the Japanese educational bureaucrats and intellectuals had a strong aptitude for education policy, which enabled them to achieve their goal.

At the same time, this book looks at the behaviour of those involved in this policy process. Although the CIE of the GHQ sometimes unilaterally demanded amendments of the policy of the Ministry of Education, the GHQ/SCAP also stressed the importance

of the autonomous will of the Japanese government for the occupation reforms. The Japanese Diet sometimes amended bills. The education committee for the Diet was the resource used by the Japanese policy makers to achieve their goal. The majority of committee members were in favour of the ideas of 'cultural state' and 'kyoken' and accommodated their differences across party lines. The committee members prioritised the institutionalisation of shared ideas and resolved the ideological division between left and right.

The Diet, however, amended bills under the consensus with the GHQ. The Japanese government was not satisfied with these amendments and prepared further amendments after the occupation era. Institutional amendments in the 1950's should have been considered from a pragmatic point of view, but usually came from ideological points of view, such as 'reaction from the right'. Socialists, including academics, were concerned about the patriotic educational movement led by the conservatives. Socialists conducted the movement for the 'educational rights of people.' This was different from the United States government's proposition however. Yoichi Higuchi, a constitutional scholar, argues that the 'educational rights of the people' in Japan included the rights of parents and teachers as alternate functions of the government, thus staying away from the post-war Japanese educational ideas. He also argues that this right strengthened the Japanese educational system. In post-war Japanese politics, educational policy and security policy were the sources of not only political, but also fierce ideological conflict. The idea of '*kyoken*', however, was supported by both the left and the right and stabilised the post-war educational system in Japan.

However, this stabilised system faced demands for change because the 'educational rights of the people' had taken on the original meaning. Conflicts between supporters of the post-war educational system and advocates of neoliberal reforms were concerned about these educational rights. The government moved to fundamental reforms of the educational system. Discussions of educational reform, however, have not paid much attention to this situation. This is partly because pedagogy was itself involved in the conflict between left and right.

Furthermore, this book insists that methodology in Japanese political science did not develop in analysing the area of educational policy, because educational policy included ideological conflicts and pedagogy did not have a dialogue with other disciplines. As a result, education research has only compiled primary resources and made normative arguments. To overcome these circumstances, this book argues about educational policies in the occupation era from the point of view of institutional designs or changes, not from particularities of education policy.

For this purpose, this book looks to new institutionalism and the 'idea approach' and establishes theoretical frameworks to explain these institutional designs and changes. Because of the difficulty in specifying the variable, the role of ideology in institutional change has not formerly been well explained. This framework has explained a few cases but the present author contributes to expanding the applicable policy area. This book focuses not only on ideology, but also comparative analysis between Japan and the United States. Comparative analysis will show the normative aspects that restrict or promote institutional change.

Although cultural anthropology and sociology stress that an idea affects values, norms and the cognitive ability of those involved, political scientists undervalue it because of its low feasibility. Some political scientists, however, insist on 'bringing ideas back in', as in recent years it has been understood that reform of the welfare state is difficult without the dominant paradigm shift. For this reason, discursive institutionalism is well established in the area of welfare state research. Explaining the role of ideas without falling into cultural reductionism meets the theoretical and practical demands.

How does this theoretical framework explain the educational reforms of the occupation era? The second chapter reviews the Japanese and the United States governments' cognitions about 'democracy', which was the goal of the occupation reform. This comparative analysis shows the differences between them and explains the original reform plans of Japanese policy-makers. Institutional settings introduced as a result of the occupation reform had their origin in the 'Taisho democracy' of the 1910s and 1920s. Path dependency of institutions affected the post-war Japanese educational ideas and institutions, which were not the same as the proposals from the United States.

The third chapter analyses the conflict between the CIE, who supported the 'educational rights of people,' and the Education Ministry who supported '*kyoken*'. The main task of this chapter is to explain the core idea of the Fundamental Law of Education which stands at the top of hierarchy within the Japanese educational system.

The fourth chapter investigates the policy preferences and ideological positions of Japanese policy-makers consensus. Although it is argued that '*kyoken*' resolved an ideological conflict between left and right, this does not mean that there were no conflicts between them. The image of an ideal teacher was also a source of ideological conflict. This conflict was made apparent during discussions about establishing a status guarantee system for teachers. This conflict was arbitrated by the moderate right and left parties, such as Ryokuhu-kai, the Democratic Party, and right-wingers in the Socialist Party of Japan. This arbitration resulted in maintenance of the cross-party consensus.

The fifth chapter investigates the legislation process of two bills; the Education

Board Bill and the Civil Servants in Education Bill. The former was for amendment of the education board system introduced by the GHQ. The latter was for the establishment of a status guarantee system for teachers. Educational policy, which had autonomy from other policy areas, was forced to connect with them, because implementation of these policies demanded a huge budget over a long period. This chapter describes political conflict amongst three agencies; the Agency for Local Government, the Ministry of Finance, and the Ministry of Education.

The sixth chapter conducts a comparative analysis of these two legislation processes. The Ministry of Education was politically inferior to the other two agencies in this process. To improve this situation, the Ministry of Education needed to forge a dominant coalition or to show the focal point to other agencies. The Ministry of Education succeeded in this with the Civil Servants in Education Bill but not with the Education Board Bill.

The final chapter concludes this book by showing the relevance of the 'idea approach' to explaining the education reform during the occupation era and discusses remaining issues in the reform and their influence on the post-war educational policies of Japan. Finally, there is a discussion of the implications of the Japanese post-war education system for the current education system and the possibilities for its change.

引用文献

【邦文文献】

相澤英之（1960）『教育費―その諸問題』大蔵財務協会。

青木栄一（2004）『教育行政の政府間関係』多賀出版。

――（2005）「地方分権改革と政府間関係の変化―少人数学級導入の要因分析」『年報行政研究』第40号。

――（2007）「領域間政治の時代の教育行政学のアイデンティティ」『日本教育行政学会年報』第33号。

青木昌彦（2001）『比較制度分析に向けて』瀧澤弘和・谷口和弘訳，NTT出版。

秋月謙吾（1992）「利益・制度・イデオロギー」『法学論叢』第131巻２号。

秋吉貴雄（2004）「政策移転の政治過程―アイディアの受容と変容」『公共政策研究』４号。

――（2007a）『公共政策の変容と政策科学―日米航空輸送産業における２つの規制改革』有斐閣。

――（2007b）「政策移転の分析枠組みの構築に向けて」『熊本大学社会文化研究』５号。

天野貞祐（1952）『教育論』河出書房。

アメリカ保健教育福祉省教育局編（1956年）『アメリカの教育』海後宗臣・河野重男共訳，時事通信社。

安倍能成（1959）『戦後の自叙伝』新潮社。

石田雄（1954）『明治政治思想史研究』未來社。

――（1989a）『日本の政治と言葉（上）―「自由」と「福祉」』東京大学出版会。

――（1989b）『日本の政治と言葉（下）―「平和」と「国家」』東京大学出版会。

五百旗頭真（1990a）「占領改革の三類型」『レヴァイアサン』第６号。

――（1990b）「占領―日米が再び出会った」山崎正和・高坂正堯監修『日米の昭和』TBSブリタニカ。

五十嵐顕・伊ヶ崎暁生編（1970）『戦後教育の歴史』青木書店。

市川昭午（2000）「分権改革と教育委員会制度」（西尾勝・小川正人編著『分権改革と教育行政』ぎょうせい）。

――（2002）「教育基本法の評価の変遷」杉原誠四郎『教育基本法〔増補版〕』文化書房博文社（初出『季刊教職課程』1975年秋季号）。

市川昭午・林健久（1972）『教育財政』東京大学出版会。

市川喜崇（1991－1993）「昭和前期の府県行政と府県制度（一）～（四・完）」『早稲田政治公法研究』第37，39，40，41号。

伊藤正次（2002）「教育委員会」松下圭一・西尾勝・新藤宗幸編『機構』岩波書店。

――（2003）『日本型行政委員会制度の形成―組織と制度の行政史』東京大学出版会。

―― (2005)「教育改革の動向と自治体教育行政改革の課題」『地方自治職員研修』第38巻4号。
―― (2006)「教育委員会制度改革の構想と設計―教育委員会必置制の廃止に向けて―」『月刊自治フォーラム』562号。
稲垣忠彦 (1975)「新教育に対する国民の意識」海後宗臣編『教育改革』東京大学出版会。
井野川潔・川合章編 (1960)『明治・大正期の教育運動』三一書房。
井深雄二 (2004)『近代日本教育費政策史―義務教育費国庫負担制策の展開』勁草書房。
宇佐美香代(1997)「大正期学習権思想の今日的意義―下中弥三郎の教育論を中心に」『奈良女子大学文学部研究年報』第41号。
内田健三 (1990)「初期参議院の形成と役割」内田健三・金原左門・古屋哲夫編『日本議会史録4』第一法規出版。
内野正幸 (1994)『教育の権利と自由』有斐閣。
内山融 (1998)『現代日本の国家と市場―石油危機以降の市場の脱「公的領域」化』東京大学出版会。
――(2005)「政策アイディアの伝播と制度―行政組織改革の日英比較を題材として」『公共政策研究』第5号。
オア，マーク・T (1993)『占領下日本の教育改革政策』土持ゲーリー法一訳，玉川大学出版部。
大田堯編 (1978)『戦後日本教育史』岩波書店。
大嶽秀夫 (1986)『アデナウアーと吉田茂』中央公論社。
―― (1988)『再軍備とナショナリズム』中央公論社。
―― (1990)『政策過程』東京大学出版会。
―― (1994)『自由主義的改革の時代―1980年代前期の日本政治』中央公論社。
大橋基博 (1991)「戦後教育改革研究の動向と課題」『日本教育史研究』第10号。
大森彌 (1998)「くらしづくりと分権改革」西尾勝編著『地方分権と地方自治』ぎょうせい。
大山礼子 (1997)『国会学入門』三省堂。
小川正人 (1990)『戦後日本教育財政制度の研究』九州大学出版会。
―― (2000)「教育行政改革の経緯と課題」(西尾勝・小川正人編著『分権改革と教育行政』ぎょうせい)。
―― (2004)「教育への市民参加と自治体教育行政改革」苅谷剛彦ほか編『創造的コミュニティのデザイン―教育と文化の公共空間』有斐閣。
荻原克男 (1996)『戦後日本の教育行政構造―その形成過程』勁草書房。
尾崎ムゲン (1984)「臨時教育会議と社会的教育要求」『講座日本教育史　近代Ⅱ／Ⅲ』第一法規。

――（1999）『日本の教育改革―産業化社会を育てた130年』中央公論新社。

小野耕二（2001）『比較政治』東京大学出版会。

海後宗臣編（1975）『教育改革』東京大学出版会。

貝塚茂樹（2003）「地教行法制定過程における『任命制』議論の再検討」本多正人編著（2003）。

筧田知義（1984）「概略」『講座日本教育史　近代Ⅱ／Ⅲ』第一法規。

勝岡寛次（1999）「トレーナーの思想と戦後教育改革」『戦後教育の総合評価』刊行委員会編『戦後教育の総合評価―戦後教育改革の実像―』国書刊行会。

加藤淳子（1994）「新制度論をめぐる論点」『レヴァイアサン』第15号。

嘉納英明（1992－1993）「戦後教育改革における教員身分保障制度成立に関する研究（Ⅱ）（Ⅲ）」『琉球大学教育学部紀要』第42集，第44集。

金井利之（2003）「公立小中学校教員給与の算定方式（１）～（４）」『自治総研』第29巻８－11号。

――（2005）「教育におけるミニマム」『年報自治体学』第18号。

――（2007）『自治制度』東京大学出版会。

兼子仁（1971）『国民の教育権』岩波書店。

――（1978）『教育法（新版）』有斐閣。

兼子仁編（1978）『教育権と教育行政』学陽書房。

金子孫市（1955）『日本教育運動史』光風出版。

神谷美恵子（1980）『遍歴』みすず書房。

苅谷剛彦（1995）『大衆教育社会のゆくえ―学歴主義と平等神話の戦後史』中央公論新社。

――（2001）『階層化日本と教育危機―不平等再生産から意欲格差社会へ』有信堂高文社。

――（2004）「創造的コミュニティと責任主体」苅谷剛彦ほか編『創造的コミュニティのデザイン―教育と文化の公共空間』有斐閣。

川人貞史（1999）「一九五〇年台議員立法と国会法改正」『法学（東北大学）』第63巻４号。

ギアーツ，クリフォード（1987）『文化の解釈学Ⅰ・Ⅱ』吉田禎吾訳，岩波書店。

ギアツ，クリフォード（1990）『ヌガラ― 19世紀バリの劇場国家』小泉潤二訳，みすず書房。

ギアーツ，クリフォード（1991）『ローカル・ノレッジ』梶原景昭他訳，岩波書店。

岸昌編（1968）『戦後自治史Ⅹ　六・三制および教育委員会制度の発足と改革』自治大学校。

木田宏監修（1987）『証言　戦後の文教政策』第一法規出版。

北村亘（2006）「三位一体改革による中央地方関係の変容―３すくみの対立，２段階の進展，１つの帰結」東京大学社会科学研究所編『「失われた10年」を超えて

Ⅱ―小泉改革への時代』東京大学出版会。

木寺元（2005）「地方制度改革と専門家の参加」『日本政治研究』 2巻2号。

木下竹次（1923）『学習原論』目黒書店。

――（1927）『学習諸問題の解決』東洋図書。

教育法令研究会（1947）『教育基本法の解説』国立書院。

教育法令研究会編（1951）『改正教育公務員特例法逐條解説』学陽書房。

久保文明（1997）『現代アメリカ政治と公共利益―環境保護をめぐる政治過程』東京大学出版会。

久保冨三夫（2005）『戦後日本教員研修制度成立過程の研究』風間書房。

久保義三（1984）『対日占領政策と戦後教育改革』三省堂。

――（1994）「占領と教育改革」中村政則編『占領と戦後改革』吉川弘文館。

久米郁男（2000）「雇用政策の展開と変容―アイディア，利益，制度」水口憲人・北原鉄也・久米郁男編著『変化をどう説明するか―政治編』木鐸社。

グリーン，アンディ（2000）『教育・グローバリゼーション・国民国家』大田直子訳，東京都立大学出版会。

黒崎勲（1999）『教育行政学』岩波書店。

桑原英明（1994）「自治体の文化政策と自律性―政令市を中心として」『レヴァイアサン』15号。

劔木亨弘（1977）『戦後文教風雲録―続牛の歩み』小学館。

河野勝（2002a）「新しい比較政治への序奏」河野勝・岩崎正洋編『アクセス・比較政治学』日本経済評論社。

――（2002b）『制度』東京大学出版会。

コーエン，セオドア（1983a）『日本占領革命　GHQからの証言（上）』大前正臣訳，TBSブリタニカ。

――（1983b）『日本占領革命　GHQからの証言（下）』大前正臣訳，TBSブリタニカ。

小島弘道（1996）「戦後教育と教育経営」『日本教育経営学会紀要』第38号。

古野博明（1981）「任命制教育委員会の歴史」日本教育法学会編『教育の地方自治』エイデル研究所。

――（1986）「教育刷新委員会の発足と教育基本法の立案開始―昭和二一年八月末～九月の教育立法過程概況」『北海道教育大学紀要』第36巻2号。

――（1987）「田中文相主導下「教育基本法制」構想の形成―昭和二一（一九四六）年九月～一一月初旬の教育改革立法過程概況　その一・二」『北海道教育大学紀要』第37巻1・2号）。

――（2006）「戦後教育法制の構想」国立教育政策研究所『戦後教育法制の形成過程に関する実証的調査研究　最終報告書』。

近藤康史（2001）『左派の挑戦―理論的刷新からニュー・レイバーへ』木鐸社。

――（2006）「『第三の道』以後の社会民主主義と福祉国家―英独の福祉国家改革から」宮本太郎編『比較福祉政治―制度転換のアクターと戦略』早稲田大学出版部。

――（2007）「比較政治学における『アイディアの政治』―政治変化と構成主義」『年報政治学』2006年Ⅱ号。

坂本忠芳（1982）『教育の人民的発想』青木書店。

佐藤修司（2007）『教育基本法の理念と課題―戦後教育改革と内外事項区分論』学文社。

佐藤秀夫（1987）「近代日本における政治と教育」柴田義松・竹内常一・為本六花治編『教育学を学ぶ―発達と教育の人間科学［新版］』有斐閣。

沢田文明（1966）『日教組の歴史―風雪の日々に（上）』合同出版。

沢登哲一（1946）「米国教育使節団を迎へて」『文部時報』827号。

下中弥三郎（1920）『教育再建』啓明会。

――（1924）「啓明会創立六周年に思う」『文化運動』大正一三年九月号。

新藤宗幸（2002）「教育行政と地方分権化―改革のための論点整理」東京市政調査会編『分権改革の新展開に向けて』日本評論社。

杉原誠四郎（1999）「戦後教育改革と教育基本法」『戦後教育の総合評価』刊行委員会編『戦後教育の総合評価―戦後教育改革の実像―』国書刊行会。

――（2002）『教育基本法―その制定過程と解釈〔増補版〕』文化書房博文社。

――（2003）『教育基本法の成立―「人格の完成」をめぐって〔新訂版〕』文化書房博文社。

鈴木英一（1970）『教育行政』東京大学出版会。

――（1975）「教育委員会制度の成立」海後宗臣編『教育改革』東京大学出版会。

――（1979）『現代日本の教育法』勁草書房。

――（1980）「地方教育行政の制度改革論争」久木幸男・鈴木英一・今野喜清編『日本教育論争史録　第三巻』第一法規出版。

――（1981）「教育委員会制度の意義―公選制の歴史に即して」日本教育法学会編『教育の地方自治』総合労働研究所。

――（1983）『日本占領と教育改革』勁草書房。

瀬戸山孝一（1955）『文教と財政』財務出版。

宗前清貞（2005）「政策過程における専門情報の強度―公立病院改革を題材に」『政策科学・国際関係論集』第７号。

高木浩子（2004）「義務教育費国庫負担制度の歴史と見直しの動き」『レファレンス』No.641。

高野良一（1999）「教育自治論の展開と課題―歴史と今日の課題」高橋智・渡部昭男編集『特別なニーズ教育と学校改革』三友社出版。

高橋史朗（1995）『検証　戦後教育　日本人も知らなかった戦後五十年の原点』モラロジー研究所。

高橋寛人（2006）「教育公務員特例法作成の際に教職の特性は公務員とどのように異なっているととらえられたのか　―1947年6月から1948年1月までにおける教育公務員特例法の立法過程」国立教育政策研究所『戦後教育法制の形成過程に関する実証的調査研究　最終報告書』。

竹前栄治（1982）『戦後労働改革―GHQ労働政策史』東京大学出版会。

――（1983a）『GHQ』岩波書店。

――（1983b）『証言日本占領史―GHQ労働課の群像』岩波書店。

竹前栄治・天川晃（1977）『日本占領秘史』上下巻，朝日新聞社。

建林正彦（1999）「新しい制度論と日本官僚制研究」『年報政治学』。

田中耕太郎（1946）『教育と政治』好学社。

――（1948）『新憲法と文化』国立書院。

――（1961）『私の履歴書』春秋社。

玉城嗣久（1987）『沖縄占領教育政策とアメリカの公教育』東信堂。

田村哲樹（2006）「ジェンダー平等・言説戦略・制度改革―日本の『男女共同参画社会』政策の展開を事例として」宮本太郎編『比較福祉政治―制度転換のアクターと戦略』早稲田大学出版部。

土持ゲーリー法一（1991）『米国教育使節団の研究』玉川大学出版部。

土持法一（1992）『六・三制教育の誕生』悠思社。

坪井由美（1998）『アメリカ都市教育委員会制度の改革―分権化政策と教育自治』勁草書房。

手塚岸衛（1982）『自由教育真義』日本図書センター。

デューイ，ジョン（1957）『学校と社会』宮原誠一訳，岩波書店。

――（1975）『民主主義と教育（上）』松野安男訳，岩波書店。

寺崎昌男・平原春好（1975）「文部省の改編」海後宗臣編『教育改革』東京大学出版会。

トクヴィル，アレクシス・ド（1972）『アメリカにおけるデモクラシー』岩永健吉郎・松本礼二訳，研究社。

德久恭子（2004－2005）「日本型教育システムの誕生（一）～（七・完）」『法学雑誌』第50巻3号～第52巻1号。

――（2006）「教育政策におけるマクロ・トレンドの変化とその帰結―三位一体改革と義務教育費国庫負担法改正の政治過程」『政策科学』第14巻1号。

――（2007）「新しい社会的リスク管理は可能か―日本型福祉国家に関する一試論」『法学雑誌』第54巻2号。

永井憲一（1974）『教育法学の目的と任務』勁草書房。

中北浩爾（1998）『経済復興と戦後政治　日本社会党一九四五－一九五一年』東京大学出版会。

中野光（1968）『大正自由教育の研究』黎明書房。

――（1976）『教育改革者の群像』国土社。

――（1977）『大正デモクラシーと教育』新評論。

中村政則編（1994）『近代日本の軌跡　占領と戦後改革』吉川弘文館。

長谷川公一（2003）『環境運動と新しい公共圏―環境社会学のパースペクティブ』有斐閣。

羽田貴史（1980－1985）「教育公務員特例法の成立過程」Ⅰ～Ⅲ（『福島大学教育学部論集教育・心理部門』第32号の3，第34号，第37号）。

――（1997）「戦後教育史像の再構成」『教育学年報6　教育史像の再構築』世織書房。

ハーツ，ルイス（1994）『アメリカ自由主義の伝統』有賀貞訳，講談社。

ビアード，チャールズ，マリー・ビアード（1992）『アメリカ精神の歴史』高木八尺・松本重治訳，岩波書店。

樋口陽一（1991）「自由をめぐる知的状況」『ジュリスト』978号。

平原春好（1993）『教育行政学』東京大学出版会。

フーコー，ミシェル（1977）『監獄の誕生―監視と処罰』田村俶訳，新潮社。

藤田英典（1997）『教育改革―共生時代の学校づくり』岩波書店。

藤田英典（2005）『義務教育を問いなおす』筑摩書房。

藤田祐介（2003）「地教行法制定過程における地方六団体の動向とその論理―全国町村会を中心に」本多正人編著（2003）。

朴澤泰男（2003）「文部大臣の措置要求権の成立過程」本多正人編著（2003）。

堀内孜（1999）「公教育経営における国，都道府県，市町村との関係と学校の自律性」『都市問題研究』第51巻10号。

――（2006）「教育行政における分権改革の展開と課題」『月刊自治フォーラム』562号。

堀尾輝久（1987）『天皇制国家と教育―近代日本教育思想史研究』青木書店。

――（1991）『人権としての教育』岩波書店。

――（2002）『いま，教育基本法を読む』岩波書店。

堀尾輝久・山住正巳（1976）『教育理念』東京大学出版会。

本多正人（2003）「教育委員会の財政権限の変容」本多正人編著（2003）。

本多正人編著『教育委員会制度再編の政治と行政』多賀出版。

前田多門刊行会（1963）『前田多門：その文・その人』東京市政調査会。

待鳥聡史（2002）「経済学的新制度論」河野勝・岩崎正洋編『アクセス比較政治学』日本経済評論社。

――（2003）『財政再建と民主主義―アメリカ連邦議会の予算編成改革分析』有斐閣。

真渕勝（1987）「アメリカ政治学における『制度論』の復活」『思想』761号。

――（1994）『大蔵省統制の政治経済学』中央公論社。

三上昭彦（1999）「教育委員会制度改革の動向と展開」『日本教育法学会年報』第28

号。

三谷太一郎（1995）『新版　大正デモクラシー論』東京大学出版会。

宮原茂（1997）「教育公務員特例法制定時のこと」『戦後教育史研究』第12号。

宮原誠一（1957）「解題」デューイ『学校と社会』岩波書店。

宮原丈夫（1959）「解説」宮原丈夫編著『道徳教育資料集成　第三巻』第一法規出版。

宮本太郎（2006）「福祉国家の再編と言説政治—新しい分析枠組み」宮本太郎編『比較福祉政治—制度転換のアクターと戦略』早稲田大学出版部。

明神勲（1993）「占領教育政策と「逆コース」論」『日本教育史研究』第12号。

宗像誠也（1961）『教育と教育政策』岩波書店。

——（1969）『教育行政学序説〔増補版〕』有斐閣。

宗像誠也・五十嵐顕・持田栄一（1953）「占領下の教育改革」『日本資本主義講座Ⅱ』岩波書店。

村上浩昭（1999）「戦後地方教育行政改革における『政党政治の排除』—教育刷新委員会の議論に見る教育委員会創設過程（1・2完）」『東京都立大学法学会雑誌』第39巻2号，第40巻1号。

村上祐介（2007）「教育委員会制度の存在意義・機能とその変容に関する政治学的分析」2007年度日本行政学会（分科会F）報告論文。

村松岐夫（2000）「教育行政と分権改革」西尾勝・小川正人編著『分権改革と教育行政』ぎょうせい。

森英樹（1990）「憲法学と公共性論」室井力ほか編『現代国家の公共性分析』日本評論社。

森田朗（2005）「地方分権と教育改革」八代尚宏編『「官製市場」改革』日本経済新聞社。

森戸辰男（1947）『社会民主主義のために』第一出版。

——（1959）『日本教育の回顧と展望』教育出版社。

文部省調査普及局（1952）『教育委員会制度協議会要覧』東洋社。

文部省文教研究会編（1948）『教育委員会法の解説』新教育協会。

山住正巳（1987）『日本教育小史』岩波書店。

油井大三郎・中村政則・豊下楢彦編（1994）『占領改革の国際比較　日本・アジア・ヨーロッパ』三省堂。

吉野作造（1975）「憲政の本義を説いてその有終の美を済すの途を論ず」岡義武編『吉野作造評論集』岩波書店。

読売新聞戦後史班（1982）『昭和教育史・教育のあゆみ』読売新聞社。

吉川徹（2006）『学歴と格差・不平等—成熟する日本型学歴社会』東京大学出版会。

笠京子（2002）「歴史的新制度論と行政改革」『季刊行政管理研究』第98号。

レイ，ハリー（1993）「占領下の教育改革—文部省・CIE・教育刷新委員会の力学関係」明星大学戦後教育史研究センター編『戦後教育改革通史』明星大学出版部。

レイ，ハリー（1999）「進歩主義教育と占領期教育改革への影響」『戦後教育の総合評価』刊行委員会編『戦後教育の総合評価』国書刊行会。

【欧文文献】

Bate, Robert H., Avner Greif, Margaret Levi, Jean-Laurent Rosenthal, and Barry R. Weingast (1998) *Analytic Narratives*, Princeton University Press.

Blyth, Mark (1997) "Any More Bright Ideas?" *Comparative Politics*, 29, pp. 229-250.

Blyth, Mark (2002) *Great Transformations: Economic Ideas and Institutional Change in the Twentieth Century*, Cambridge University Press.

Bungenstab, Karl-Ernst (1970) *Umerziehung zur Demokratie? Re-education-Politik Bildingswesen der US-Zone 1945-1949*, Bertelsman Universitatsverlang.

Campbell, John L. (2001) "Institutional Analysis and the Role of Ideas in Political Economy," in Campbell and Pedersen eds., (2001), pp. 159-189.

Campbell, John L. (2002) "Ideas, politics and public policy," *Annual Review of Sociology*, 28, pp. 21-38.

Campbell, John L. (2004) *Institutional Change and Globalization*, Princeton University Press.

Campbell, John L. and Ove K. Pedersen, (2001) "The Rise of Neoliberalism and Institutional Analysis," in Campbell and Pedersen eds., (2001), pp. 123.

Campbell, John L. and Ove K. Pedersen eds. (2001) *The Rise of Neoliberalism and Institutional Analysis*, Princeton University Press.

Derthick, Martha, and Paul J. Quirk (1985) *The Politics of Deregulation*, The Brookings Institution.

Dolowitz, David P. (2000) "Policy Tranfer: A New Framework of Policy Analysis," in D. P. Dolowitz, Rob Hulme, Mike Nellis and Fiona O'Neill, *Policy transfer and British social policy : learning from the USA?*, Open University Press, pp. 9-37.

Douglas, Mary (1986) *How Institutions Think*, Syracuse University Press.

Evans, Peter B., Dietrich Rueschemeyer, and Theda Skocpol eds. (1985) *Bringing the State Back in*, Cambridge University Press.

Dryzek, John S. (1996) "The Informal Logic of Institutional Design," in Robert E. Goodin ed., *The Theory of Institutional Design*, Cambridge University Press, pp. 103-125.

Finegold, Kenneth and Theda Skocpol (1995) *State and Party in America's New Deal*, The University of Wisconsin Press.

Garrett, Geoffrey and Barry R. Weingast (1993) "Ideas, Interests, and Institutions: Constructing the European Community's Internal Market," in Goldstein and Keohane eds. (1993), pp. 173-206.

Goldstein, Judith, and Robert O. Keohane (1993) "Ideas and Foreign Policy: An Analytical Framework." in Goldstein and Keohane eds. (1993), pp. 3-30.

Goldstein, Judith, and Robert O. Keohane (1993) *Ideas and Foreign Policy: Beliefs, Institutions, and Political Change*, Cornell University Press.

Gutmann, Amy (1987) *Democratic Education*, Princeton University Press.（神山正弘訳『民主教育論—民主主義社会における教育と政治』同時代社，2004年）。

Haas, Peter M. (1992) "Introduction: Epistemic Communities and International Policy Coordination," *International Organization*, Vol. 46, pp. 1-35.

Hall, Peter A. (1989) "Conclusion: The Politics of Keynesian Ideas," in Peter A. Hall ed., *The Political Power of Economic Ideas: Keynesianism across Nations*, Princeton University Press, pp. 361-392.

Hall, Peter A. (1992) "The Movement from Keynesianism to Monetarism: Institutional Analysis and British Economic Policy in the 1970's," in Steinmo, Thelen, and Longstreth eds. (1992) pp. 90-113.

Hall, Peter A. (1993) "Policy Paradigms, Social Learning, and the State," *Comparative Politics*, 23, pp. 275-296.

Hall, Peter A. (1997) "The Role of Interests, Institutions, and Ideas in the Comparative Political Economy of the Industrialized Nations." in Lichbach and Zuckerman eds. (1997) pp. 174-207.

Hall, Peter A. and Rosemary C. R. Taylor (1996) "Political Science and the Three New Institutionalism," *Political Studies*, 44, pp. 936-957.

Heclo, Huge (1974) *Modern Social Politics in Britain and Sweden: From Relief to Income Maintenance*, Yale University Press.

Ikenberry, G. John (1993) "Creating Yesterday's New World Order: Keynesian "New Thinking" and the Anglo-American Postwar Settlement," in Goldstein and Keohane eds. (1993), pp. 57-86.

Jacobsen, John K. (1995) "Much Ado About Ideas?: The Cognitive Factore in Economic Policy," *World Politics*, 47, pp. 283-310.

Johnson, Chalmers (1982) *MITI and the Japanese miracle: the growth of industrial policy, 1925-1975*, Stanford University Press.（矢野俊比古監訳『通産省と日本の奇跡』TBSブリタニカ，1982年）。

Kandel, Isaac Leon (1933) *Comparative Education*, Houghton Mifflin.

Katzenstein, Peter J. (1993) "Coping with Terrorism: Norms and Internal Security in Germany and Japan," in Goldstein and Keohane eds. (1993), pp. 265-295.

Katzenstein, Peter J. (1996) *Cultural Norms and National Security: Police and Military in Postwar Japan*, Cornell University Press.（有賀誠訳『文化と国防』日本経済評論社，2007年）。

Katzenstein, Peter J., Robert O. Keohane, and Stephen D. Krasner (1998) "International Organization and the Study of World Politics," *International Organization*, 52, pp. 645-685.

Kingdon, John W. (1984) *Agendas, Alternatives, and Public Policies*, Little, Brown.

Kohno, Masaru (1995) "Ideas and Foreign Policy: The Emergence of Techno-Nationalism in U. S. Policies toward Japan," in David P. Rapkin and William P. Avery eds., *National Competitiveness in a Global Economy*, Lynne Rienner Publishers, Ins.

Laitin, David D. (1988) "Political Culture and Political Preference," *American Political Science Review*, 82, pp. 589-593.

Laitin, David. D. (1998) *Identity in Formation: The Russian-Speaking Populations in the Near Abroad*, Cornell University Press.

Levi, Margaret (1997) "A Model, a Method, and a Map: Rational Choice in Comparative and Historical Analysis," in Lichbach and Zuckerman eds. (1997), pp. 19-41.

Lichbach, Mark Irving and Alan S. Zuckerman (1997) "Research Tradisions and Theory in Comparative Politics: An Introduction" in Lichbach and Zuckerman eds. (1997), pp. 3-15.

Lichbach, Mark Irving and Alan S. Zuckerman eds. (1997) *Comparative Politics: Rationality, Culture, and Structure*, Cambridge University Press.

Lieberman, Robert C. (2002) "Ideas, Institutions and Political Order: Explaining Political Change," *American Political Science Review*, 96, pp. 697-712.

Lodge, Martin (2003) "Institutional Choice and Policy Transfer: Reforming British and German Railway Regulation," *Governance*, 16, pp. 159-178.

March, James G. and Johan P. Olsen (1989) *Rediscovering Institutions*, Free Press.

McCarthy, John D., Mayer N. Zald, and Doug McAdam (1996) *Comparative Perspectives on Social Movements: Political Opportunities, Mobilizing Structures, and Cultural Framings*, Cambridge University Press.

McNamara, Kathleen R. (1998) *The Currency of Ideas: Monetary Politics in the European Union*, Cornell University Press.

Moehlman, Arthur B. (1940) *School Administration: Its Development, Principles, and Future in the United States*, Houghton Mifflin.

North, Douglass C. (1990) *Institutions, Institutional Change and Economic Preference*, Cambridge University Press.（『制度・制度変化・経済成果』竹下公視訳，晃洋書房，1994年）。

Oberschall, Anthony (1993) *Social Movements: Ideologies, Interests, and Identities*, Transaction.

Ostrom, Elinor (1986) "An Agenda for the Study of Institutions," *Public Choice* 48, pp. 3-25.

Pempel, T. J. (1978) *Patterns of Japanese Policymaking: Experiences from Higher Education*, Westview Press.（橋本鉱市訳『日本の高等教育政策―決定のメカニズム』玉川大学出版部，2004年）。

Pierson, Paul (1994) *Dismantling the Welfare State?: Reagan, Thatcher, and the Politics of Retrenchment*, Cambridge University Press.

Pierson, Paul (2004) *Politics in Time: History, Institutions, and Social Analysis*, Princeton University Press.

Powell, Walter W. and Paul J. DiMaggio eds. (1991) *The New institutionalism in organizational analysis*, University of Chicago Press.

Putnam, Robert D. (2000) *Bowling Alone: The Collapse and Revival of American Community*, Simon & Schuster.

Reed, Steven R. (1986) *Japanese Prefectures and Policymaking*, University of Pittsburgh Press.（森田朗［ほか］訳『日本の政府間関係―都道府県の政策決定』木鐸社，1990年）。

Risse-Kappen, Thomas (1994) "Ideas Do Not Float Freely: Transnational Coalitions, Domestic Structures, and the End of the Cold War," *International Organization*, 48, pp. 185-214.

Sabatier, Paul A. (1988) "An Advocacy Coalition Framework of Policy Change and the Role of Policy-oriented Learning Therein," *Policy Science*, 21, pp. 129-168.

Schmidt, Vivien A. (2000) "Values and Discourse in the Politics of Adjustment," in F. W. Scharpf and V. A. Schmidt eds., Welfare and Work in the Open Economy, Vol. 1, From Vulnerability to Competitiveness, Oxford University Press, pp. 229-309.

Schmidt, Vivien A. (2002a) "Does Discourse Matter in the Politics of Welfare State Adjustment?" *Comparative Political Studies*, 35, pp. 168-193.

Schmidt, Vivien A. (2002b) *The Futures of European Capitalism*, Oxford University Press.

Schoppa, Leonard J. (1993) *Education Reform in Japan: A Case of Immobilist Politics*, Routledge.（小川正人監訳『日本の教育政策過程― 1970～80年代教育改革の政治システム』三省堂，2005）。

Shepsle, Kenneth A. (1986) "Institutional Equilibrium and Equilibrium Institutions," in Herbert Weisberg ed., *Political Science: The Science of Politics*, Agathon Press.

Skocpol, Theda (1994) *Social Revolutions in the Modern World*, Cambridge University Press.（牟田和恵監訳『現代社会革命論―比較歴史社会学の理論と方法』岩波書店，2001）。

Skocpol, Theda ed. (1984) *Vision and Method in Historical Sociology*, Cambridge University Press.（小田中直樹訳『歴史社会学の構想と戦略』木鐸社，1995）。

Steinmo, Sven, Kathleen Thelen, and Frank Longstreth, eds. (1992) *Structuring*

Politics: Histrical Institutionalism in Comparative Analysis, Cambridge University Press.

Streeck, Wolfgang and Kathleen Thelen (2005) "Introduction: Institutional Change in Advanced Political Economies," in Wolfgang Streeck and Kathleen Thelen. eds. *Beyond Continuity: Institutional Change in Advanced Political Economies*, Oxford University Press, pp. 1-39.

Swidler, Ann (1986) "Culture in Action: Symbols and Strategies," *American Sociological Review*, 51, pp. 273-286.

Tarrow, Sidney (1994) *Power in Movement; Social Movements, Collective Action and Politics*, Cambridge University Press.

Taylor-Gooby, Peter ed. (2005) *Ideas and Welfare State Reform in Western Europe*, Palgrave Macmillan.

Thelen, Kathleen and Sven Steinmo (1992) "Historical Institutionalism in Comparative Politics," in Steinmo, Thelen, and Longstreth eds. (1992), pp. 1-32.

Tsebelis, George (2002) *Veto Players: How Political Institutions Work*, Russell Sage Foundation.

Weir, Margaret (1992) "Ideas and the Politics of Bounded Innovation," in Steinmo, Thelen and Longstreth eds. (1992), pp. 188-216.

Weir, Margaret and Theda Skocpol (1985) "State Structures and Possibilities for 'Keynesian' Responces to Great Depression in Sweden, Britain and the United States," in Evans et al. eds. (1985), pp. 107-163.

Yee, Albert S. (1996) "The Causal Effects of Ideas on Policies," *International Organization* 50, pp. 69-108.

【資料集など】

議会政治研究会（1998）『政党年鑑』（昭和22年～24年）現代史料出版。

財団法人神戸都市問題研究所地方行財政制度資料刊行会編（1983）『戦後地方行財政資料別巻１　シャウプ使節団日本税制報告書』勁草書房。

財団法人神戸都市問題研究所地方行財政制度資料刊行会編（1984）『戦後地方行財政資料第一巻　政府地方行財政資料』勁草書房。

時事通信社（1988）『時事通信　内外教育版［復刻版］』大空社。

戦後日本教育史料集成編集委員会編（1982－1984）『戦後日本教育史料集成』（全12巻＋別巻）三一書房。

日本教職員組合編（1969）『日教組教育新聞［縮刷版］』（第１～３巻）労働旬報社。

日本近代教育史料研究会編（1995－1998）『教育刷新委員会・教育刷新審議会会議録』（全13巻）岩波書店。

法政大学大原社会問題研究所編（1991）『社会思潮（一）』法政大学出版局。
文部省編（1972）『学制百年史』帝国地方行政学会。
文部省編（1997）『文部行政資料』（全18集）国書刊行会。
宮原丈夫編著（1959）『道徳教育資料集成　第三巻』第一法規出版。
村上一郎編著（1998）『日本政党史辞典』（上・中・下）国書刊行会。

表1　改正前後の教育基本法の比較

改正後の教育基本法 (平成18年法律第120号)	改正前の教育基本法 (昭和22年法律第25号)
前文 我々日本国民は，たゆまぬ努力によって築いてきた民主的で文化的な国家を更に発展させるとともに，世界の平和と人類の福祉の向上に貢献することを願うものである。 我々は，この理想を実現するため，個人の尊厳を重んじ，真理と正義を希求し，公共の精神を尊び，豊かな人間性と創造性を備えた人間の育成を期するとともに，伝統を継承し，新しい文化の創造を目指す教育を推進する。 ここに，我々は，日本国憲法の精神にのっとり，我が国の未来を切り拓く教育の基本を確立し，その振興を図るため，この法律を制定する。	前文 われらは，さきに，日本国憲法を確定し，民主的で文化的な国家を建設して，世界の平和と人類の福祉に貢献しようとする決意を示した。この理想の実現は，根本において教育の力にまつべきものである。 われらは，個人の尊厳を重んじ，真理と平和を希求する人間の育成を期するとともに，普遍的にしてしかも個性豊かな文化の創造を目指す教育を普及徹底しなければならない。 ここに，日本国憲法の精神に則り，教育の目的を明示して，新しい日本の教育の基本を確立するため，この法律を制定する。
第一章　教育の目的及び理念 (教育の目的) 第一条　教育は，人格の完成を目指し，平和で民主的な国家及び社会の形成者として必要な資質を備えた心身ともに健康な国民の育成を期して行われなければならない。	第一条（教育の目的）　教育は，人格の完成をめざし，平和的な国家及び社会の形成者として，真理と正義を愛し，個人の価値をたつとび，勤労と責任を重んじ，自主的精神に充ちた心身ともに健康な国民の育成を期して行われなければならない。
(教育の目標) 第二条　教育は，その目的を実現するため，学問の自由を尊重しつつ，次に掲げる目標を達成するよう行われるものとする。 一　幅広い知識と教養を身に付け，真理を求める態度を養い，豊かな情操と道徳心を培うとともに，健やかな身体を養うこと。 二　個人の価値を尊重して，その能力を伸ばし，創造性を培い，自主及び自律の精神を養うとともに，職業及び生活との関連を重視し，勤労を重んずる態度を養うこと。 三　正義と責任，男女の平等，自他の敬愛と協力を重んずるとともに，公共の精神に基づき，主体的に社会の形成に参画し，その発展に寄与する態度を養うこと。 四　生命を尊び，自然を大切にし，環境の保全に寄与する態度を養うこと。 五　伝統と文化を尊重し，それらをはぐくんできた我が国と郷土を愛するとともに，他国を尊重し，国際社会の平和と発展に寄与する態度を養うこと。	第二条（教育の方針）　教育の目的は，あらゆる機会に，あらゆる場所において実現されなければならない。この目的を達成するためには，学問の自由を尊重し，実際生活に即し，自発的精神を養い，自他の敬愛と協力によって，文化の創造と発展に貢献するように努めなければならない。
(生涯学習の理念) 第三条　国民一人一人が，自己の人格を磨き，豊かな人生を送ることができるよう，その生涯にわたって，あらゆる機会に，あらゆる場所において学習することができ，その成果を適切に生かすことのできる社会の実現が図られなければならない。	(新設)

（教育の機会均等） 第四条　すべて国民は，ひとしく，その能力に応じた教育を受ける機会を与えられなければならず，人種，信条，性別，社会的身分，経済的地位又は門地によって，教育上差別されない。	第三条（教育の機会均等）　すべて国民は，ひとしく，その能力に応ずる教育を受ける機会を与えられなければならないものであって，人種，信条，性別，社会的身分，経済的地位又は門地によって，教育上差別されない。
2　国及び地方公共団体は，障害のある者が，その障害の状態に応じ，十分な教育を受けられるよう，教育上必要な支援を講じなければならない。	（新設）
3　国及び地方公共団体は，能力があるにもかかわらず，経済的理由によって修学が困難な者に対して，奨学の措置を講じなければならない。	2　国及び地方公共団体は，能力があるにもかかわらず，経済的理由によって修学困難な者に対して，奨学の方法を講じなければならない。
第二章　教育の実施に関する基本	
（義務教育） 第五条　国民は，その保護する子に，<u>別に法律で定めるところにより</u>，普通教育を受けさせる義務を負う。	第四条（義務教育）　国民は，その保護する子女に，9年の普通教育を受けさせる義務を負う。
2　義務教育として行われる普通教育は，各個人の有する能力を伸ばしつつ社会において自立的に生きる基礎を培い，また，国家及び社会の形成者として必要とされる基本的な資質を養うことを目的として行われるものとする。	（新設）
3　国及び地方公共団体は，義務教育の機会を保障し，その水準を確保するため，適切な役割分担及び相互の協力の下，その実施に責任を負う。	（新設）
4　国又は地方公共団体の設置する学校における義務教育については，授業料を徴収しない。	2　国又は地方公共団体の設置する学校における義務教育については，授業料は，これを徴収しない。
（削除）	第五条（男女共学）　男女は，互いに敬重し，協力しあわなければならないものであって，教育上男女の共学は，認められなければならない。
（学校教育） 第六条　法律に定める学校は，公の性質を有するものであって，国，地方公共団体及び法律に定める法人のみが，これを設置することができる。	第六条（学校教育）　法律に定める学校は，公の性質をもつものであつて，国又は地方公共団体の外，法律に定める法人のみが，これを設置することができる。
2　前項の学校においては，教育の目標が達成されるよう，教育を受ける者の心身の発達に応じて，体系的な教育が組織的に行われなければならない。この場合において，教育を受ける者が，学校生活を営む上で必要な規律を重んずるとともに，自ら進んで学習に取り組む意欲を高めることを重視して行われなければならない。	（新設）
「（教員）第九条」として独立	2　法律に定める学校の教員は，全体の奉仕者であって，自己の使命を自覚し，その職責の遂行に努めなければならない。このためには，教員の身分は，尊重され，その待遇の適正が，期せられなければならない。

（大学） 第七条　大学は，学術の中心として，高い教養と専門的能力を培うとともに，深く真理を探究して新たな知見を創造し，これらの成果を広く社会に提供することにより，社会の発展に寄与するものとする。 2　大学については，自主性，自律性その他の大学における教育及び研究の特性が尊重されなければならない。	（新設）
（私立学校） 第八条　私立学校の有する公の性質及び学校教育において果たす重要な役割にかんがみ，国及び地方公共団体は，その自主性を尊重しつつ，助成その他の適当な方法によって私立学校教育の振興に努めなければならない。	（新設）
（教員） 第九条　法律に定める学校の教員は，自己の崇高な使命を深く自覚し，絶えず研究と修養に励み，その職責の遂行に努めなければならない。 2　前項の教員については，その使命と職責の重要性にかんがみ，その身分は尊重され，待遇の適正が期せられるとともに，養成と研修の充実が図られなければならない。	【再掲】第六条（学校教育） 2　法律に定める学校の教員は，全体の奉仕者であって，自己の使命を自覚し，その職責の遂行に努めなければならない。このためには，教員の身分は，尊重され，その待遇の適正が，期せられなければならない。
（家庭教育） 第十条　父母その他の保護者は，子の教育について第一義的責任を有するものであって，生活のために必要な習慣を身に付けさせるとともに，自立心を育成し，心身の調和のとれた発達を図るよう努めるものとする。 2　国及び地方公共団体は，家庭教育の自主性を尊重しつつ，保護者に対する学習の機会及び情報の提供その他の家庭教育を支援するために必要な施策を講ずるよう努めなければならない。	（新設）
（幼児期の教育） 第十一条　幼児期の教育は，生涯にわたる人格形成の基礎を培う重要なものであることにかんがみ，国及び地方公共団体は，幼児の健やかな成長に資する良好な環境の整備その他適当な方法によって，その振興に努めなければならない。	（新設）
（社会教育） 第十二条　個人の要望や社会の要請にこたえ，社会において行われる教育は，国及び地方公共団体によって奨励されなければならない。 2　国及び地方公共団体は，図書館，博物館，公民館その他の社会教育施設の設置，学校の施設の利用，学習の機会及び情報の提供その他の適当な方法によって社会教育の振興に努めなければならない。	第七条（社会教育）　家庭教育及び勤労の場所その他社会において行われる教育は，国及び地方公共団体によって奨励されなければならない。 2　国及び地方公共団体は，図書館，博物館，公民館等の施設の設置，学校の施設の利用その他適当な方法によって教育の目的の実現に努めなければならない。
（学校，家庭及び地域住民等の相互の連携協力） 第十三条　学校，家庭及び地域住民その他の関係者は，教育におけるそれぞれの役割と責任を自覚するとともに，相互の連携及び協力に努めるものとする。	（新設）

（政治教育） 第十四条　良識ある公民として必要な政治的教養は，教育上尊重されなければならない。 ２　法律に定める学校は，特定の政党を支持し，又はこれに反対するための政治教育その他政治的活動をしてはならない。	第八条（政治教育）　良識ある公民たるに必要な政治的教養は，教育上これを尊重しなければならない。 ２　法律に定める学校は，特定の政党を支持し，又はこれに反対するための政治教育その他政治的活動をしてはならない。
（宗教教育） 第十五条　宗教に関する寛容の態度，宗教に関する一般的な教養及び宗教の社会生活における地位は，教育上尊重されなければならない。 ２　国及び地方公共団体が設置する学校は，特定の宗教のための宗教教育その他宗教的活動をしてはならない。	第九条（宗教教育）　宗教に関する寛容の態度及び宗教の社会生活における地位は，教育上これを尊重しなければならない。 ２　国及び地方公共団体が設置する学校は，特定の宗教のための宗教教育その他宗教的活動をしてはならない。
第三章　教育行政 （教育行政） 第十六条　教育は，不当な支配に服することなく，この法律及び他の法律の定めるところにより行われるべきものであり，教育行政は，国と地方公共団体との適切な役割分担及び相互の協力の下，公正かつ適正に行われなければならない。	第十条（教育行政）　教育は，不当な支配に服することなく，国民全体に対し直接に責任を負って行われるべきものである。 ２　教育行政は，この自覚のもとに，教育の目的を遂行するに必要な諸条件の整備確立を目標として行われなければならない。
２　国は，全国的な教育の機会均等と教育水準の維持向上を図るため，教育に関する施策を総合的に策定し，実施しなければならない。	（新設）
３　地方公共団体は，その地域における教育の振興を図るため，その実情に応じた教育に関する施策を策定し，実施しなければならない。	（新設）
４　国及び地方公共団体は，教育が円滑かつ継続的に実施されるよう，必要な財政上の措置を講じなければならない。	（新設）
（教育振興基本計画） 第十七条　政府は，教育の振興に関する施策の総合的かつ計画的な推進を図るため，教育の振興に関する施策についての基本的な方針及び講ずべき施策その他必要な事項について，基本的な計画を定め，これを国会に報告するとともに，公表しなければならない。 ２　地方公共団体は，前項の計画を参酌し，その地域の実情に応じ，当該地方公共団体における教育の振興のための施策に関する基本的な計画を定めるよう努めなければならない。	（新設）
第四章　法令の制定 第十八条　この法律に規定する諸条項を実施するため，必要な法令が制定されなければならない。	第十一条（補則）　この法律に掲げる諸条項を実施するために必要がある場合には，適当な法令が制定されなければならない。

※　下線部・枠囲いは主な変更箇所

出典：http://www.mext.go.jp/b_menu/kihon/about/06121913/002.pdf